SSSS.DYNAZENON & GRIDMAN ヒロインアーカイブ

SSSS.DYNAZENON &
GRIDMAN
HERONE ARCHIVE

SSSS.DYNAZENON

SSSS.GRIDMAN

※p.111からは2019年に発売した書籍『SSSS.GRIDMAN ヒロインアーカイブ アカネ&六花』の再録です。

003

OFFICIAL ILLUSTRATION GALLERY

SSSS.DYNAZENON

オフィシャルイラストギャラリー

『SSSS.DYNAZENON & GRIDMAN ヒロインアーカイブ』描き下ろしイラスト
原画・特効＝中村真由美
仕上げ＝武田仁基
美術＝権瓶岳斗

2 **DMMスクラッチくじ**
描き下ろしイラスト
原画＝髙木麻穂
仕上げ＝武田仁基
特効＝齋藤 睦（グラフィニカ）

1 **マルイ**
ポップアップショップ用描き下ろしイラスト
原画＝小堀史絵
Tシャツハリコミ素材作成＝浅野 元
仕上げ＝武田仁基
美術＝権瓶岳斗
特効撮影＝齋藤 睦（グラフィニカ）

2 | 1

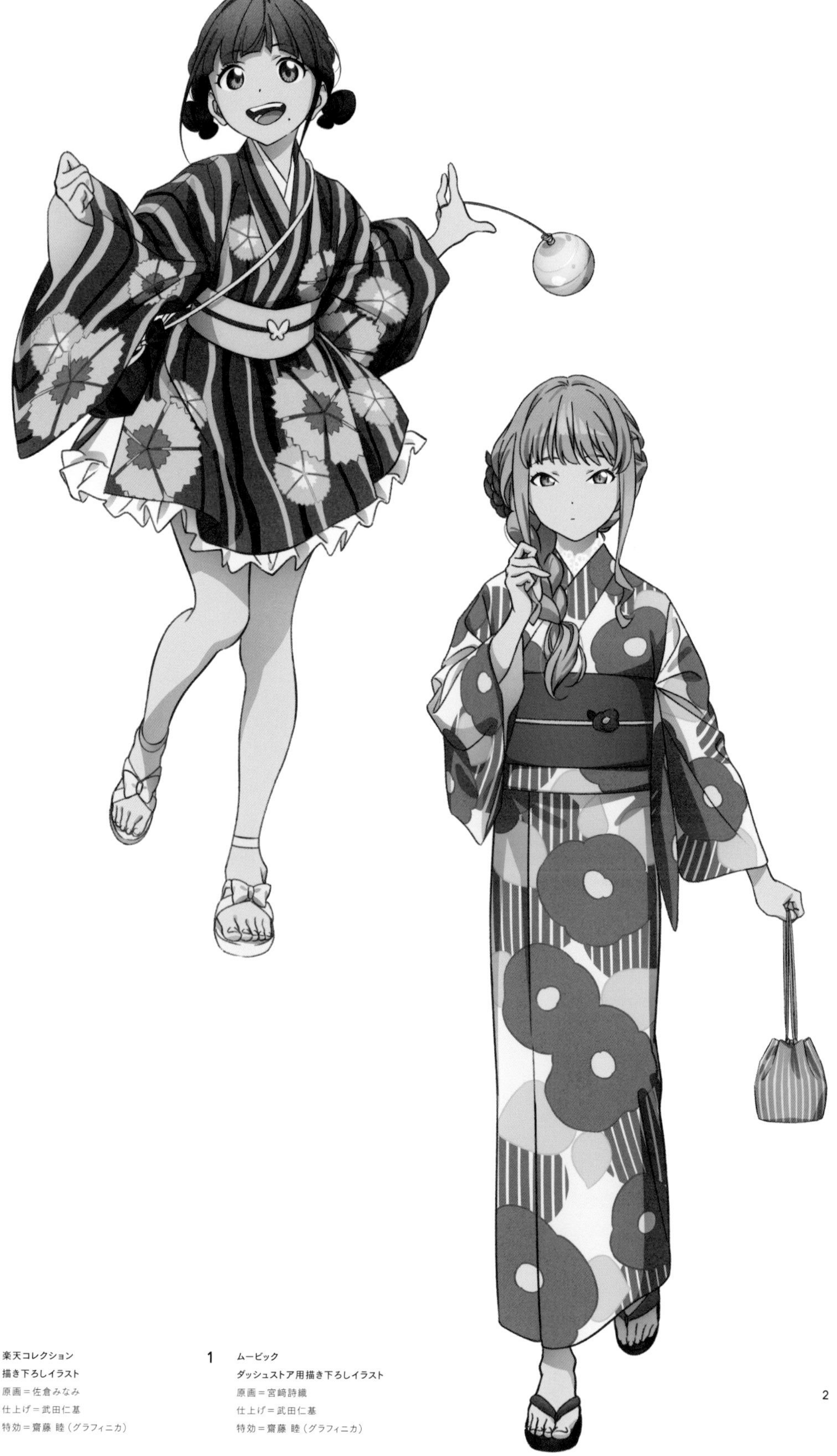

2	1

2 **楽天コレクション**
描き下ろしイラスト
原画＝佐倉みなみ
仕上げ＝武田仁基
特効＝齋藤 睦（グラフィニカ）

1 **ムービック**
ダッシュストア用描き下ろしイラスト
原画＝宮﨑詩織
仕上げ＝武田仁基
特効＝齋藤 睦（グラフィニカ）

2 **中外鉱業 スイーツパラダイス**
コラボ用描き下ろしイラスト
原画＝西原恵利香
仕上げ＝武田仁基
特効＝齋藤 睦（グラフィニカ）

1 **ドン・キホーテ**
コラボ用描き下ろしイラスト
作画＝中村真由美
仕上げ＝武田仁基
特効＝齋藤 睦（グラフィニカ）

2 | 1

2 『メガミマガジン』2021年8月号 表紙
原画＝坂本 勝
仕上げ＝武田仁基
特効＝齋藤 睦（グラフィニカ）

1 ポニーキャニオン
フィギュア用描き下ろしイラスト
原画＝土肥志文
仕上げ＝武田仁基
特効＝齋藤 睦（グラフィニカ）

2 | 1

2 『メガミマガジン』2021年5月号
原画＝竹田直樹
仕上げ＝武田仁基
美術＝権瓶岳斗
特効＝久保田 彩（グラフィニカ）

1 『メガミマガジン』2021年7月号
原画＝坂本 勝
仕上げ＝武田仁基
美術＝権瓶岳斗
特効＝齋藤 睦（グラフィニカ）

2 | 1

『メガミマガジン』2021年6月号
原画＝高藤 彩
仕上げ＝武田仁基
美術＝権瓶岳斗
特効＝齋藤 睦（グラフィニカ）

017

MATERIALS & STORY PLAYBACK

設定紹介 &
ストーリープレイバック

SSSS.DYNAZENON

YUME MINAMI

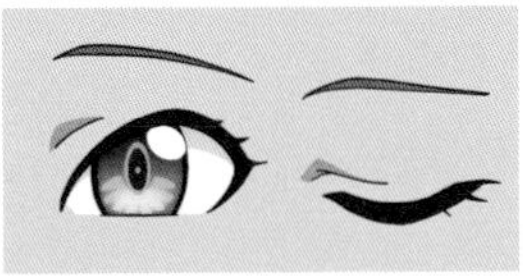

EYE

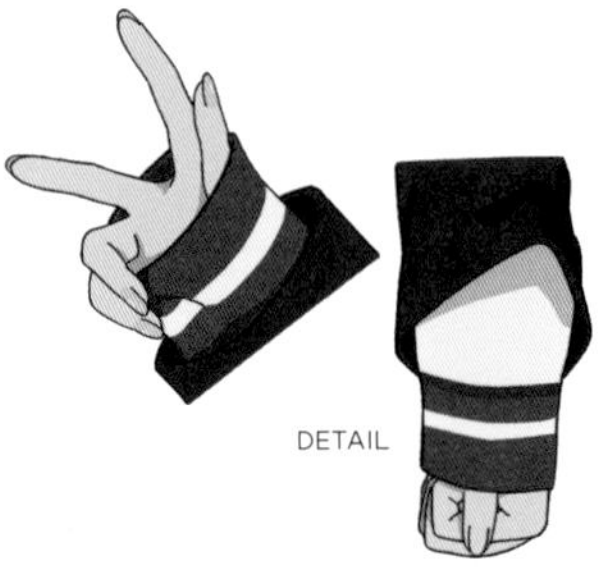

DETAIL

CHARACTER PROFILE

南夢芽［CV. 若山詩音］

　フジヨキ台高校の1年3組に在籍する高校生。口数が少なく、表情の変化も乏しいため、何を考えているかがわかりづらい。唯一の友人である鳴衣といるときだけはよくしゃべり、よく笑うものの、基本的には非社交的でコミュニケーションをとるのが苦手。周囲になじもうとしないうえ、男子生徒に対して、会う約束をしたうえですっぽかすという行動を繰り返しているため、クラスでは浮いた存在になっている。実は10才のときに、高校生だった姉の香乃が水門から落ちて水死しており、彼女ともっと仲良くしたかったという後悔と、死の直前に突然、自分を部活の発表会に誘ってきた姉の真意を知りたいという思いを引きずっている。両親との3人暮らしだが、姉が死んでから夫婦喧嘩が絶えなくなったため、家の雰囲気は悪く、親のことを苦手と感じている。

　怪獣がこの世界に現れた際に、怪獣に対抗する合体ロボット、ダイナゼノンが顕現する場に居合わせたためにコクピットに取り込まれ、これをきっかけにダイナゼノンのパイロットとして怪獣と戦っていくことになる。

コミュニケーションが苦手で、鳴衣によれば、食券システムの店でないと外食ができないらしい。

古代の海洋生物が好きで、自室には古生物のぬいぐるみが数多く置かれている（→64ページ）。

DETAIL

EXPRESSIONS

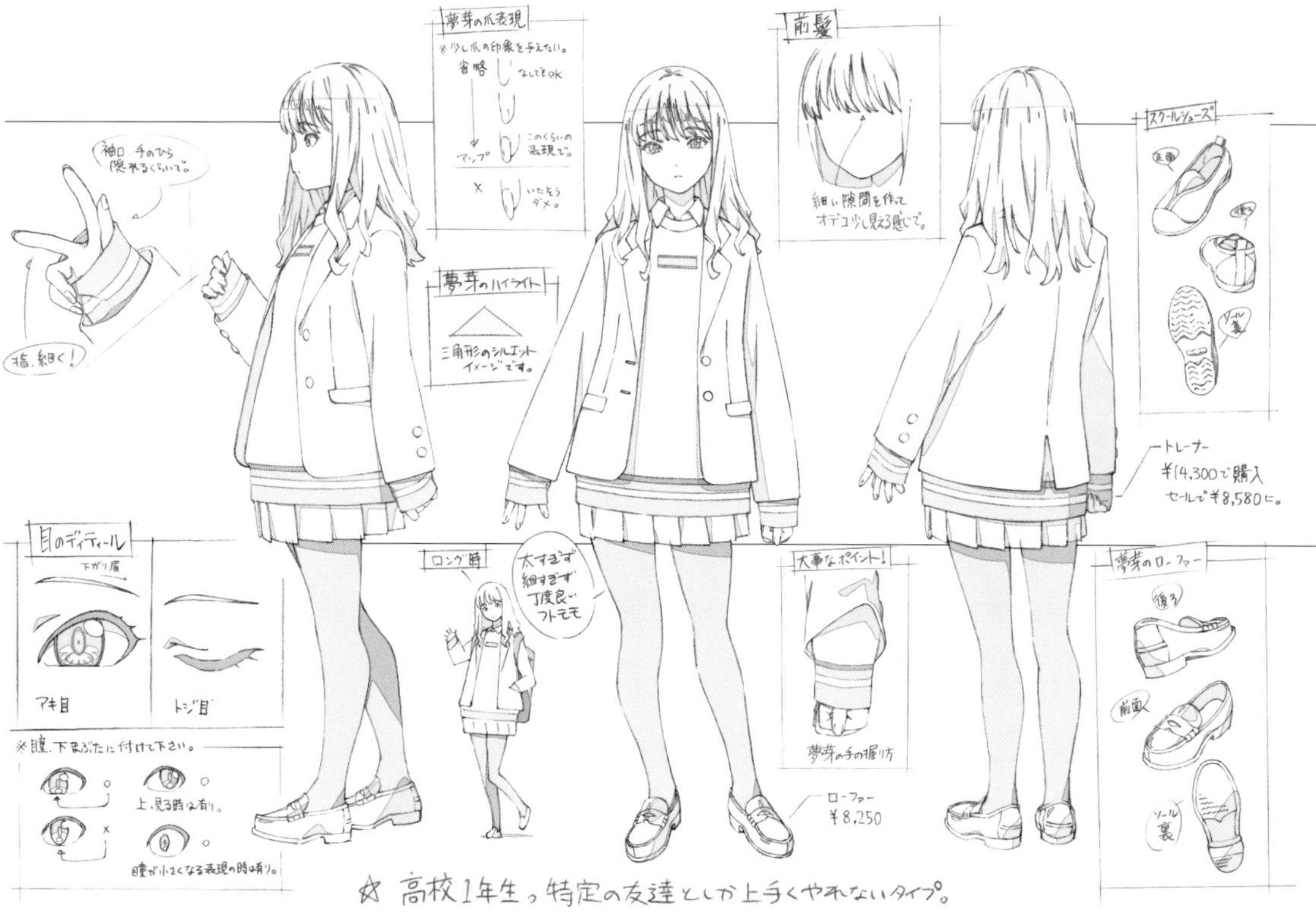

SCHOOL UNIFORM

YUME MINAMI

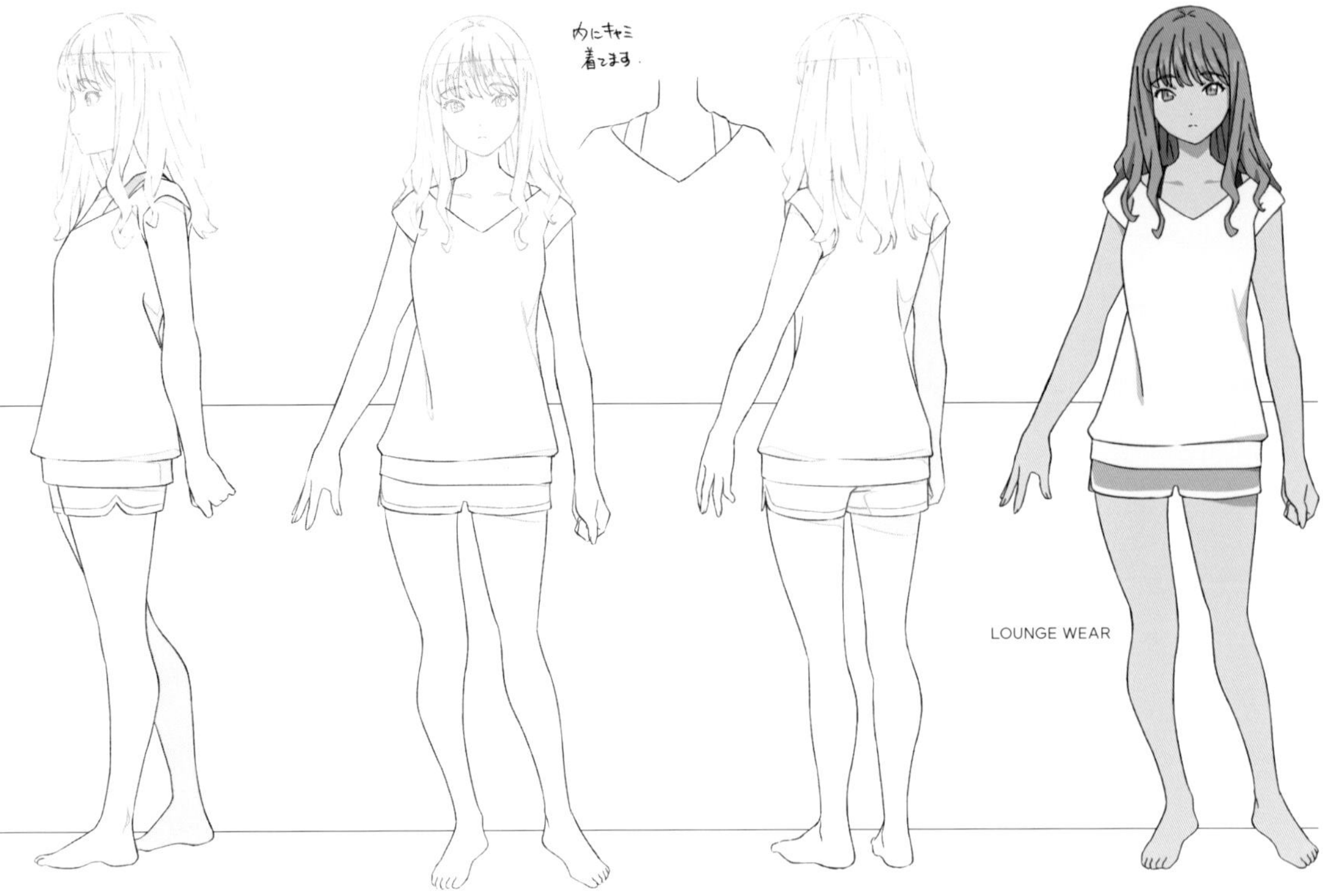

LOUNGE WEAR

第1回から登場している部屋着。家ではだいたい、この格好で過ごしている。家族の空気が悪いため、家にいるときは表情が冴えないことが多い。

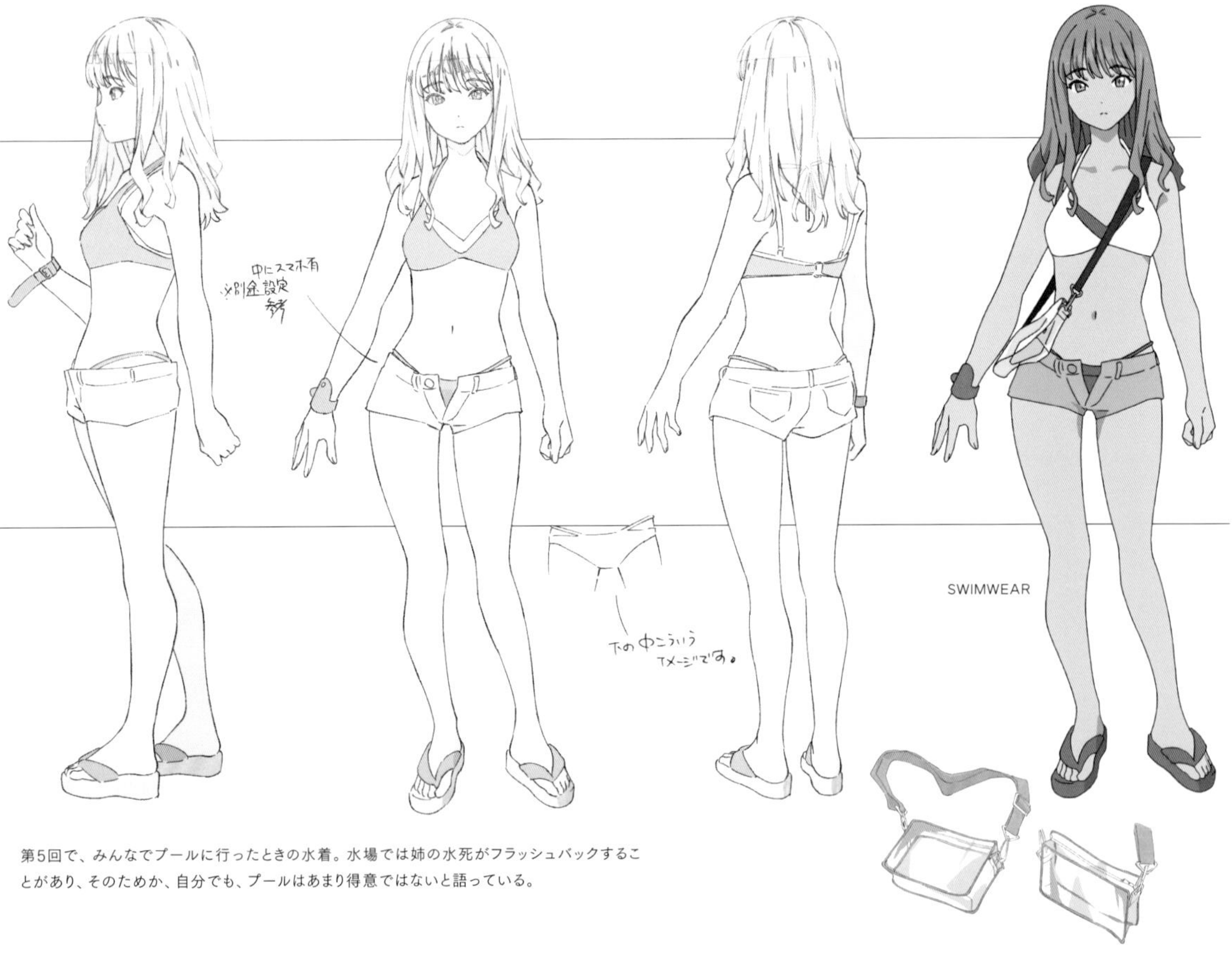

SWIMWEAR

第5回で、みんなでプールに行ったときの水着。水場では姉の水死がフラッシュバックすることがあり、そのためか、自分でも、プールはあまり得意ではないと語っている。

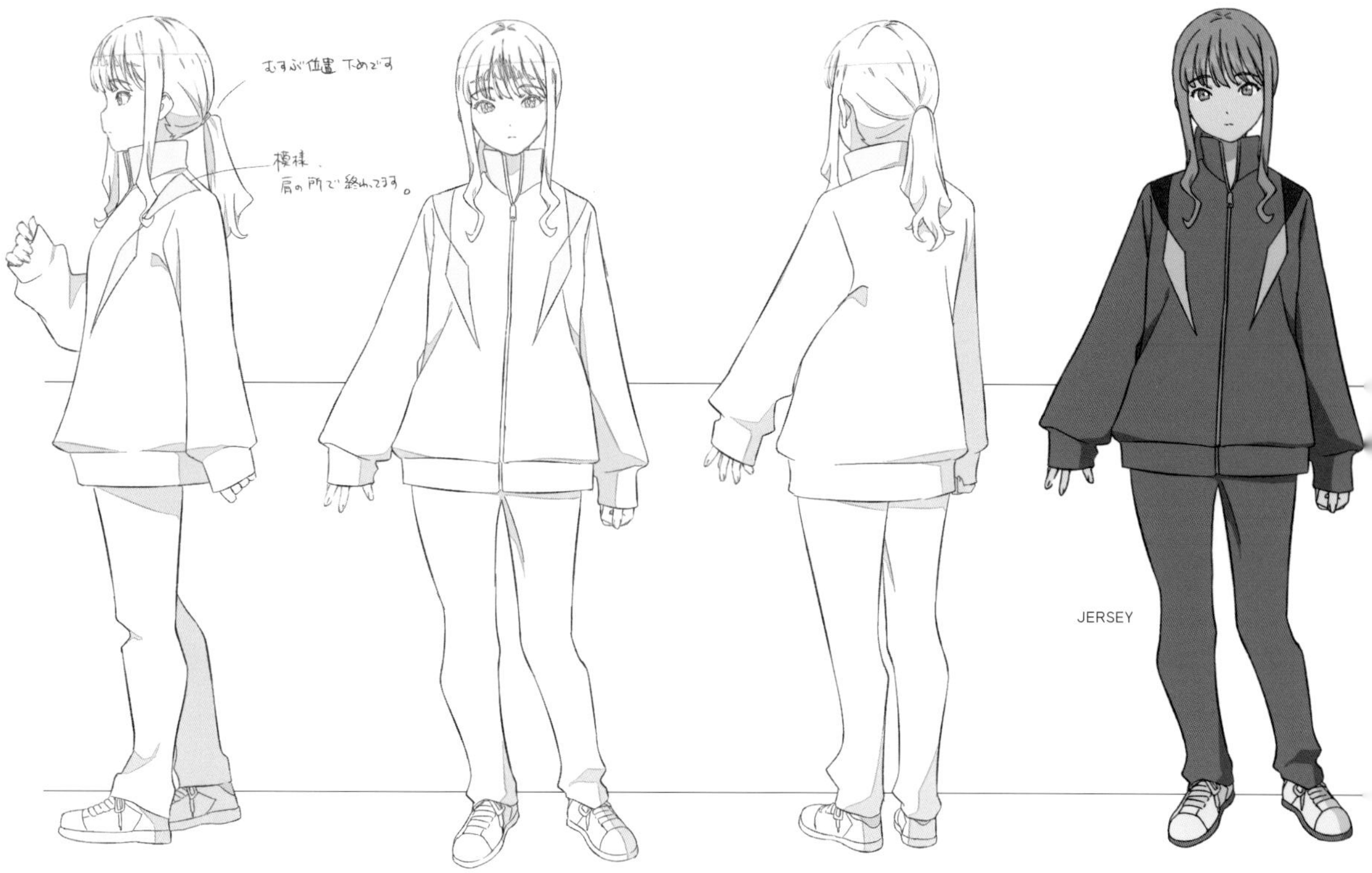
むすぶ位置 下めです
模様、
肩の所で終わってます。

JERSEY

学校指定のジャージ。第6回に出てきた。体育の授業のあとだったのか、このとき蓬も同じジャージを着用している。服装もさることながら、結んだ髪型が印象的。

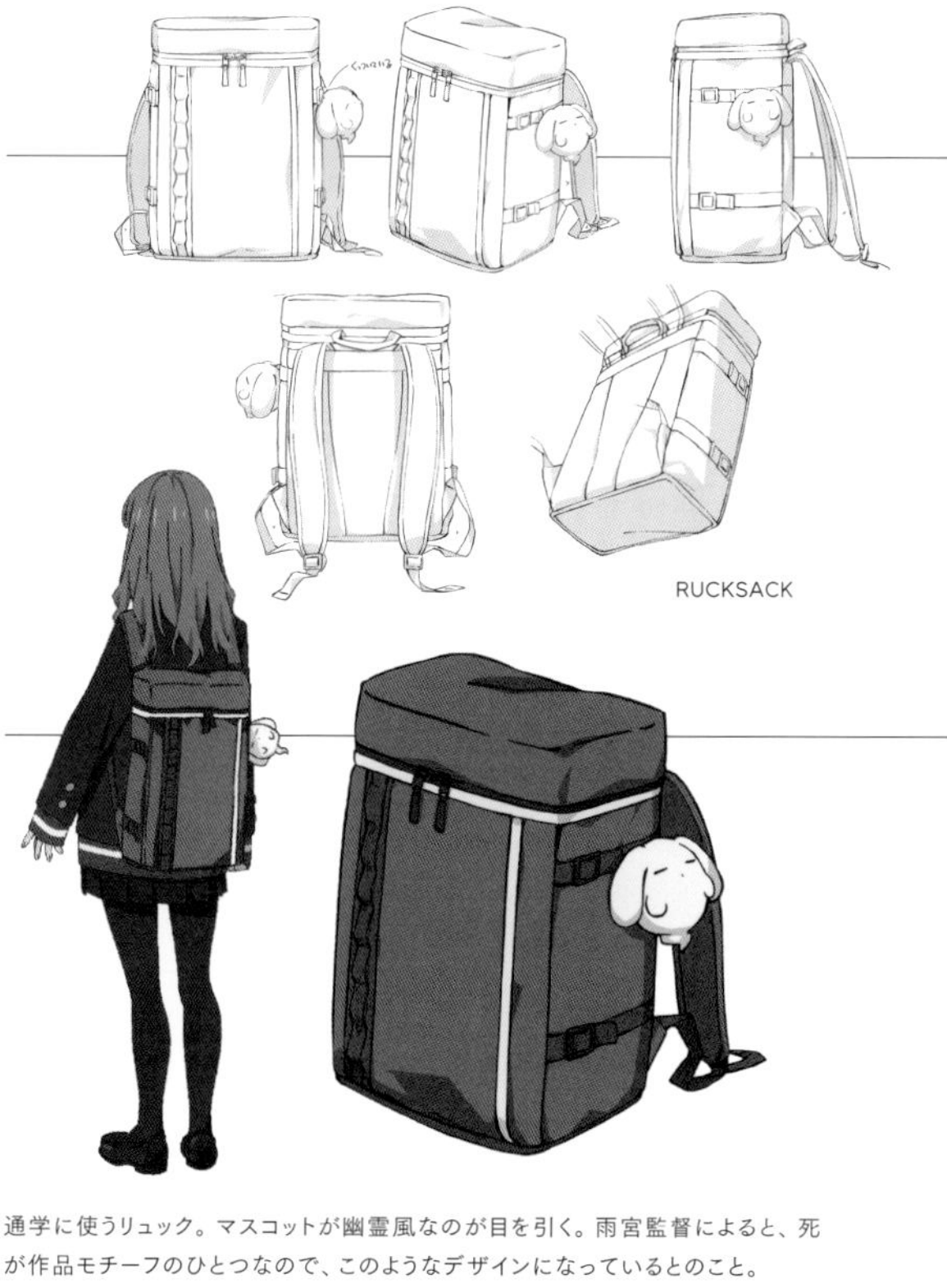

RUCKSACK

通学に使うリュック。マスコットが幽霊風なのが目を引く。雨宮監督によると、死が作品モチーフのひとつなので、このようなデザインになっているとのこと。

YUKATA

第9回で見せた浴衣姿。蓬に強い印象を残したようで、第10回で夢芽たちを救うために単独で怪獣に挑むとき、彼はこの姿を思い浮かべて覚悟を決めている。

YUME MINAMI

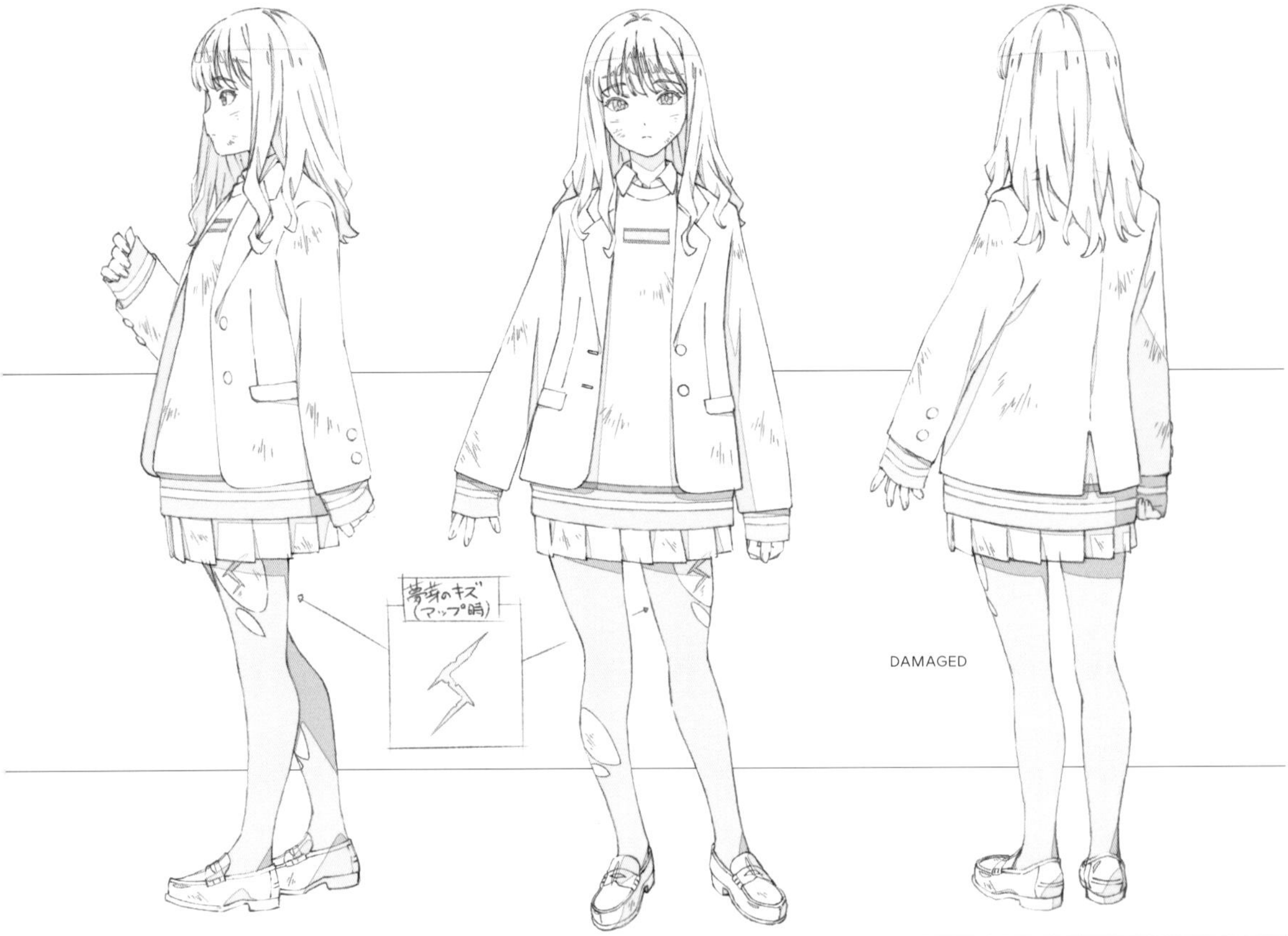

DAMAGED

最終回で傷を負った状態。終盤で、ダイナゼノンの各パイロットにはS字型の消えない傷が刻まれているが、これが何であるかは語られていない。

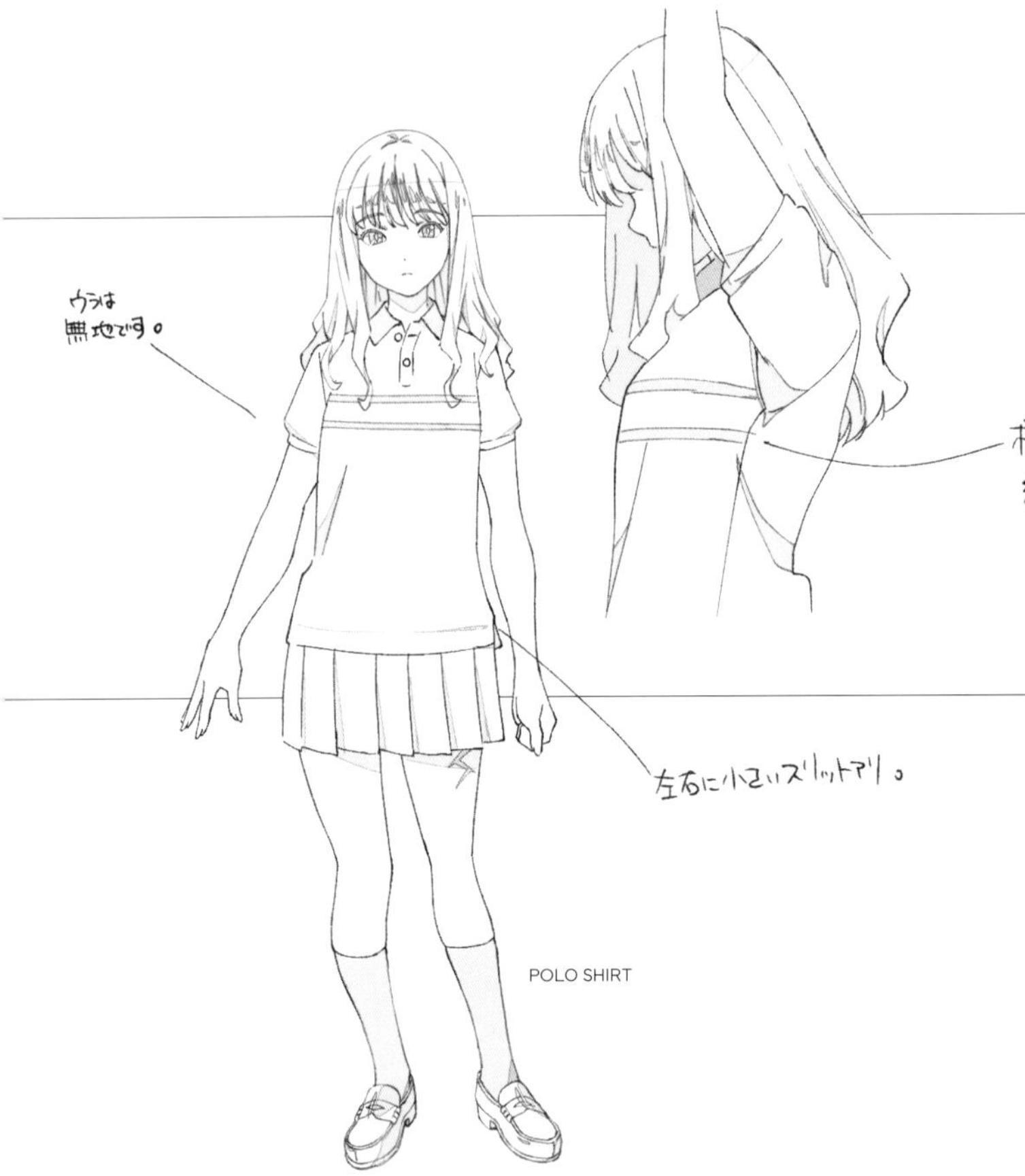
模様ヨコの
縫い目で切れます。

POLO SHIRT

ラストシーンの学園祭でのポロシャツ姿。左の太ももにS字の傷が残っていることが確認できる。

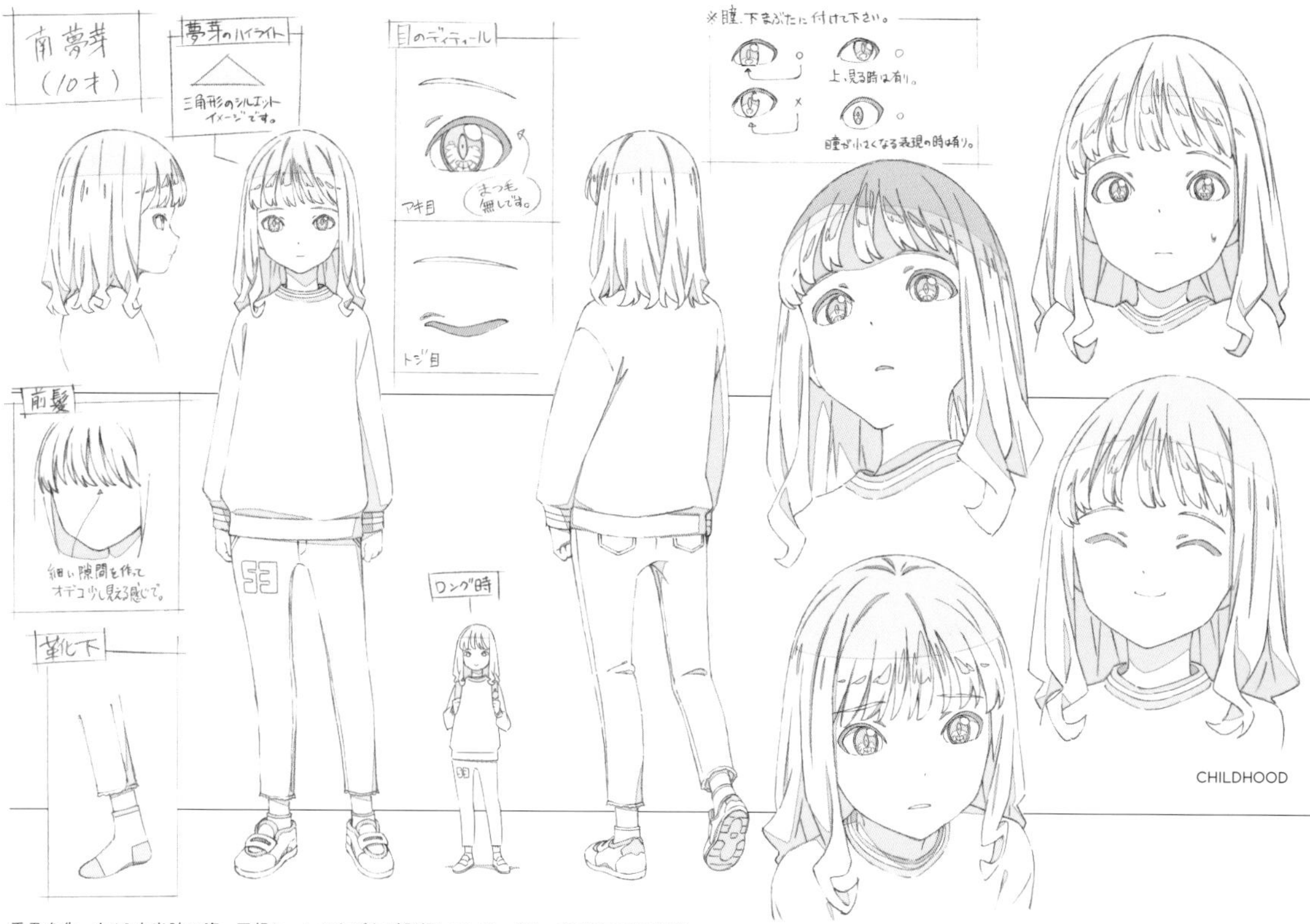

CHILDHOOD

香乃を失った10才当時の姿。回想シーンにたびたび登場している。また、第10回では怪獣に取り込まれ、怪獣が生み出した世界で当時の状態に戻されてしまった。

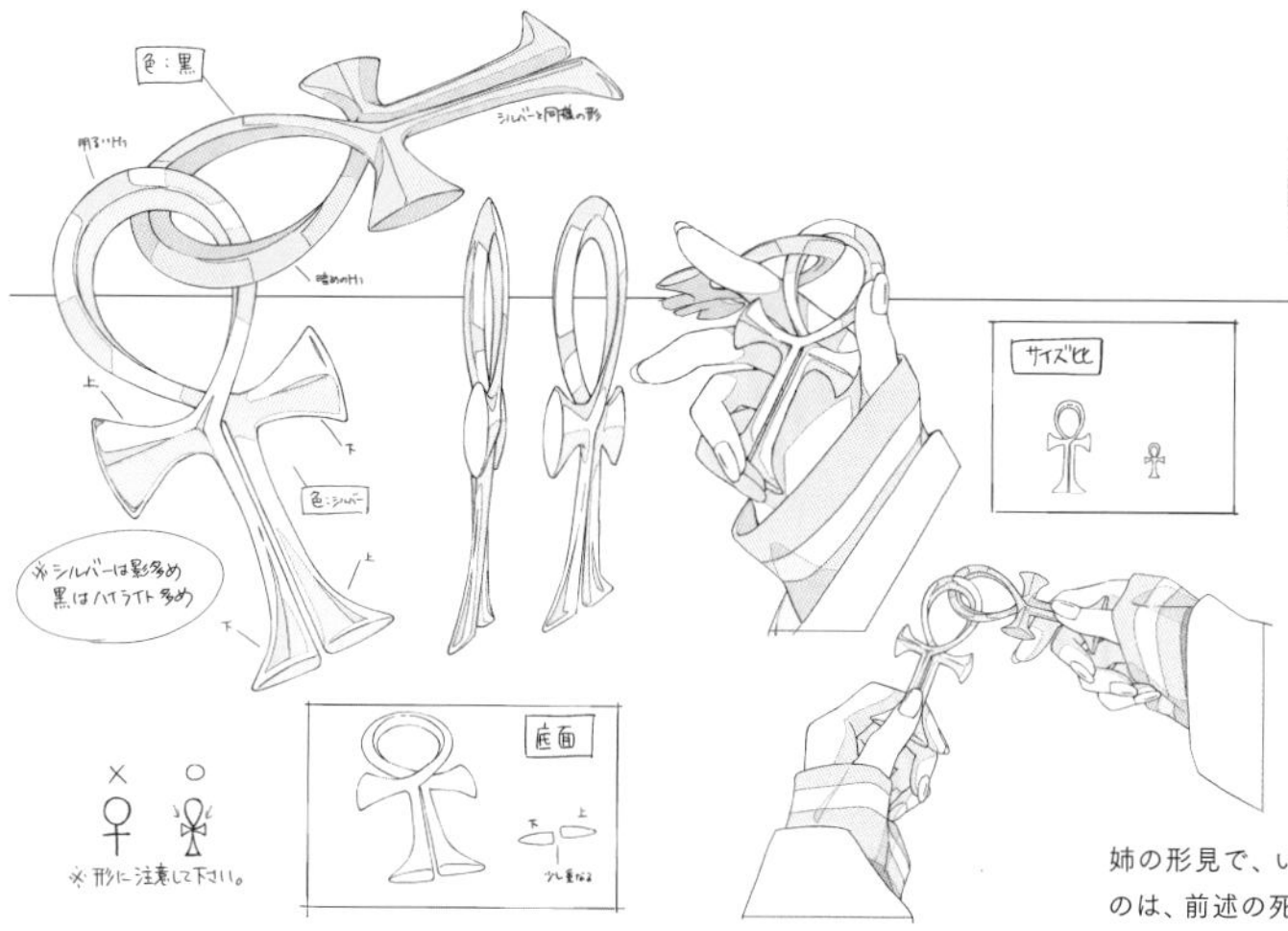

ITEMS

知恵の輪

姉の形見で、いつも持ち歩いていじっている。デザインが古代エジプトのアンクなのは、前述の死のモチーフゆえ。アンクには死者復活の力があると信じられていた。

色指定

12話Ver

スマートフォン

スマホには、古代海洋生物であるダンクルオステウスが描かれている。夢芽が古生物＝絶滅種を好むというのも、死のモチーフから設定された。また、最終回ではバスケットボールが追加されているが、これはおそらく、蓬と付き合い始めて足した図柄。蓬はエンディングの映像で、バスケが好きなことが示唆されている。

私は……どうかしてるんだよ

蓬と会う約束をした夢芽は、ただすっぽかすのではなく、自分を待つ蓬を隠れて眺めるという不思議な行動をしていた。悪評が立つことを心配する鳴衣の忠告を聞かず、事情を知ったガウマに咎められても開き直るような態度をとるなど、第1回の夢芽は頑なな面が目立つが、自らをどうかしていると評する自嘲気味な台詞から、自分自身を持て余しているような印象も受ける。

こないだごめんんね、約束破って

ダイナウイングのパイロットに選ばれると、ダイナゼノンの訓練に積極的に参加したり、破壊された街をわざわざ見に行くことで戦いへの決意を固めたりと、怪獣の被害を止めることに積極的という面が明らかに。また、約束破りについては、やはり思うところがあったのか、ダイナゼノンチームでともに活動するようになると早々に謝っている。

STORY 01

怪獣が変える日常

死んだ姉・香乃のことが頭から離れず、家では両親の喧嘩が絶えない鬱々とした日々を送っていた夢芽。その日常は、怪獣の出現によって一変する。5月、いつもの約束のすっぽかしを同級生の麻中蓬に仕かけた彼女は、謎の男ガウマと遭遇。彼が呼び出した巨大ロボット、ダイナゼノンと、突然現れた怪獣との戦いに、蓬とともに巻き込まれる。成り行きでガウマから、ダイナゼノンのパイロットになるよう求められた夢芽は、怪獣による被害を抑えたいという意志を見せ、訓練や戦闘に積極的に参加。その姿勢は、同じくパイロットに指名されたものの、戦いに消極的だった蓬にも影響を与える。そして戦いに慣れ始めた頃、夢芽は姉の死についての疑念を晴らそうと決意。彼女を知る人々に聞き込みを始める。

KEY CHARACTER

麻中蓬

夢芽の同級生。人がいいが、厄介ごとは好まない。感受性が強く、同級生からは「ピュア」と評されている。ダイナゼノンチームでともに活動するなかで、夢芽に惹かれていく。

いろいろ調べてみようかなって、器用じゃないなりに

第3回から、姉の香乃についての調査を開始。香乃が所属していた合唱部を訪ね、当時を知る人物をたどっていく。夢芽が姉にこだわるのは、死んだときの状況がはっきりしないことや、姉妹仲が良くなかったが本当は仲良くしたかったという思いに加えて、死の直前になぜか突然、笑顔で合唱部の発表会に誘ってきて、その真意がわからないまま死んでしまったことが大きい。

午後は体育とホームルーム、他の教科よりダメージ少ないよ

戦闘よりも授業やバイトを優先しようとする蓬を、戦いに向かうよう説得をしたり、ダイナウイングで迎えに行くことも。蓬が、一般的なルールや日常生活を気にすることが多いのに対し、夢芽はそれらを踏み越えて戦うことに躊躇がない。日常の側にダイナウイングを持ち込むことにもためらいがなく、通学の足に使って蓬に突っ込まれたりしている。

両親が喧嘩ばかりしているため、家で明るい表情を見せることは少ない。ストレスからか、母親が「大宇宙根源調和呼吸法」なる謎の呼吸法にはまっていることがボイスドラマ第4.4回で語られているが、夢芽が冗談めかして言っているため、真偽のほどは不明。この呼吸法は『SSSS.GRIDMAN』のボイスドラマにも登場している。

ダイナゼノン各マシンのコントローラーの位置はコクピット内で自由に変えられ、操縦姿勢には各メンバーの個性が出る。夢芽は、床置きにしてしゃがみ込むという特徴的なスタイルで操縦。ちなみにコントローラーの形は『電光超人グリッドマン』のアシストウェポンのコントローラーによく似ている。

やれることはできるだけやっときたいって思うよ、手遅れになる前に

蓬が風邪を引いて出撃できなくなった際には、やれるだけのことはやると決意表明をして出撃。夢芽が、怪獣の被害や「手遅れになること」に敏感なのは、やはり姉を失った経験からと思われる。その姉の調査には一貫して非常に前向きで、この件では普段のコミュニケーション嫌いを感じさせず、見ず知らずの卒業生とひとりで会ったりもしている。

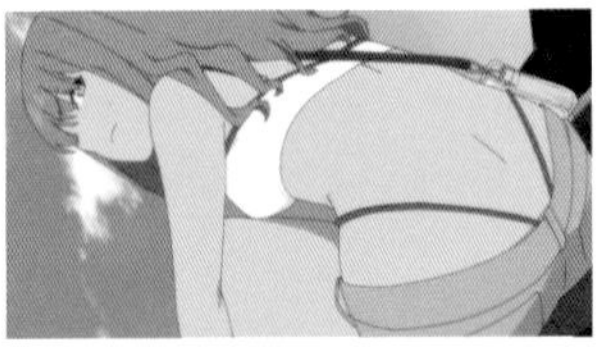
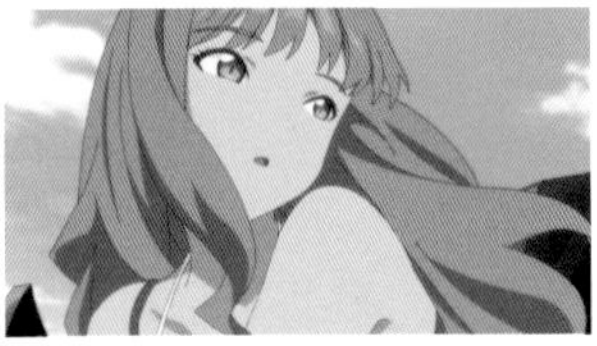

さっき……ありがと

風邪を引いたときに見舞われたり、プールに一緒に行ったりするなかで、蓬は夢芽に惹かれる気持ちを強めていく。夢芽の側は、この段階ではそこまで強い気持ちはないように見えるが、蓬とちせが一緒にダイナゼノンに乗り込むと微妙な表情をしたり、戦闘で蓬に助けられるとあとで照れたように礼を言ったりと、多少、意識し始めている節はある。

STORY 02

香乃の死の影

怪獣を操るグループ「怪獣優生思想」が古代から蘇ったことで、夢芽たちの周囲には怪獣が頻繁に襲来するようになる。ダイナゼノンでの戦いを繰り返すなかで、ともに乗り込む夢芽、蓬、ガウマ、山中暦と、暦についてきた飛鳥川ちせの5人が交流する機会が増加。蓬は夢芽を、異性として強く意識するようになる。しかし、夢芽は姉がいじめで自殺した可能性があるという情報に触れて動揺。ふさぎ込み、蓬と距離を取るようになってしまう。そんなとき、かつてない強力な怪獣が出現。チームワークを失ったダイナゼノンは窮地に陥るが、突如現れた戦士・グリッドナイトの助力を得て勝利を収める。そして夢芽も、自分の苦しみを真剣に受け止めようとする蓬の優しさに触れて立ち直り、彼を信頼するようになる。

KEY CHARACTER

南香乃

夢芽の姉。妹によそよそしかったが、夢芽が10才のときに突然、高校の合唱部の演奏会に誘ってきた。直後に水死したことで、関係の好転を期待していた夢芽の心にわだかまりを残す。

蓬君にはそんなに関係ないことだよ

合唱部の卒業生への聞き込みで、いじめが原因で姉が自殺したという噂があることを知って、夢芽は衝撃を受ける。実際、紹介された当時の動画は、合唱部員たちが姉をいじる、見方によってはいじめているとも取れる内容だった。落ち込んだ夢芽は、彼女を心配して姉の件に踏み込んでくる蓬を突き放し、ふたりの関係はぎくしゃくしてしまう。

そんなに他人のことに頑張んなくていいよ

拒絶してもなお自分を心配する蓬に、夢芽は姉にこだわる理由を語る。仲良くしたかったのになぜ距離を取られたのか、自殺するつもりだったなら、なぜ笑いながら発表会に誘ってきたのか、もっと姉のことを知りたかった……。彼女の気持ちに感情移入した蓬は泣いてしまい、彼の強い共感が慰めとなって、夢芽は持ち直していく。

夢芽と香乃は、幼い頃は仲が良かったが、夢芽が成長するにつれて香乃の側が距離を取るようになっていった。幼少期を回想する場面では、一緒に遊ぶふたりの姿を見ることができる。回想でふたりが抱きついている着ぐるみは、『ウルトラマンティガ』に登場したデバンダデバンという怪獣がモデル。

夢芽には、攻撃や合体のときに名前を叫びたがるという意外な一面がある。制作スタッフによれば「操作に音声が必要なわけではない」とのことで、純粋に本人が言いたくて言っている模様。ただ、名前を覚える気はあまりないようで、ダイナウイングの武器ペネトレーターガンのことを、いつも「なんとかビーム」と呼んでいる。

なんか落ち込んでる？

姉の死が本当に自殺だったのかを確かめるため、姉と付き合っていたという人物を蓬とともに探し、難航の末に対面を果たす。一緒に行動することがさらに多くなった蓬とは親密さが増しており、これまでは蓬が夢芽を気にかけて心配するばかりだったが、第8回では夢芽が、怪獣にも心があるのではないかと思い悩む蓬を気遣っている。

私が戦ったって……いいことなんか何もなかった

姉の恋人という重要人物に会っても、疑念は払拭できなかった。彼の対応に満足できなかったこともあってふさぎ込み、仲間たちとの歩みを否定するような言動までするが、ちせに叱責され、蓬が自分のため必死に駆けつけたことで立ち直る。この件で蓬への好意をさらに強めたようで、戦いのあと皆で花火をした際に、おそらくは彼を意識して、わざわざ浴衣に着替えてきている。

STORY 03

過去との対峙を越えて

姉についての聞き込みを再開した夢芽は、姉と付き合っていたという人物と対面。自殺を否定されるが、彼の言葉に納得しきれない夢芽は感情的になり、なぜ姉を助けなかったのかと責めた末に泣き崩れてしまう。怪獣が現れても戦えずにいた彼女は、アクシデントで水門から落下。姉と同じ運命をたどりかけるが、ちせが生み出した怪獣ゴルドバーンに救われ、ちせの叱咤と、自分を案ずる蓬の行動に後押しされて、再びダイナウイングに搭乗する。この一件のあと、人々をそれぞれの過去に捕らえるという怪獣が出現。夢芽も、姉が死ぬ前の子供時代に戻されるが、蓬の奮闘によって復活を果たす。そして、怪獣が生み出した過去の世界で姉と対話。この経験によって、姉の死の呪縛から解放される。

KEY CHARACTER

ガウマ

五千年前に怪獣優生思想と袂を分かち、彼らとともに現代に蘇った男。夢芽たちを怪獣と戦うパートナーに指名した。義理堅く面倒見のよい性格で、蓬と夢芽を兄のように見守る。

私との約束……破ったわけじゃなかったんだ

第10回では怪獣に取り込まれたことで10才の頃に戻され、姉が死ぬ以前の日々を過ごす。蓬の必死の呼びかけで現在の身体と記憶を取り戻すと、過去世界の水門に向かい、水死する直前の香乃と対面。香乃は、死なないでほしいと願う夢芽に対し、合唱部の発表会に誘ったのは本当に夢芽に来てほしかったからで、自殺するつもりなどないと語る。

ありがとう、お姉ちゃん

自分がこれから死ぬと知った過去世界の香乃は、夢芽の性格が羨ましかったから彼女から離れてしまったことや、高校で自分を変えようとしていたこと、恋人は自分に優しかったことなどを夢芽に伝える。夢芽がすべてに納得したとき、形見の知恵の輪が初めて解けるが、その瞬間に過去の世界は崩壊。もとの世界に戻って怪獣を破った夢芽は、それまでにない晴れやかな表情を見せる。

親友の鳴衣はコミュ障気味の夢芽をいつも心配しており、夢芽はそんな彼女を「お母さん」と呼んで慕う。ふたりが仲良くなったのは、中学時代、鳴衣がアレルギーで体育を休んでばかりいるのを周囲に咎められていたとき、空気を気にせず彼女と仲良くしたのが夢芽だったからということが、ボイスドラマ第7.7回で語られている。

夢芽は、小型化したダイナウイングや知恵の輪など、大事な持ち物を落とすことが多い。ボイスドラマ第1.1回でも、同級生の女子から「ポロポロすぐ物を落とす」と評されている。このとき他にも「小声で歌う」「小テストで人の答案を見る」「内科検診でエロい下着を着けてきた」などと言われているが、すべてが真実なのかは不明。

蓬君なら私の話、聞いてくれると思って

気持ちに整理をつけた夢芽は、蓬を誘って、それまで避けていた姉の墓に初めて参り、ここまで一緒に歩んでくれた彼に感謝を伝える。このときに言った「蓬君なら私の話、聞いてくれると思って」という台詞は第1回でも口にしているが、以前は約束を取りつけるためにうわべだけで言っていたのが、ここでは本心からの言葉に変化している。

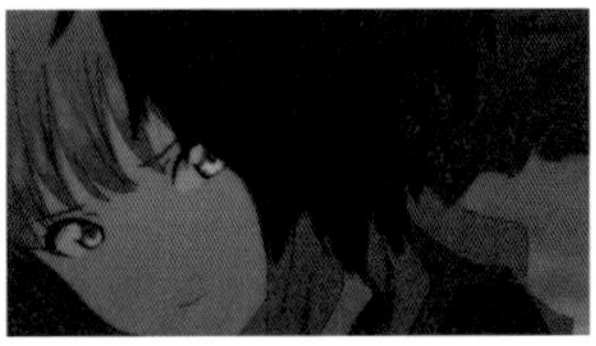

私はダイナゼノンやってたときのほうが普通なことしてた

学校でも家でも居心地の悪さを感じていた夢芽にとって、ダイナゼノンチームは最もなじめる場所だった。彼女はチームの関係を維持したいがため、自分は怪獣に現れてほしいと願っているのではないかという考えに囚われかけるが、蓬はその言葉を制し、夢芽への想いを伝える。しかし、告白の直後にシズムが攻撃してきたため、夢芽からの返事を聞くことはできなかった。

STORY 04

以前とは違う日常へ

過去を見せる怪獣を最後に怪獣は現れなくなり、戦いが終わったと見たガウマはダイナゼノンのマシンを回収する。チームの交流が失われることに寂しさを見せる夢芽に、蓬は戦いが終わっても一緒にいたいと告白。そこに、怪獣優生思想のシズムが襲撃をかけてくる。シズムは自ら怪獣に変身し、怪獣優生思想のメンバーを取り込んで強大化。街を破壊し始めるが、ダイナゼノンチームとグリッドナイトの渾身の攻撃を受けて敗れ去る。

戦いのあと、復活した肉体が限界を迎えていたガウマは倒れ、グリッドナイトたちもこの世界を去り、怪獣もロボットもいない日常が戻る。夢芽は相変わらずクラスになじめずにいたが、蓬というパートナーを得て、以前よりも前向きに生きるようになっていた。

KEY CHARACTER

シズム

怪獣優生思想のなかでも随一の実力者。体内に怪獣の種を宿している。種を育てる「情動」を得るため、蓬と夢芽のクラスメイトとなって、彼らの心を揺さぶるような言動を繰り返した。

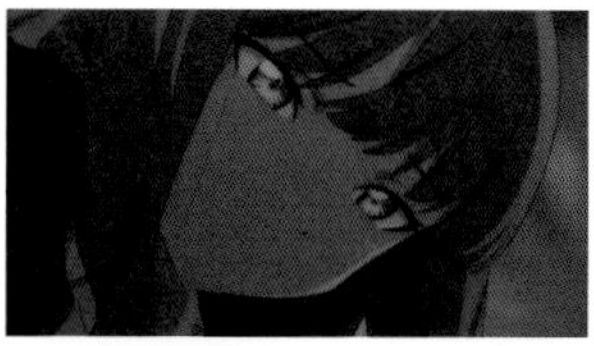

香乃、私は大丈夫だよ

怪獣の襲撃により状況が混乱するなかで、転倒して傷を負うも、蓬のサポートを受けてダイナウイングに乗り込み、チームの皆とともに最後の戦いに挑む。彼女の脚に消えないS字の傷がついたのはこのとき。怪獣と対峙した際には、同級生でもあったシズムに蓬と一緒に呼びかけるが、彼がその声に応えることはなかった。

ねえ、まだ「南さん」なんだ

戦いの3ヵ月後、フジヨキ台高校の学園祭が開幕。ふたりの親密さは増していて、夢芽は蓬を呼び捨てるようになっていた。彼女はクラスの催しをサボろうとするが、蓬の説得でどうにか参加。相変わらずの「南さん」呼びに不満を見せる夢芽のことを、蓬が初めて名前で呼んだところで物語は幕を閉じる。ふたりの仲は公然なようで、蓬はクラスメイトから「南さん係」と呼ばれていた。

学園祭で鳴衣は、夢芽や、夢芽の同級生である金石の写真を展示している。この展示のタイトル「我が良き友等」は『電光超人グリッドマン』で藤堂武史が描いたCG作品の題名と同じ。また、合唱部の発表の場面では、夢芽の両親が連れ立って見に来ているのが確認でき、家族関係が好転していることがうかがえる。

夢芽は第11回で、中指と薬指を開いてカニを真似ている。これは『SSSS.GRIDMAN』の第1回で新条アカネが取ったポーズと同じで、さらにさかのぼると『電光超人グリッドマン』の馬場一平のポーズがもとになっている。ちなみにもともとはカニではなく、『ウルトラマン』シリーズのバルタン星人の真似。

CHISE ASUKAGAWA

EYE

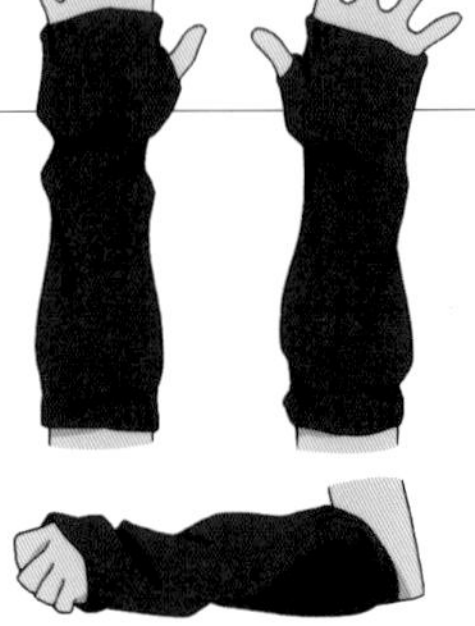

DETAIL

CHARACTER PROFILE

飛鳥川ちせ［CV. 安済知佳］

ダイナゼノンのパイロットのひとり、山中暦の従妹。アヤメ中学校に在籍する中学生だが、学校になじめなかったために登校するのを止め、歳の離れた従兄である暦の家に入り浸るようになった。無職で引きこもりの暦を「先輩」と呼んで慕っており、彼がほかの女性に近づくと不機嫌になる。明るくアクティブな女の子で基本的には礼儀正しいが、暦に対しては遠慮がなく、ツッコミを入れたり、いじったりすることが多い。ロックを好み、自室にはギターやロック系のアイテムが数多く置いてある。左手は常にアームカバーで覆っており、プールに入るときさえ外さない。

ダイナゼノンが顕現した場所に暦とともに居合わせたことから、パイロットに選ばれた暦と一緒にガウマたちの活動に参加。暦以外のメンバーともすぐに打ち解けるが、パイロットの4人がともに戦い、結束を強めていくなかで、密かに疎外感を抱くようになる。また、ダイナゼノンと出会ったときに、怪獣の種をそれと知らずに入手。無自覚なまま、自身の情動によって怪獣を育てていく。

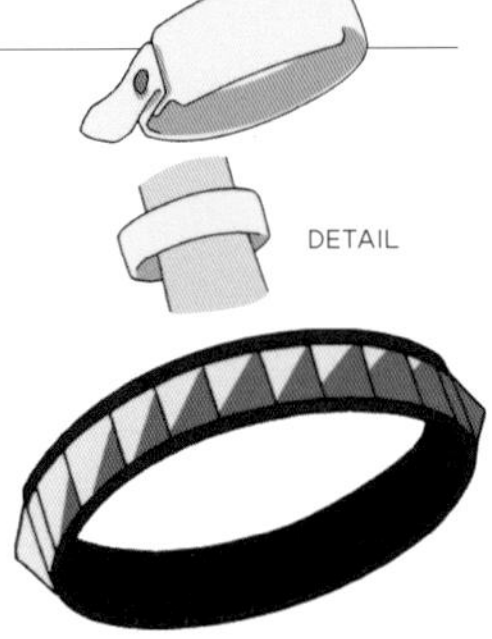

DETAIL

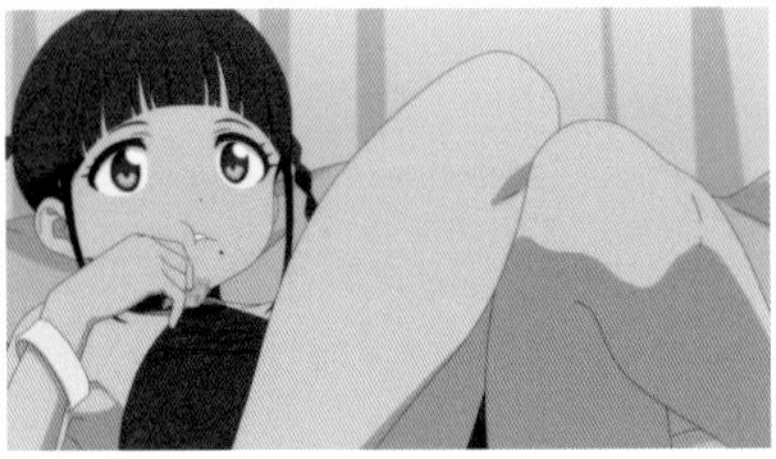

スティックがついたキャンディが好物。いつも持ち歩いていて、頻繁になめている。

隠している左手にはボディペイントと思われる模様があり、これが不登校の一因らしいことが第9回で示唆される。

CHISE ASUKAGAWA

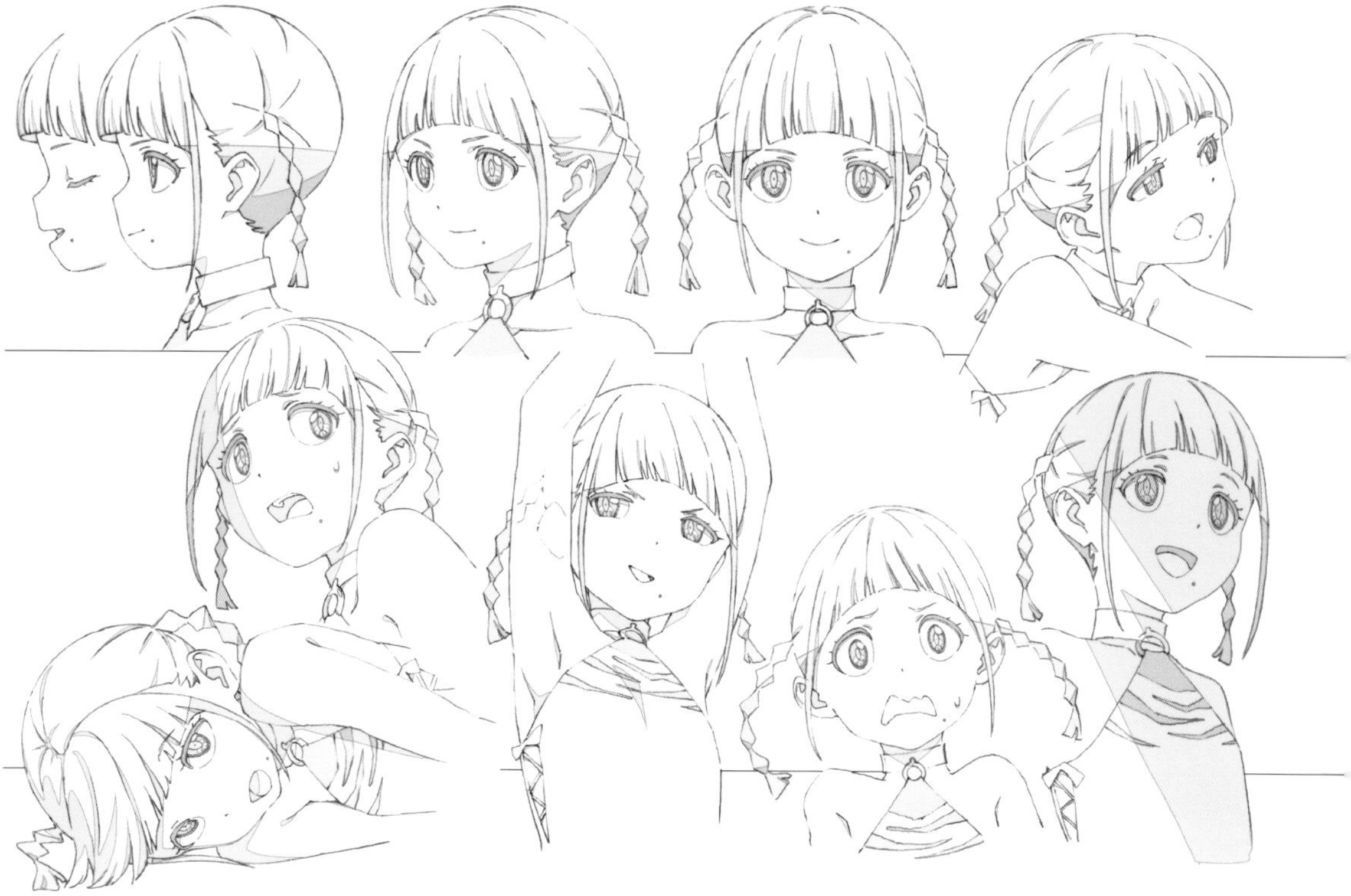

EXPRESSIONS

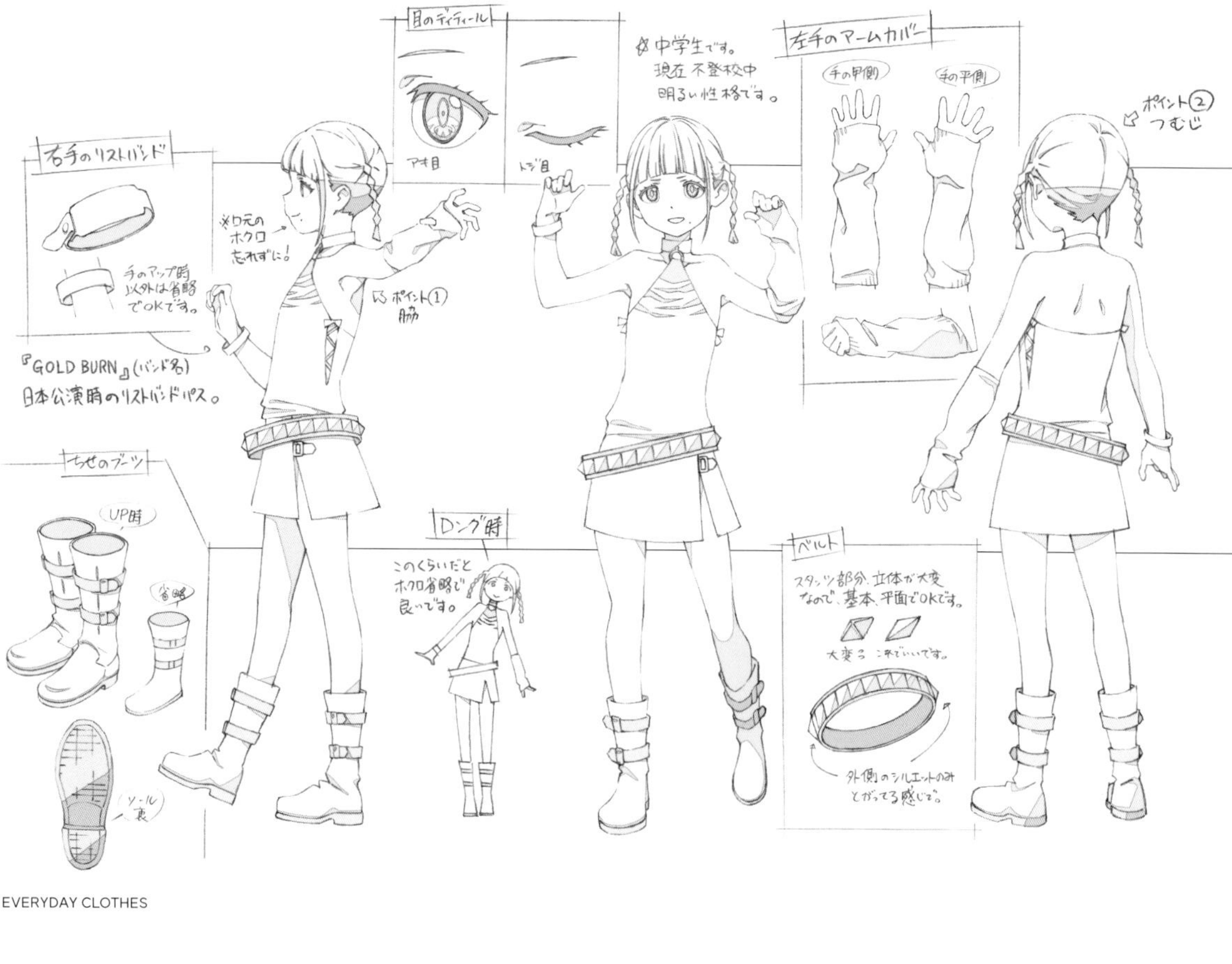

EVERYDAY CLOTHES

CHISE ASUKAGAWA

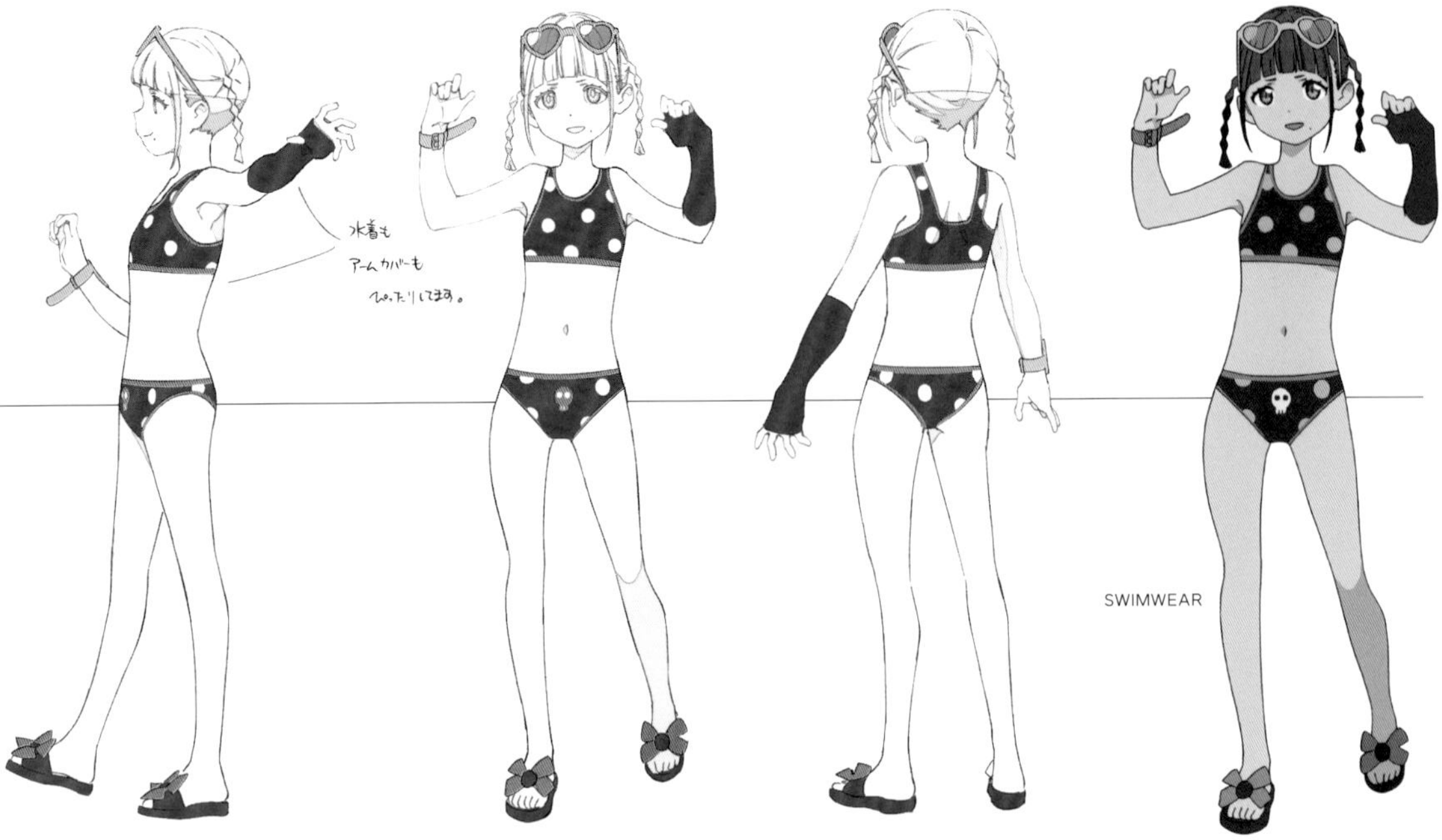
水着も
アームカバーも
ぴったりしてます。

SWIMWEAR

第5回での水着姿。ボトムスはドクロのマークが入っている。左手のアームカバーを着けたままなので、着替えのシーンで、夢芽が、この点をいぶかしむ素振りを見せている。

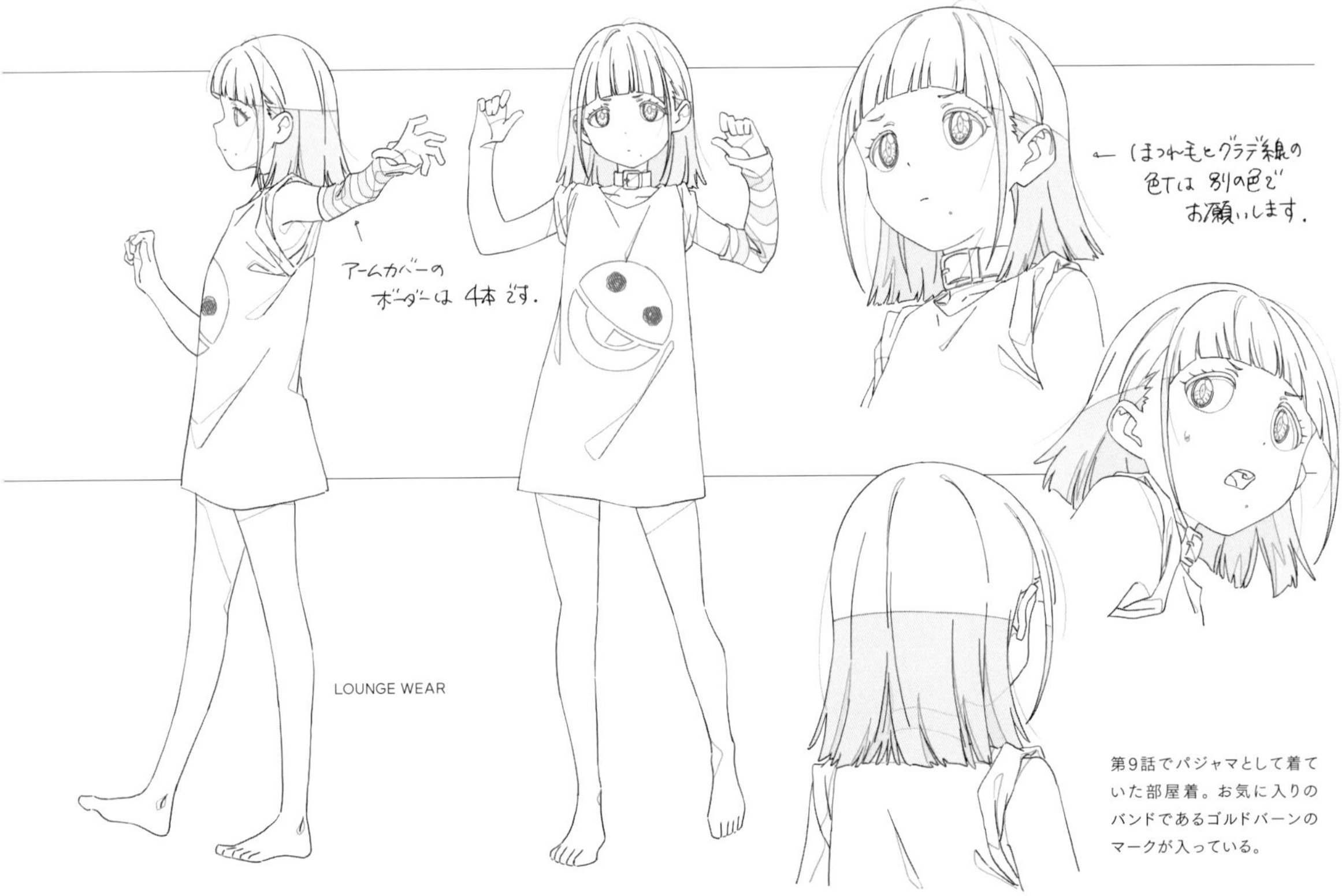
アームカバーの
ボーダーは 4本です.
← ほつれ毛とグラデ線の
色Tは 別の色で
お願いします.

LOUNGE WEAR

第9話でパジャマとして着ていた部屋着。お気に入りのバンドであるゴルドバーンのマークが入っている。

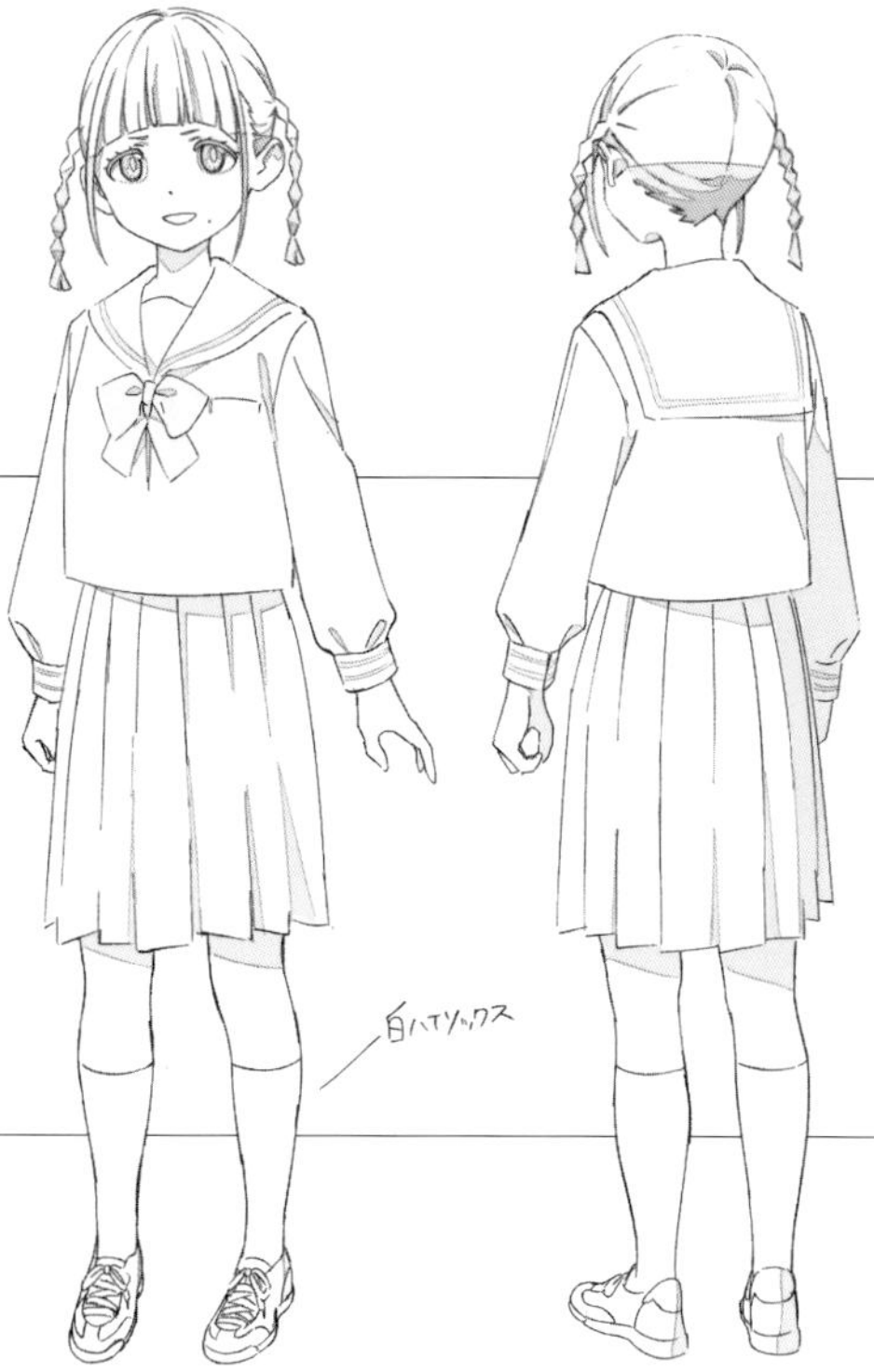

SCHOOL UNIFORM

第11回で、頑張って登校しようとしたときに見せた制服姿。自ら「やっぱ似合わないよな」と評するが、暦に似合っていないと言われたときには「あんなもん似合ってたまるか」と言い返している。

ITEMS

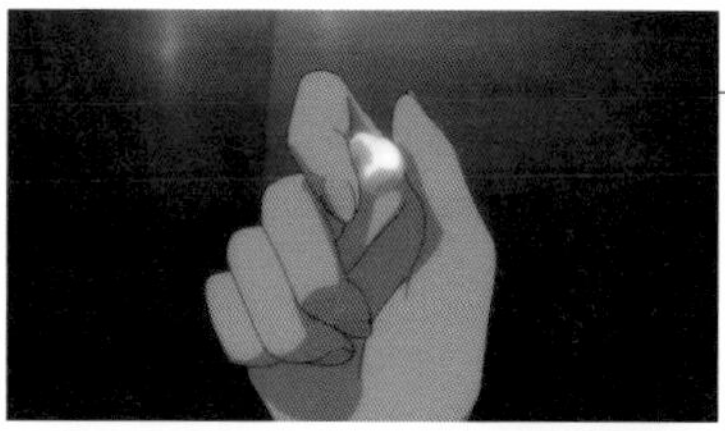

色指定

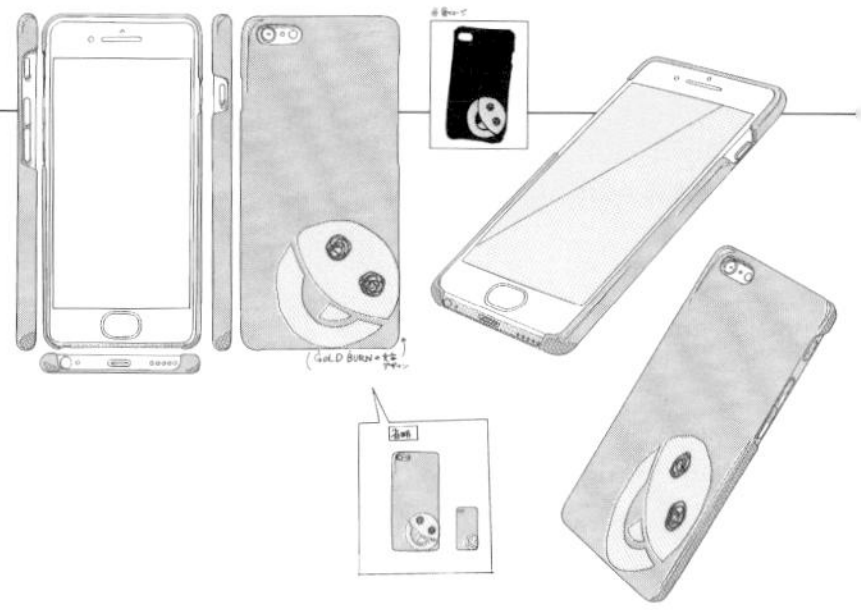

スマートフォン

スマホにもバンド「ゴルドバーン」のマークを入れており、このバンドへの傾倒ぶりがうかがえる。夢芽のものと同系統の機種らしく、表面のデザインは同じ。

感情を吸収していない段階の種は、つるりとしていて突起がない。成長するにつれて、植物の種が発芽するように細い器官が伸び、徐々に怪獣の形を成していく。

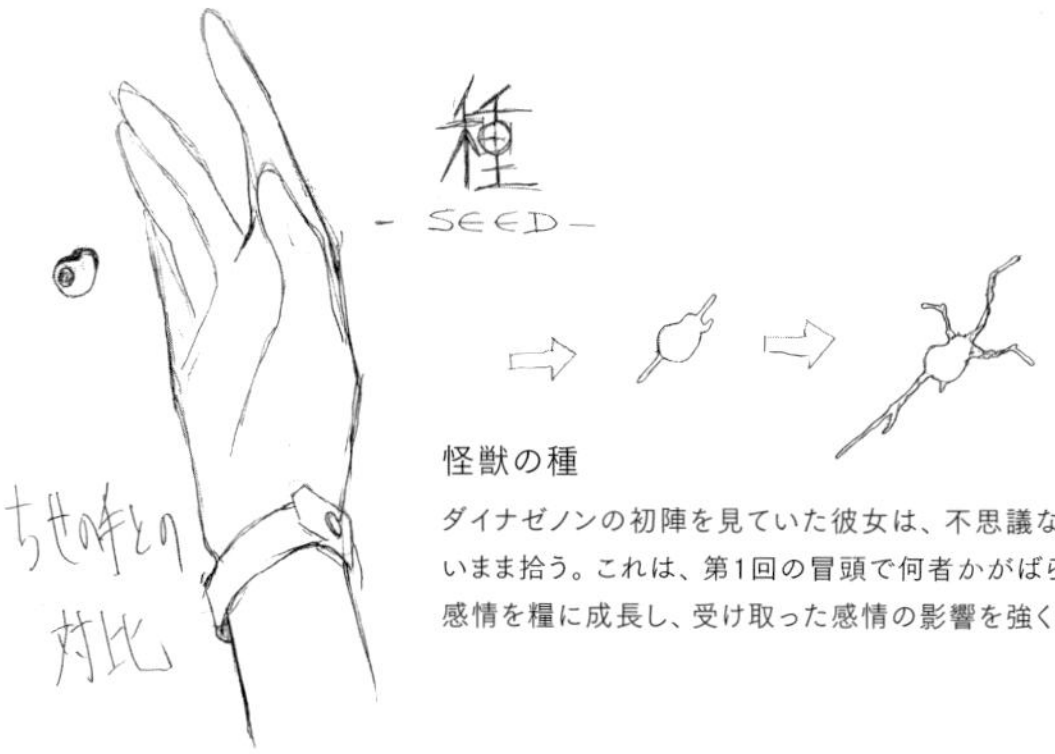

怪獣の種

ダイナゼノンの初陣を見ていた彼女は、不思議な白い物体を何だかわからないまま拾う。これは、第1回の冒頭で何者かがばらまいた怪獣の種。持ち主の感情を種に成長し、受け取った感情の影響を強く受けた怪獣になる。

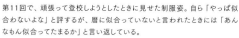

私は自分の意志で学校行ってないだけなんで

ちせは、基本的に暦と一緒に行動する。ちせが快活で能弁なのに対して、暦は無口で内向的なので、ちせがイニシアチブを取ることが多く、ダイナゼノンと遭遇したのも、ちせが出不精の暦を強引に連れ出して怪獣を見に行ったのがきっかけ。会話のなかで暦の無職をいじることがままあり、自身の不登校については、自発的に登校を止めている自分は暦とは違うと主張している。

いいなー、自分だけロボット乗って。それって時給とか出るんすかね？

ガウマがダイナゼノンの各マシンを蓬たちに配ったときにほしそうに手を出していたり、暦がダイナゼノンに乗れることを冗談めかしつつも羨ましがったりと、ちせは当初からダイナゼノンに乗りたがっている。当初は好奇心からだったと思われるが、ガウマたちと親しくなるにつれて、自分もチームの一員でありたいという意識に変わっていく。

STORY 01

明るさの裏の疎外感

いつものように暦の部屋でゴロゴロしていたちせは、街で超常現象が起きていると知り、暦を誘って見に行くことに。向かった先でダイナゼノンと遭遇し、暦はパイロットに選ばれてしまう。彼に同行してダイナゼノンチームの訓練を見学しているうちに、ガウマたちと仲良くなるちせ。当初からダイナゼノンに乗りたいと思っていた彼女は、蓬が風邪を引いた際に代打としてパイロットを務めるが、うまく動かすことはできなかった。同じ頃、暦は知人の女性と会うようになり、ちせと一緒にいる時間が減少。さらに、パイロットの4人が自然とまとまっていくなかでその輪に入りきれず、寂しさを感じることが多くなる。その傍らでは拾った怪獣の種が、ちせの情動を得て成長を続けていた。

KEY CHARACTER

山中暦

ちせの従兄で、33才になる無職の引きこもり。無気力だが、ダイナゼノンでの活動には真面目に参加する。ちせのことを大切にしており、彼女の危機には爆発力を見せる。

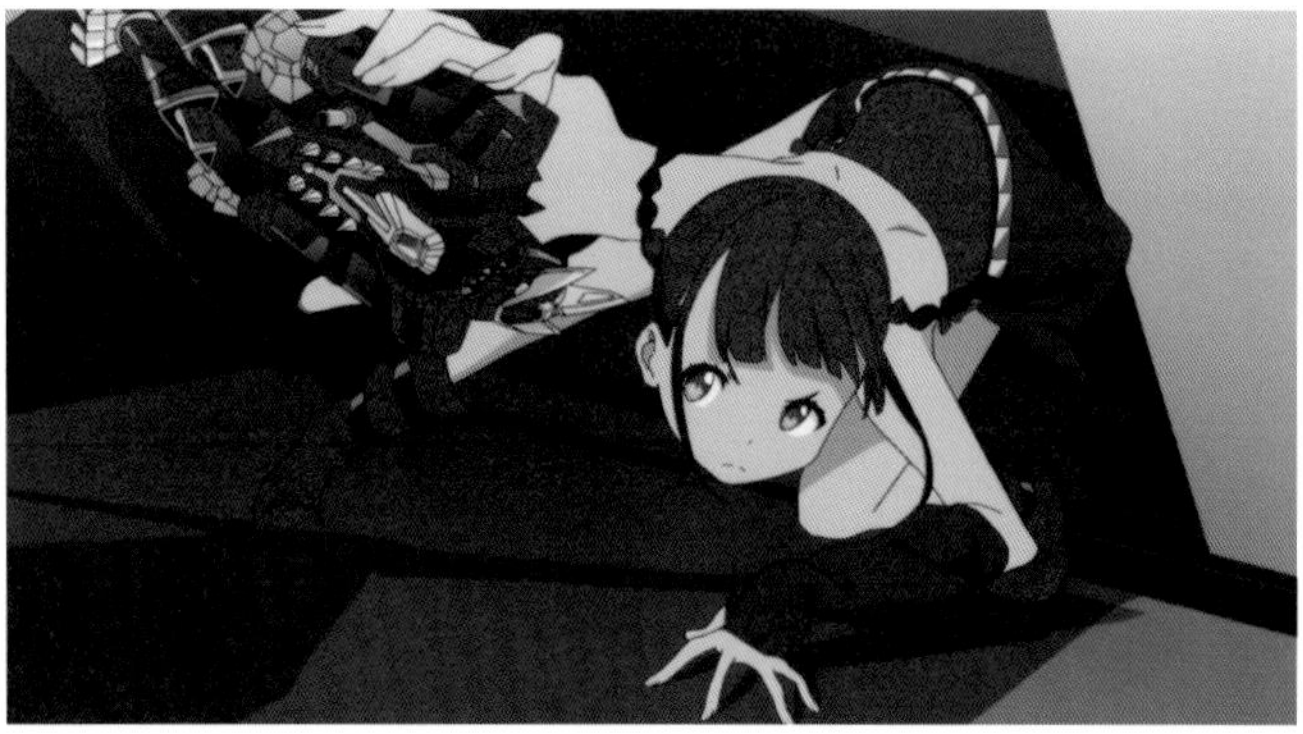

南さん私に！ 飛鳥川ちせにダイナソルジャーを！

第4回では、蓬が風邪を引いて出撃できなくなってしまう。暦についてきていたちせは搭乗を切望。蓬の乗機であるダイナソルジャーへの搭乗を果たすが、まったく練習していなかったため思うように動かせず、結局、蓬が無理を押して操縦する羽目になる。この一件のあと、ちせは蓬の交代要員として操縦訓練を行い、それなりに動かせるようになるが、出撃はこの1回のみに終わった。

えっ、ひどっ！ 今まで一緒に戦ってきた人に対して

暦が中学時代に仲がよかった女性と会うようになり、さらにダイナゼノンに乗る4人がパートナーシップを強めていくと、ちせは孤立感を感じるように。蓬が何気なく言った「どうしてここに？」というひと言に、自分も一緒に戦ってきたのにと複雑な反応を見せている。このあと、暦と女性の関係は何事もなく終わるが、チームの輪に入れていないという感覚は残ったままになってしまう。

第6回では、飲みに行ってしまった暦を待つ間、『少年チャンス』というマンガ雑誌を読んでいた。この雑誌の表紙に新連載のマンガとして描かれていた『爆裂戦記ドンシャイン』は『ウルトラマンジード』に登場した劇中劇。『ジード』では大人気の特撮ヒーロー番組で、主人公もファン、という設定だった。

暦の部屋ではいつもマンガやゲームを楽しんでいる。劇中に出てこない、ちせの家族の反応が気になるが、雨宮監督によると「娘の思うようにやらせる親で、不登校も暦の家に行くのも公認です」とのこと。ちなみにゲームで遊ぶ場面のコントローラーは、初代プレイステーションのネジコンという商品がモデルと思われる。

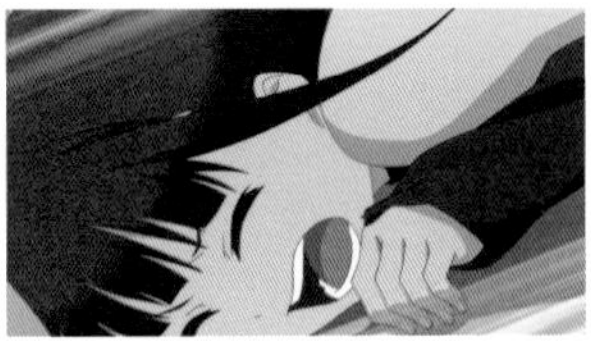

これじゃ、怪獣優生思想とおんなじだ

怪獣は、発生源である種に人の感情が作用することで生まれ、感情を与えた者の影響を強く受けた性質になる。ちせの感情で育ったゴルドバーンは人間を守ろうとする怪獣だが、彼女が「忌まわしい」と感じているアヤメ中学を発見したときには、その嫌悪を感じ取って攻撃を行いかけた。ちせは必死でゴルドバーンを止め、惨劇は回避される。

あんた、贅沢なんだよ

ゴルドバーンを探すちせは、水門で夢芽と遭遇。落ち込んでいた夢芽は、自分の悩みはちせには関係ない、戦ってもいいことはなかったと言ってしまう。それは、夢芽たちと一緒に戦いたかったちせには許しがたい言葉であり、蓬のような仲間を得られたことを「いいこと」と言えない夢芽を「贅沢」と切り捨てる。ちせは普段、夢芽に敬語で接しており、強い言葉を使ったのはこのときだけ。

STORY 02

友達との出会いと別れ

ある朝、ちせの自室でついに怪獣が誕生。彼女は、自分になつく怪獣にゴルドバーンと名づけ、怪獣は倒すというスタンスのガウマたちから隠そうとする。ちせの前から姿を消したゴルドバーンは、夢芽が水門から落ちた際に彼女を救出。チームの皆はゴルドバーンを味方として受け入れ、ガウマは「ゴルドバーンもちせも欠かせない仲間」という言葉をちせに贈る。この一件でちせの心は上向くが、ゴルドバーンは怪獣なので自分たちが連れていくとナイトたちに告げられ、動揺。そこに最後の怪獣が現れる。ゴルドバーンは、皆を守るため傷を負いながら奮闘。「最高の友達」の戦いを見届けたちせは、すべてが終わったあと、ナイトたちに連れられていくゴルドバーンを笑顔で見送る。

KEY CHARACTER

ゴルドバーン

ちせの感情から生まれた善良な怪獣。チームの皆を守ろうとする。また、彼女の「皆と一緒に戦いたい」という思いを反映してか、ダイナゼノンやグリッドナイトとの合体能力を備える。

先輩も、君も、いなくなっちゃうんだな

ダイナゼノンでの経験は暦の心境に変化をもたらし、彼は就職活動を始める。ちせはショックを受けつつも、自分も変わろうと登校しようとするが、校門の前に行くのが精一杯だった。さらに、ゴルドバーンを異世界に連れていくとナイトたちに言われ、感情的になってしまう。ナイトたちの主張は正しいと頭では理解できても、ゴルドバーンを失う寂しさは受け入れがたいものだった。

ありがとうゴルドバーン！ 君は！ 私の！ 最高の友達だから！

シズムの怪獣化を察知したゴルドバーンは、ダイナゼノンが応戦できない状況下で単身、怪獣に挑む。猛攻を受けて傷を負うゴルドバーンだが、皆が駆けつけたあとも合体して奮戦。その姿は、ちせに深い感銘を与えた。3カ月後、この世界を去るゴルドバーンを、彼女は最高の友達と呼んで送り出す。暦も就職し、ちせを取り巻く環境は大きく変化したが、彼女の表情は晴れやかだった。

最終回の段階でも学校には行っていないようだが、アームカバーを外しており、以前に比べて自分をさらけだせるようになっていることがうかがえる。ペイントと思われる左手の図像は、第9回の蝶から、ゴルドバーンを意識したであろう龍に変化。また、かつての「先輩のようになりたい」という発言も翻している。

ゴルドバーンという名前は、ちせのお気に入りのバンド名から取られている。架空のバンドだが、雨宮監督によると、イメージのもととなったのはイギリスのパンクバンド、The Clash。ちなみにバンドのマークは「アニメーターが描くのとは違うタッチにしたかった」（雨宮監督）ため、トリガーの経理スタッフに描いてもらったとのこと。

MUJINA

EYE

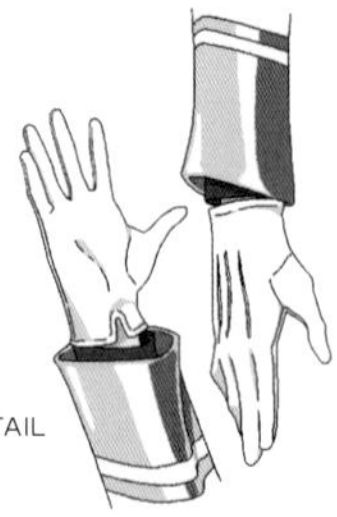

DETAIL

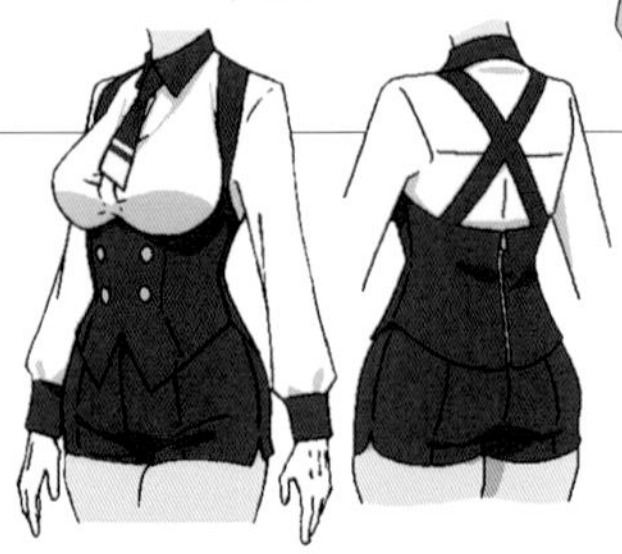

CHARACTER PROFILE

ムジナ［CV. 諏訪彩花］

　怪獣の力で破壊活動を行う4人組「怪獣優生思想」のひとり。「インスタンス・ドミネーション」という技で怪獣とつながり、コントロールすることができる。彼女たち4人はもともとは五千年前の人間で、怪獣を操ることを生業とする「怪獣使い」だったが、仕えていた国に利用された末に裏切られたため反乱。怪獣使いの同僚で国側についたガウマと戦い、彼に倒された。しかし、何らかの理由で現代に復活。同時に蘇ったガウマや、彼の仲間となった蓬たちと戦いを繰り広げていく。

　スタイル抜群で、口数が少なく、物憂げな雰囲気を漂わせる美女。マイペースな性格で、外食や温泉などのレクリエーションを好み、怪獣優生思想の活動に対する意欲は低い。戦いの場でも、与えられた役割はこなすものの、すぐに帰りたがる。積極性がないのは、自分の意見を持たず主体性に欠け、周囲に流されて行動しているため。ムジナ自身、やりたいことがない自分に空疎さを感じていたが、ダイナゼノンとの戦いのなかで起きる出来事を通じて変化していく。

インスタンス・ドミネーションで怪獣とつながっているときは、瞳の色が赤に変化する。

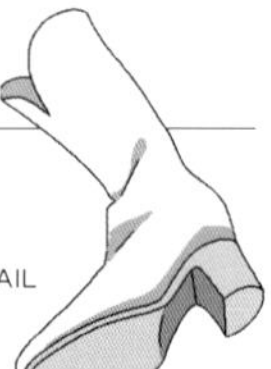

DETAIL

EXPRESSIONS

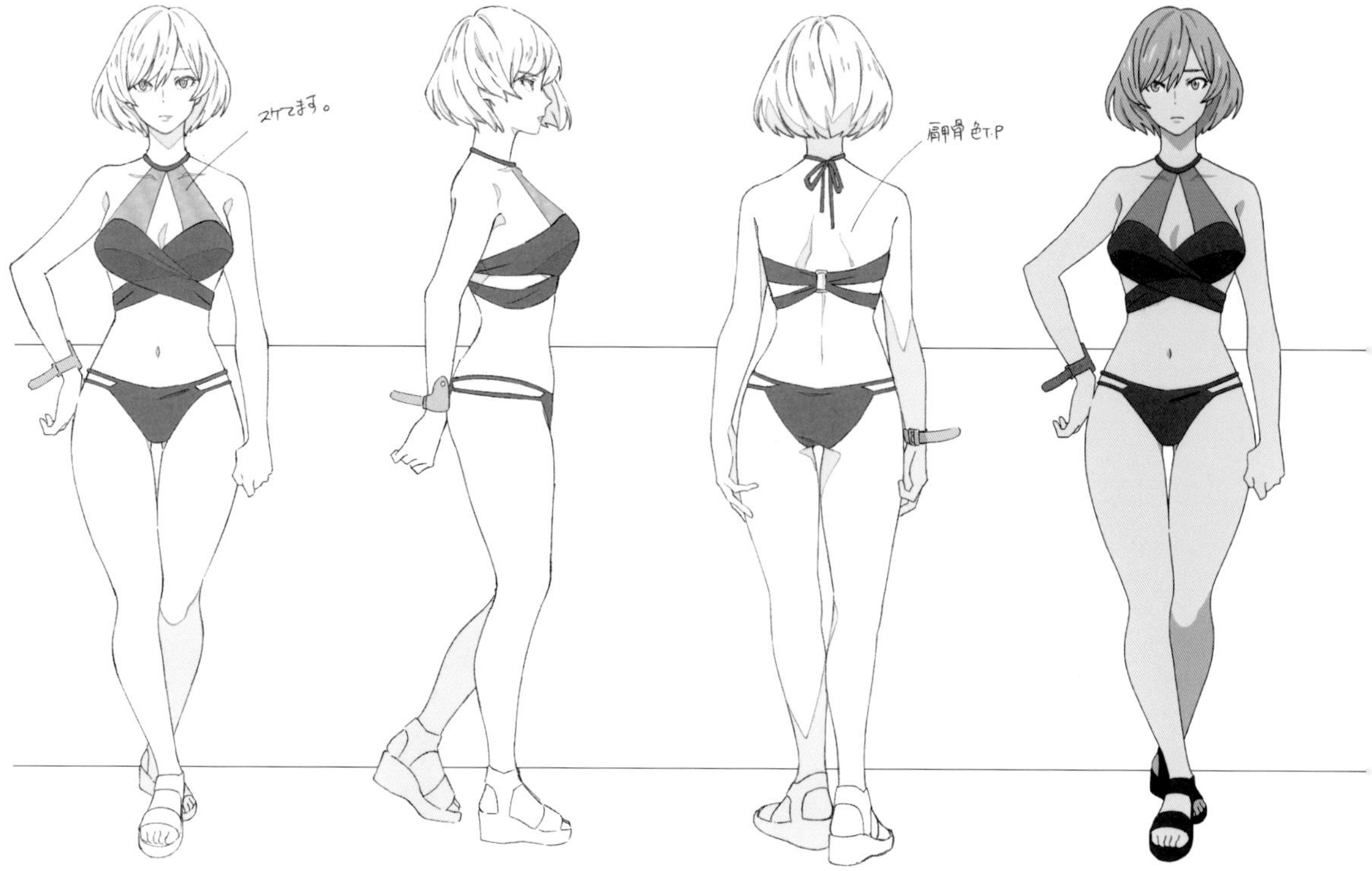
スケてます。
肩甲骨色T.P

SWIMWEAR

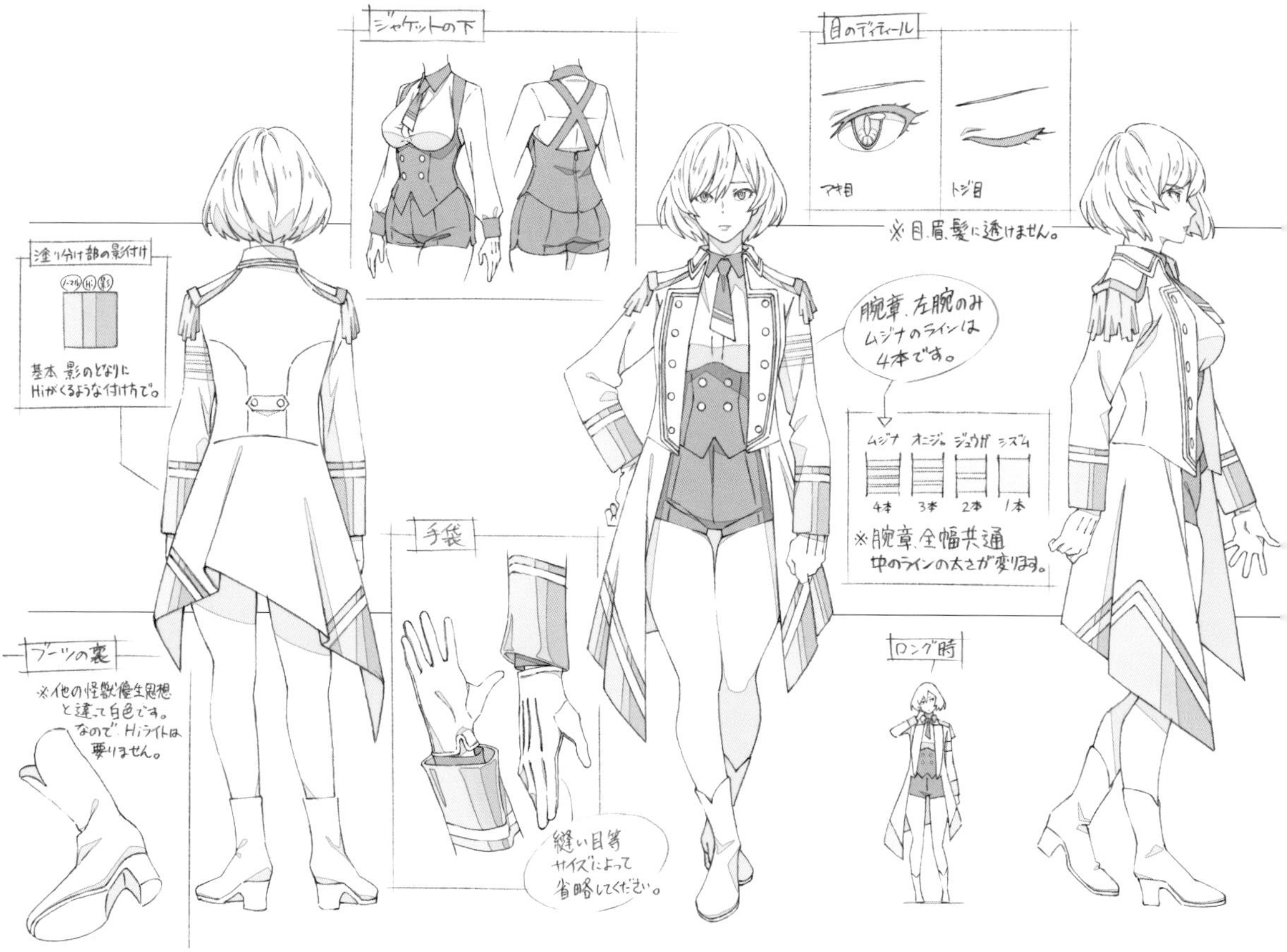
ジャケットの下
目のディティール
アキ目
トジ目
※目、眉、髪に透けません。
塗り分け部の影付け
ノーマル Hi 影
基本 影のとなりに
Hiがくるような付け方で。
腕章、左腕のみ
ムジナのラインは
4本です。
ムジナ オニジャ ジュウガ シズム
4本 3本 2本 1本
※腕章、全幅共通
中のラインの太さが変ります。
手袋
縫い目等
サイズによって
省略してください。
ブーツの裏
※他の怪獣優生思想
と違って白色です。
なので、Hiライトは
要りません。
ロング時

UNIFORM

ほかの人みたいにやりたいことなんてないんだよ、なんにも

第6回で、ムジナは酔った暦と遭遇。なぜか一緒に飲む流れになり、彼の愚痴を聞きながら自身の空虚感を語る。このとき、泥酔した暦がダイナストライカーを無造作に置いているのを見て奪取。しかし、翌日、捨て身の突撃をかけてきた暦に奪い返されてしまう。直後にムジナは、これまでにない複雑な表情を見せており、一連の出来事が彼女の心を多少なりともざわつかせたことがうかがえる。

なんか少し……わかった気がする

ダイナストライカーを奪い返された直後に怪獣が出現。「ムジナも怪獣に必要とされている」と語るシズムに促され、彼女は仲間のオニジャとともに怪獣を操る。このとき、何かをつかんだムジナが豹変。いつになく好戦的になり、ダイナゼノンを敗北寸前まで追い込む。グリッドナイトの介入で勝利は逃すが、この経験を経たことで、ムジナの怪獣使いとしてのモチベーションは高まった。

STORY

怪獣が埋める空虚

蘇ってもやりたいことがなく、空しく生きていたムジナ。あるとき、成り行きから暦と飲むことになり、酔った彼からダイナストライカーを盗み出すも、破れかぶれの行動で奪還される。この騒動で、ムジナの感情がわずかに変化。直後の戦いで、怪獣とのつながりに強い手ごたえを感じ、ダイナゼノンを圧倒する。以後、ムジナはやる気を見せるようになるが、ダイナゼノンに勝てないまま怪獣が全滅。戦う術を失った怪獣優生思想は解散状態になる。しかし、シズムが怪獣に変身すると再集結。全員が怪獣の一部と化し、立ちふさがるダイナゼノンに決戦を挑む。自分には怪獣しかないと思い定めていたムジナも、かつて交流を持った暦に感情をぶつけて戦うが、怪獣は敗北。ムジナは仲間たちとともに消えていく。

KEY CHARACTER

怪獣優生思想

人間とは相容れない存在である怪獣とつながることで、世界の理から自由になる、人間を抹殺するといった、各自の目的を達成しようとしている集団。ムジナだけが目的を持たない。

じゃあ、もう二度と怪獣は現れないんだね

怪獣を一緒にうまく操ったことで、ノリが合わなかったオニジャとの関係もよくなり、テンションが高くなったムジナ。遊びに行ったときには大いにはしゃぎ、怪獣を操ることにも積極的になる。しかし、どの怪獣でもダイナゼノンに勝つことはできず、やがて、この世界から怪獣は消滅。活動の拠りどころを失った怪獣優生思想はバラバラになってしまう。

怪獣しかないってわかっちゃったじゃん！ 暦君のせいで！

暦と交流したのは、結局、一緒に飲んだときだけなのだが、彼女にとっては重要な出来事であったようで、終盤で彼女は暦に強いこだわりを見せる。怪獣を失った際には、わざわざ彼を訪ねて「私は暦君が憎いよ」と発言。最終決戦では、自分に怪獣しかないとわかってしまったのは暦のせいと語って彼を責めるが、たくましさを増した暦に居直られてしまう。

怪獣優生思想のコスチュームは、日常では、かなり浮いて見えるデザイン。常にこの姿で堂々としているので意識していないように見えるが、やはり抵抗感があったようで、ボイスドラマ第√36回では「意識したら気になっちゃうから、できるだけ触れないようにしてんの！」とガウマに語っている。

第6回での「わかった気がする」という発言は、自分のしていることに手ごたえや充実感を得たというニュアンスにも取れるが、雨宮監督によると「怪獣のことが理解できたという意味合いが強い」とのこと。「怪獣は人間には理解不能な存在で、その怪獣側に堕ちてしまう危険な兆候でもあります」（雨宮監督）。

THE 2ND

EYE

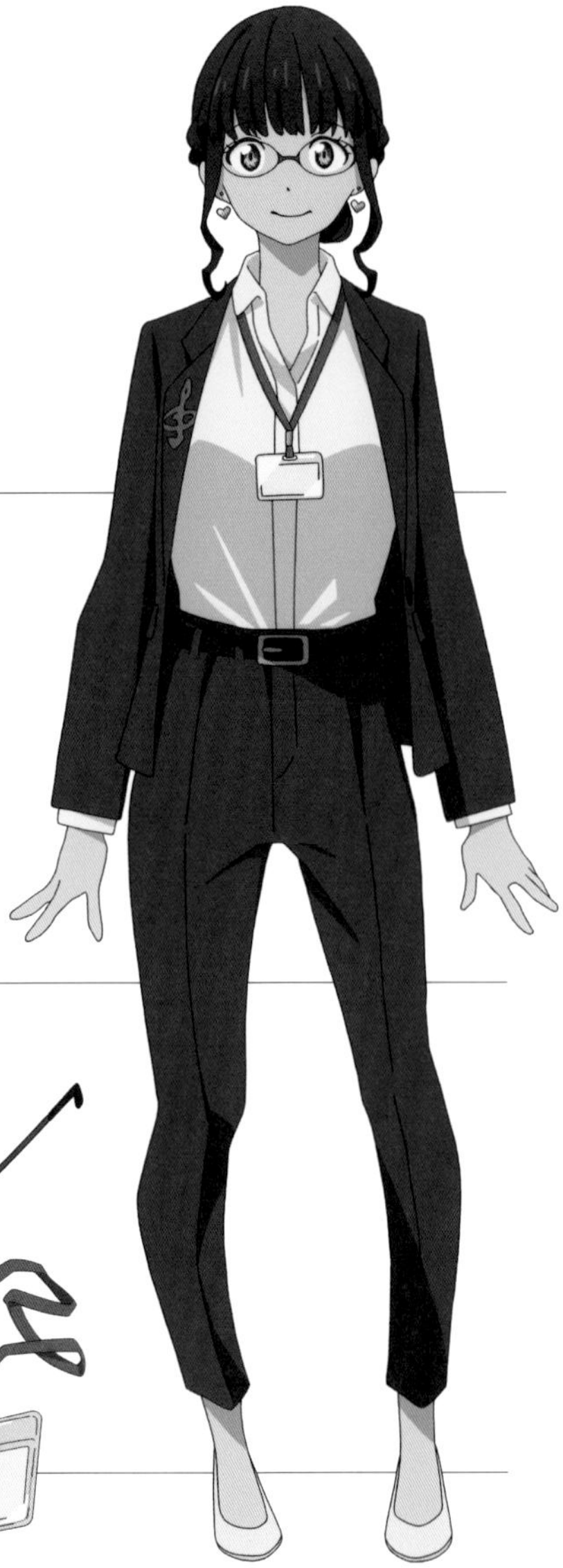

DETAIL

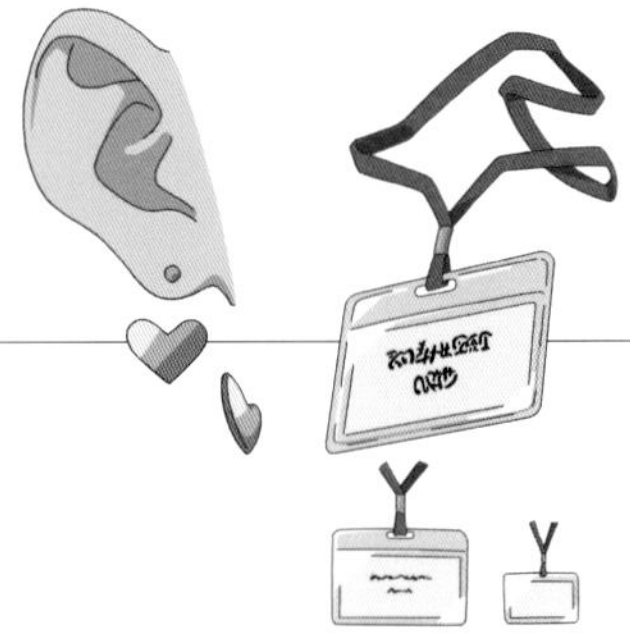

CHARACTER PROFILE

2代目 ［CV. 高橋花林］

巨人戦士グリッドナイトに変身する青年、ナイトと行動をともにし、自分たちをグリッドナイト同盟と呼ぶ女性。温厚な性格で物腰が柔らかい。普段の話し声は澄んだトーンだが、ときたまダミ声調の笑いを漏らすことがある。どこからかやって来た怪獣のスペシャリストで、怪獣についての知識が豊富。本人たちの言葉から、複数の世界で怪獣問題を解決してきていることがうかがえる。戦闘では、怪獣とやり合うのはグリッドナイトにまかせ、もっぱら分析や後方支援を担当。持っているバトンから、修復の力を備えた光線「フィクサービーム」を放つことができるが、カートリッジに収められたエネルギーを消費するため、無尽蔵に使えるわけではない。ナイトとは絶大な信頼関係で結ばれており、彼に対しては先輩や上司のように振る舞う。

ダイナゼノンチームが怪獣に苦戦していたとき、彼らの前に現れて、怪獣に対応するために協力関係を結ぶことを提案。彼らを援護したことで信頼されるようになり、以後、共闘を重ねて絆を深めていく。

EXPRESSIONS

キャリーバッグ

中は、携帯用の食糧で一杯。スタッフによると、食糧を持ち歩くのは、この世界の食べ物を極力、口にしないことで、自分たちが世界に与える影響を抑えるためとのこと。

バトン

フィクサービームで対象を治せるバトン。『電光超人グリッドマン』に登場した同様のアイテムによく似ている。カートリッジ式で、この世界では1回しか使えなかった。カートリッジがない状態でも、痛みを抑える程度の効果は得られる。

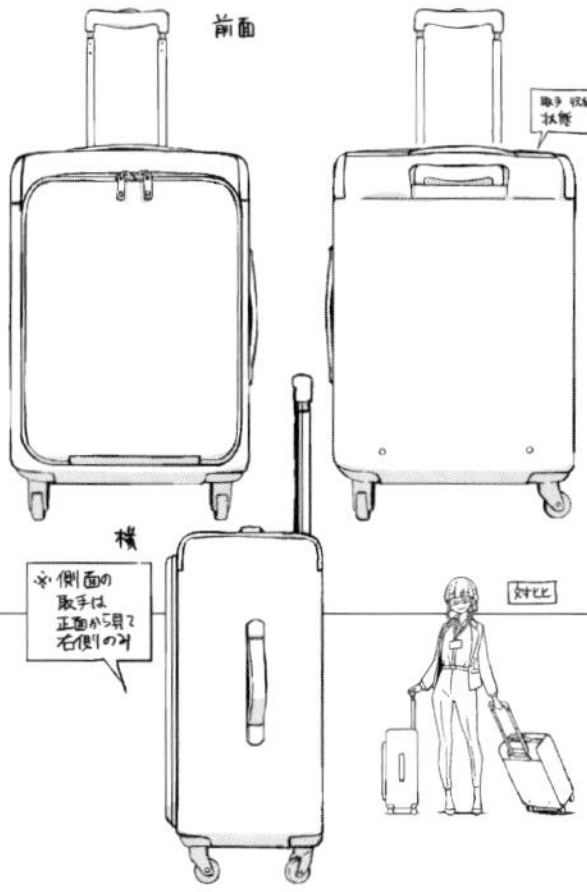

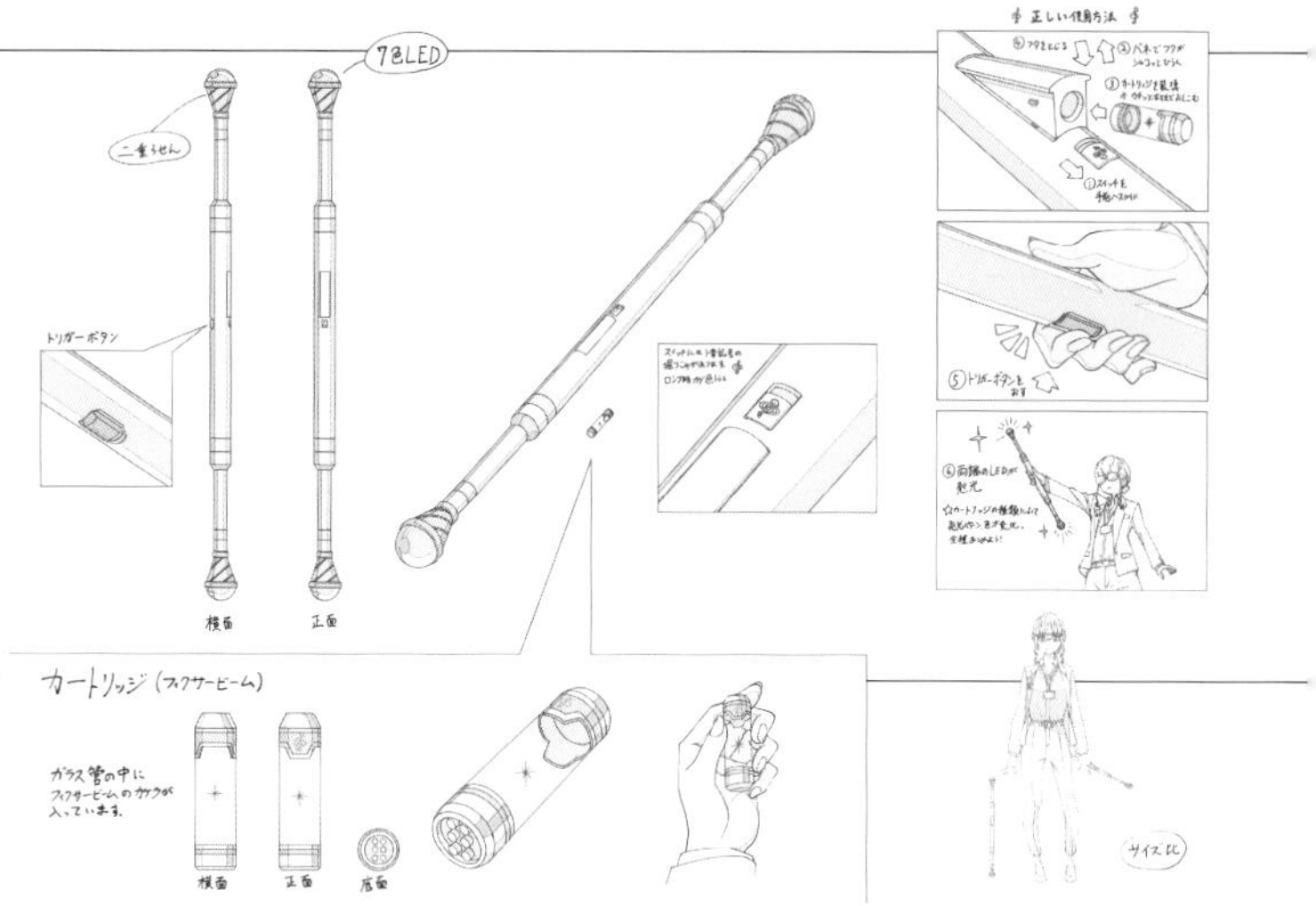

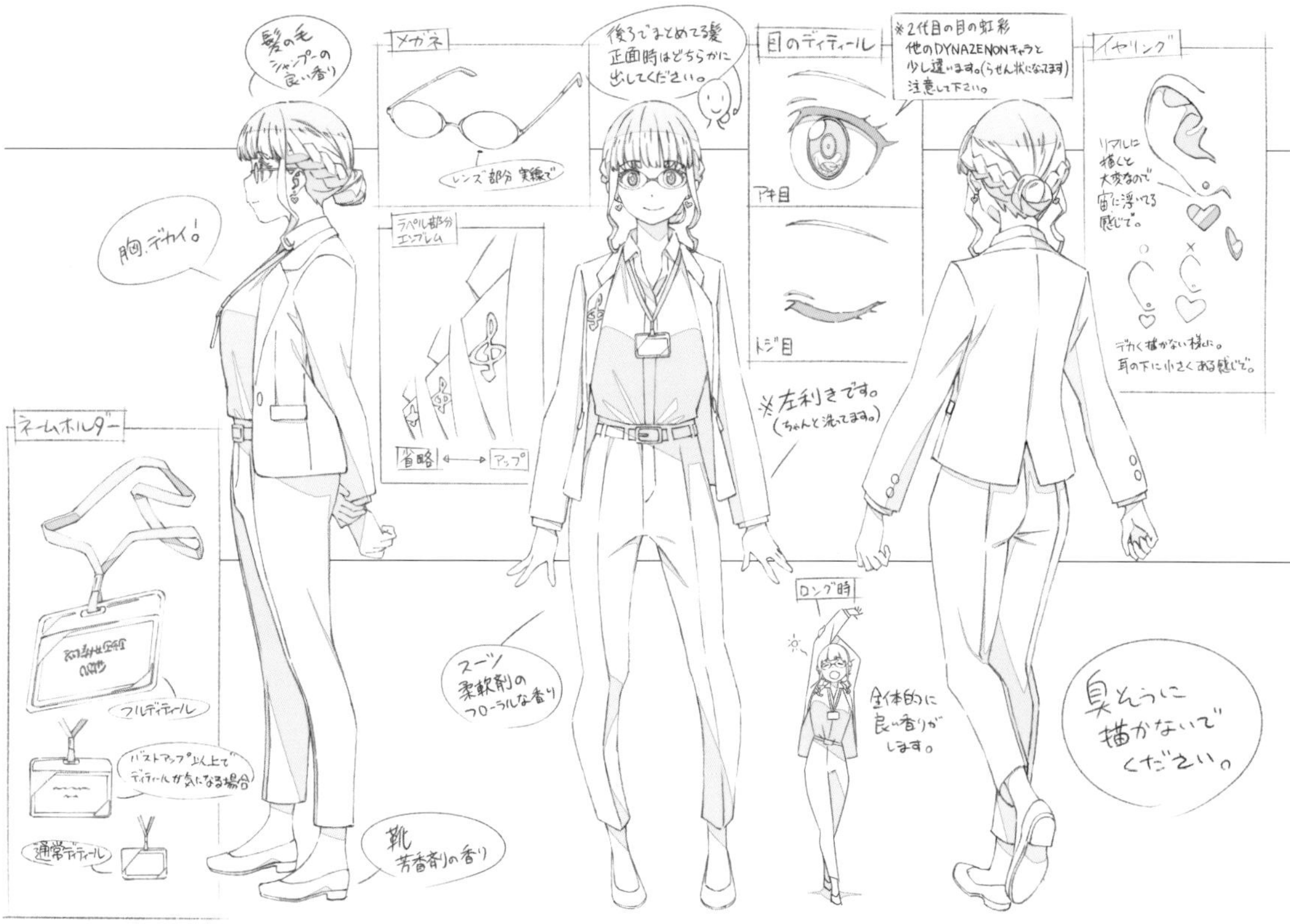

EVERYDAY CLOTHES

私達はあらゆる怪獣の脅威から世界を守っている者です

2代目とナイトがこの世界に入ったのは、ダイナゼノンが怪獣に苦戦を強いられていたときだった。グリッドナイトは、ダイナゼノンの立ち位置がわからなかったため、怪獣とダイナゼノンの両方を攻撃して撤退させる。戦闘後、ダイナゼノンが怪獣に対する「抗体」のような存在と判断した2代目は協力を依頼。しかし、ナイトの挑発的な態度もあって信用を得られず、物別れに終わる。

ナイト君！ フィクサービームを使います！

2代目がフィクサービームでダイナゼノンを修復し、さらにグリッドナイトが彼らを援護したことで、ふたりはダイナゼノンチームに信頼されるようになる。2代目は、怪獣が生まれるメカニズムなど、怪獣についての知識をガウマたちに伝授。彼らと良好な関係になっていく。ただ、なぜ怪獣に詳しいのかという質問に対しては、複雑な表情を見せつつスルーしていた。

STORY

怪獣を追う来訪者

怪獣の脅威を排除するため、この世界にやって来た2代目とナイトは、ダイナゼノンチームと協力関係を築く。2代目は破損したダイナゼノンを修復し、さらに怪獣についての知識を伝授。ナイトはダイナゼノンとたびたび共闘する。幾度かの戦いを経て、怪獣がいなくなったと判断したふたりがこの世界を去ろうとしていたとき、シズムが怪獣に変身。ダイナゼノンはガウマが瀕死の状態で出られず、ナイトは変身して戦うも窮地に陥る。ガウマは出撃を望み、その意を汲んだ2代目は、彼を支えてダイナゼノンに同乗。ダイナゼノンの加勢で勝利を収めたナイトたちは、この世界ではイレギュラーな存在であるゴルドバーン、役目を終えたダイナゼノンとともに、次の使命を果たすため、いずこかへと去る。

KEY CHARACTER

ナイト

グリッドナイトに変身する戦士。怪獣を倒すことへの使命感と、2代目を守ろうとする意識が強い。言動はぶっきらぼうで辛辣。しかし、2代目には君主に仕える騎士のように接する。

怪獣がいない世の中のほうがきっと正しいんですよ

2代目とナイトは、自分たちを「世界にとってイレギュラーな存在」と位置づけており、怪獣の根絶という役割を終えると、早々に立ち去ろうとする。このとき、ゴルドバーンも同じイレギュラーなので世界から連れ出す必要があると判断。そのことを伝えられたちせはショックで走り去ってしまうが、彼女の心情をおもんぱかってか、無理に説得することはしなかった。

お世話になったんですから、ちゃんとお礼言ってくださいよ、ナイト君

世界を去る前には挨拶回りをしている。2代目は、ナイトの険のある態度を基本的には黙認しているが、このときはガウマに頭を下げさせていた。ただ、直後にシズムの怪獣が現れたため、この挨拶が別れとはならず、ふたりはガウマたちと再び共闘することに。2代目は瀕死のガウマを支えるためダイナゼノンに乗り込み、ダイナゼノンチームに加わったような形で最終決戦に参加した。

2代目はナイトを絶対的に信頼しているが、それ以上の感情があるのかははっきりしていない。ボイスドラマ第8.8回では、蓬にナイトとの関係を問われて、いつになくテンションを上げているが、この点を聞かれたことがうれしかったのか、単にこの話題を楽しんでいるのかは判然としなかった。

第8回で、怪獣についてダイナゼノンチームに説明するとき、2代目は地面に絵を描いて解説している。このとき描かれた怪獣は、『電光超人グリッドマン』に登場した毒煙怪獣ベノラや、これをもとにデザインされたであろう、『SSSS.GRIDMAN』で街を管理していた霧の怪獣を思わせる姿をしていた。

デザインラフ集

ヒロインたちのデザインが固まるまでに描かれた、数多くの案を紹介。キャラクターデザインの坂本勝によるラフに加えて、雨宮哲監督のイメージスケッチも掲載している。デザイン自体はもちろん、周囲の書き込みにも見どころが多い。

南夢芽
南香乃

南夢芽
(ラフ3パターン)

初期案

夢芽は、ほかのキャラクターに比べて圧倒的に多くのラフが描かれており、案ごとのデザインの違いも大きい。髪型も、最初からロングに決まっていたわけではないようで、さまざまなショートヘアの案は、のちに香乃のデザインのベースとなった。

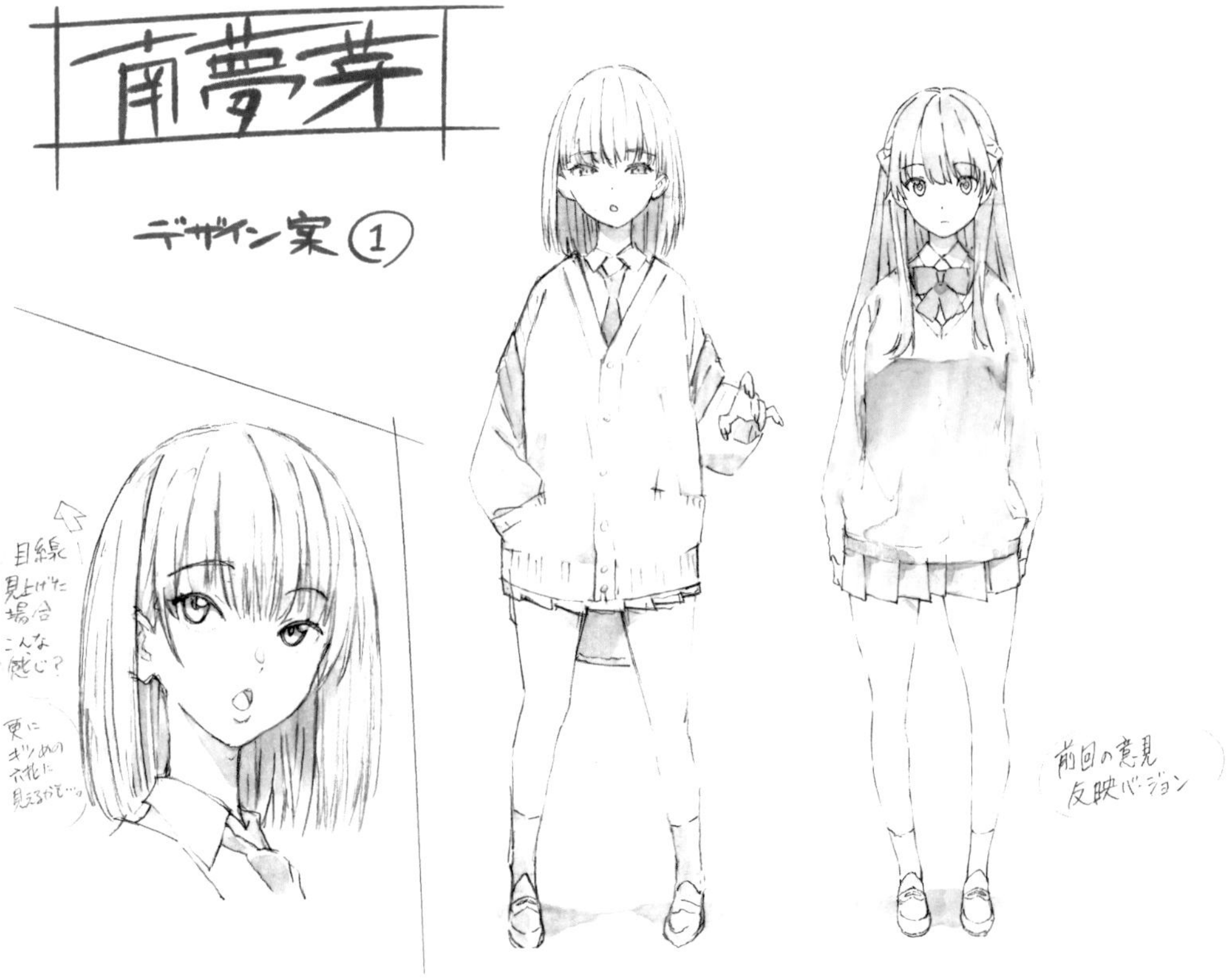
南夢芽
デザイン案①
目線見上げた場合こんな感じ？
更にギツめの六花に見えるかも…っ
前回の意見反映バージョン

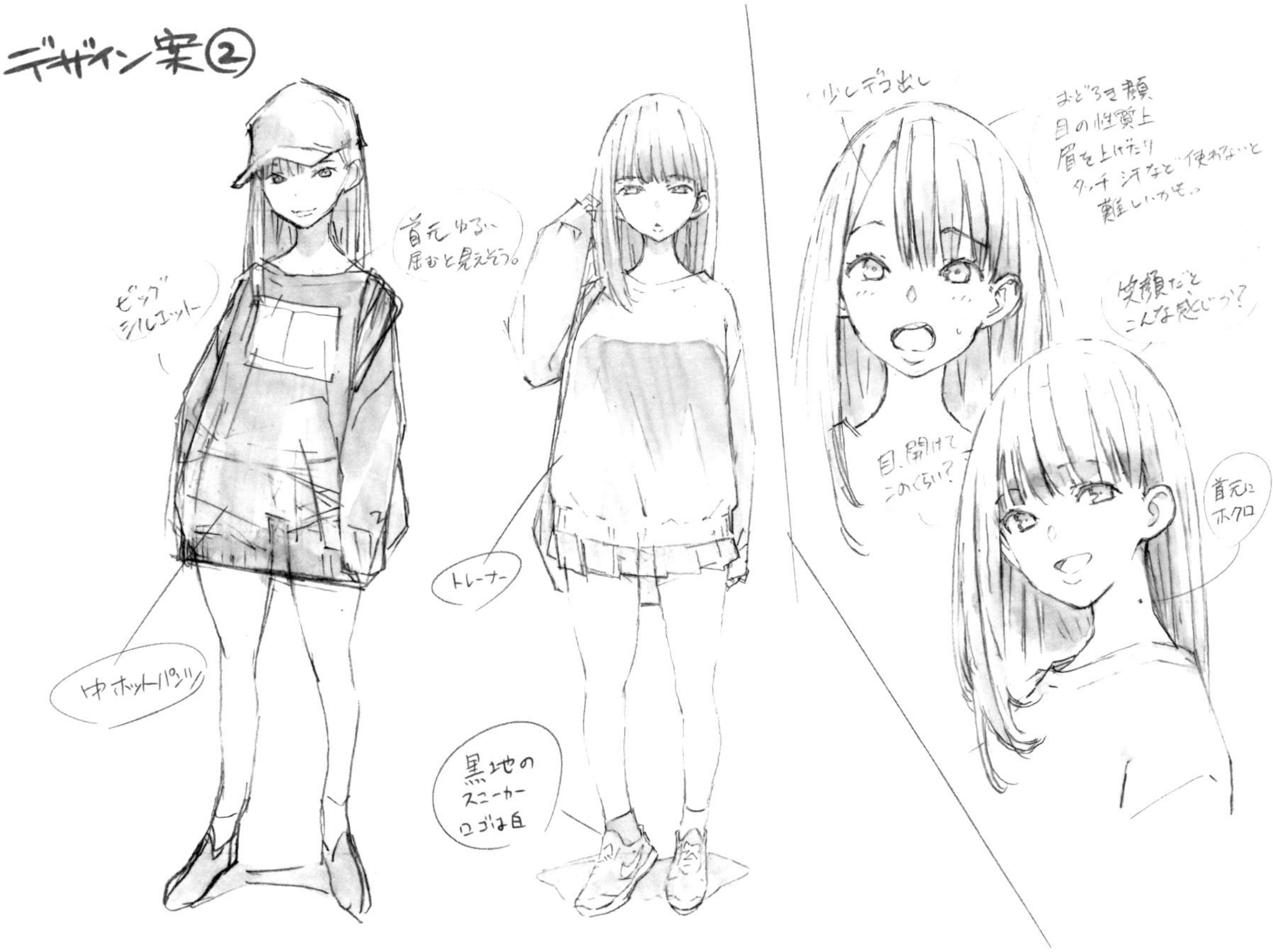
デザイン案②
ビッグ シルエット
首元ゆるい 屈むと見えそう。
中にホットパンツ
トレーナー
黒地の スニーカー ロゴは白
少しデコ出し
おどろき顔 目の性質上 眉を上げたり タッチ 汗など 使わないと 難しいかも…
目、開けて このくらい?
笑顔だと こんな感じか?
首元に ホクロ

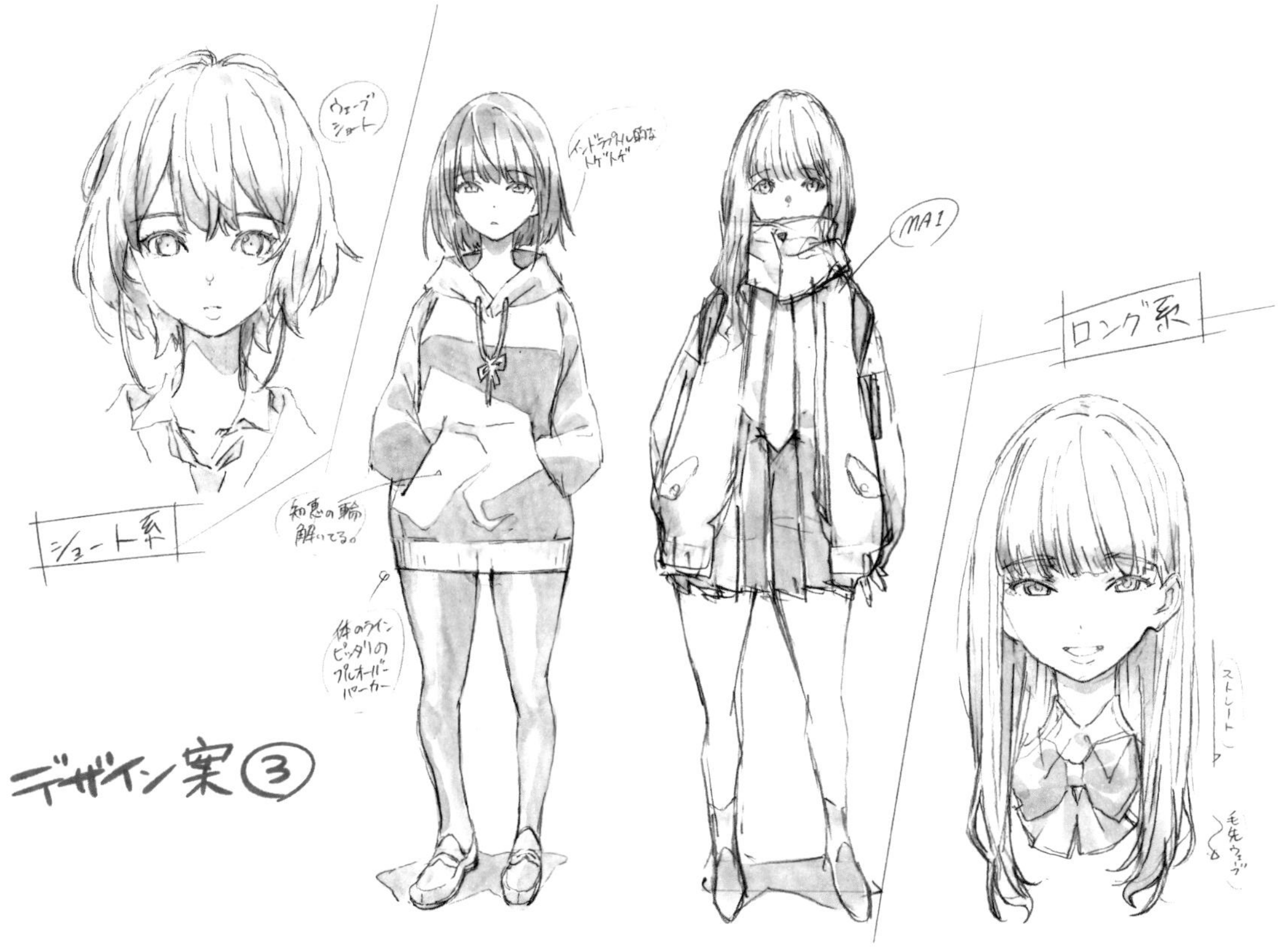
ウェーブ ショート
ショート系
知恵の輪 解いてる。
体のライン ピッタリの プルオーバー パーカー
デザイン案③
MAI
ロング系
ストレート
毛先ウェーブ

南夢芽
(ショートカットver.
デザインパターン)
韓国風な感じで
オーバーデニムとか
コーチジャケット
白スカート
ブレザーだと
シルエットがカタイので
スポーツシューズで中和

ショート案

前ページの「デザイン案③」の「ショート系」から発展したと思われるデザイン。坂本は、この案を「評判が良く、自分も好きなデザイン」と語っている。

ロング案

現在の夢芽につながるロングヘアの案。総じて、決定稿に比べて目つきや表情が柔らかいのが興味深い。左上のデザインが決定稿に最も近いが、やはり柔和な印象を受ける。

南夢芽
(ショートカットver.
表情パターン)

一応、ブレしすぎじゃない
タイプのものを絵に
起こしておこうかと。
ネクタイ
首元 横広の
スクールニット
シルエット的に
トレーナー寄り。
腕まくり
中のシャツが
見える
髪、一本追加
ver.
南夢芽 デザイン案

南夢芽
デザイン案ラフ

ツンデレっぽい…?
ツリ目か?
タレ目か?
どっちだろう…。
前にあった
輪郭丸いは アリかもしれない…。
南夢芽 デザイン案

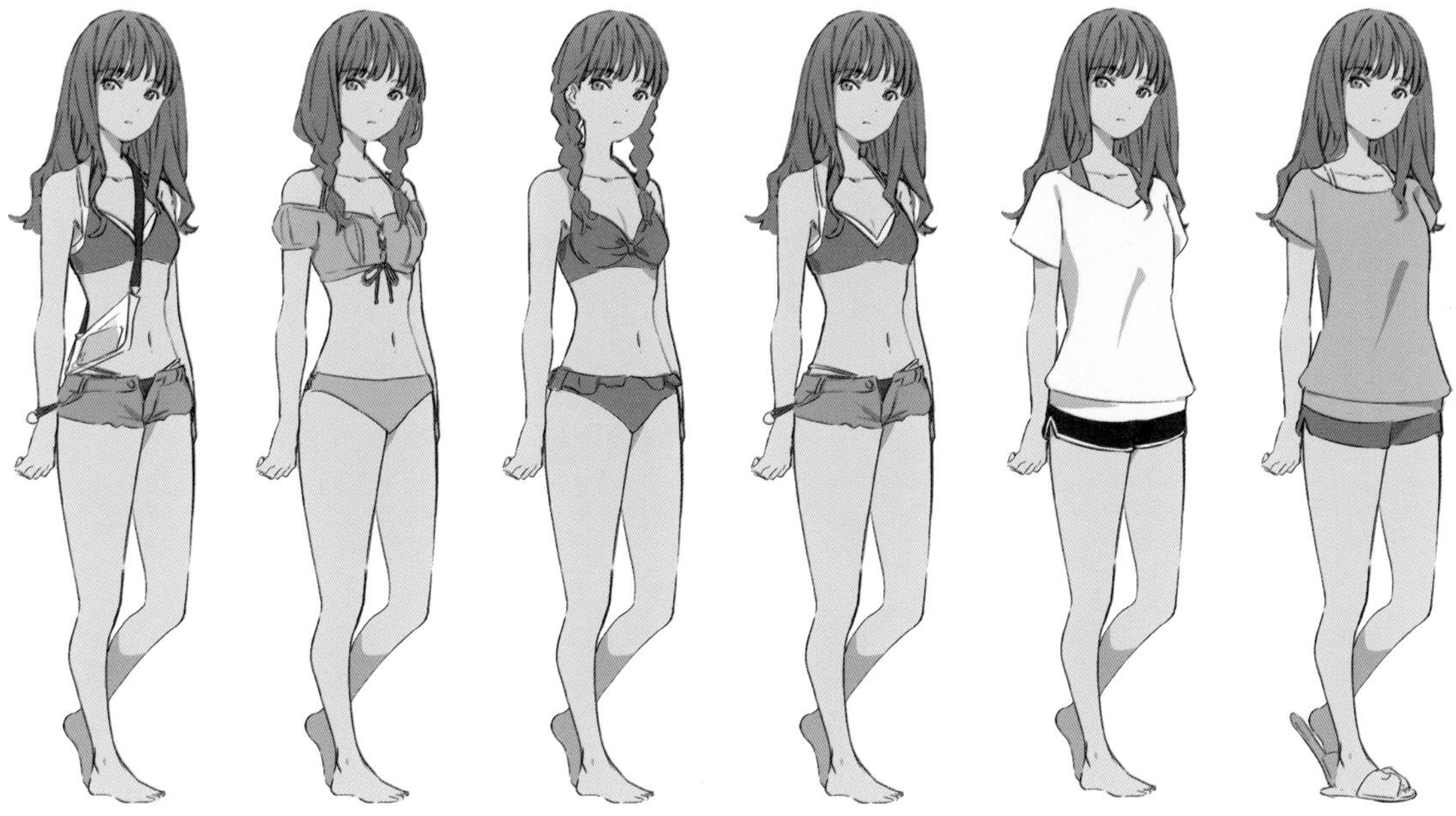

水着・部屋着カラー案

服装も、さまざまなパターンが描かれている。水着のデザイン案は、本編では見せていない三つ編み系の髪型が印象的。部屋着はカラーリングのほかに、袖の長さやスリッパの有無などが案ごとに異なる。

カラー案

服や髪の彩色案も数多く作られており、いずれの案でも派手さが抑えられているのが特徴。ストッキングをはかないデザインが検討されていたこともわかる。

カラー案（南香乃 初期デザイン）

前ページの「ショート案」とほぼ同じデザインだが、キャラクター名は「南香乃」に変わっている。彩色案まで作られていることから、有力な案だったことがうかがえるが、サブキャラクターとしては華がありすぎる、という理由で現在のデザインに変更された（→ 84ページ）。

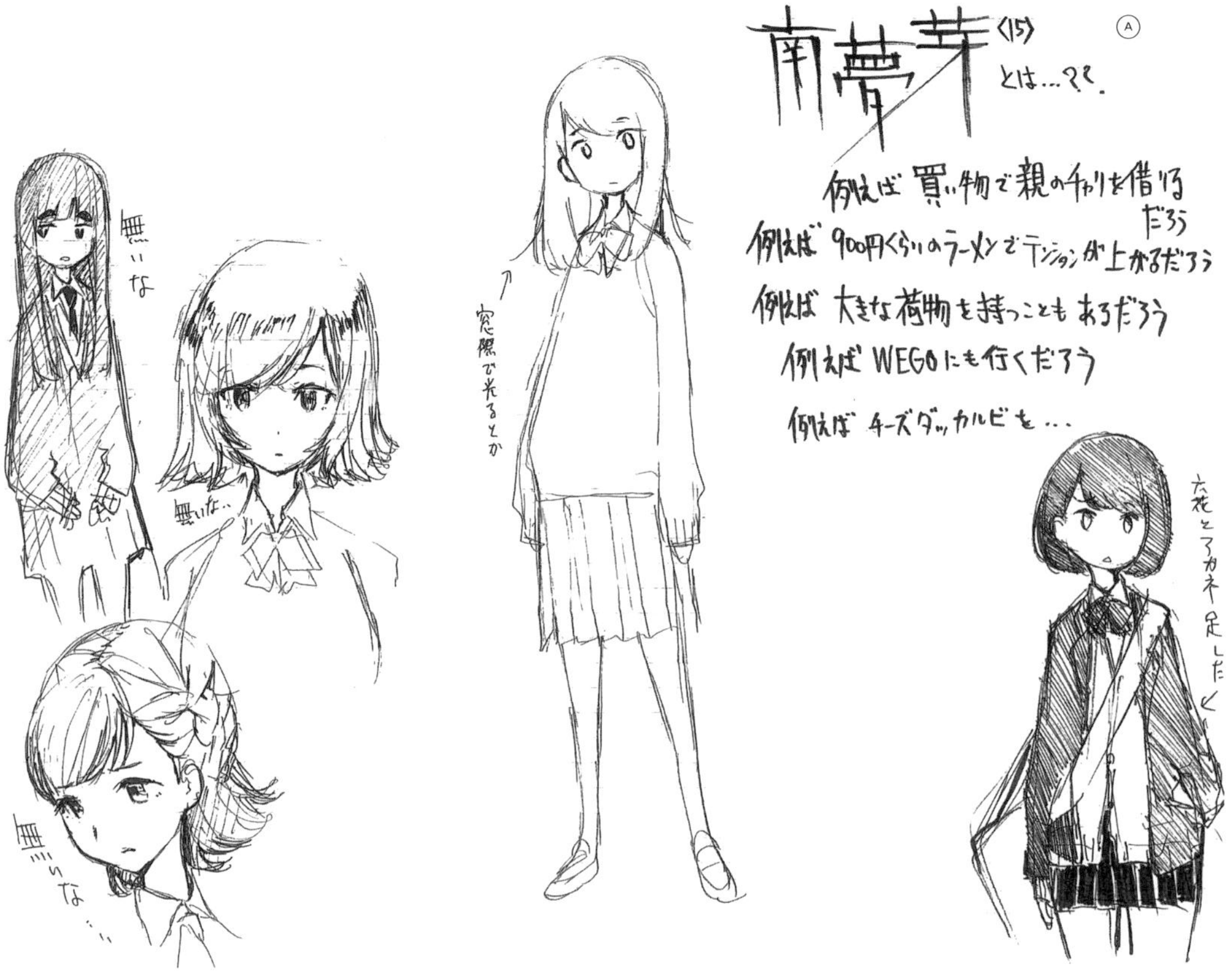
南夢芽〈15〉とは…？く.
例えば 買い物で親のチャリを借りるだろう
例えば 900円くらいのラーメンでテンションが上がるだろう
例えば 大きな荷物を持つこともあるだろう
例えば WEGOにも行くだろう
例えば チーズダッカルビを…
無いな
無いな…
無いな…
窓際で光るとか
六花とアカネ足した
Ⓐ

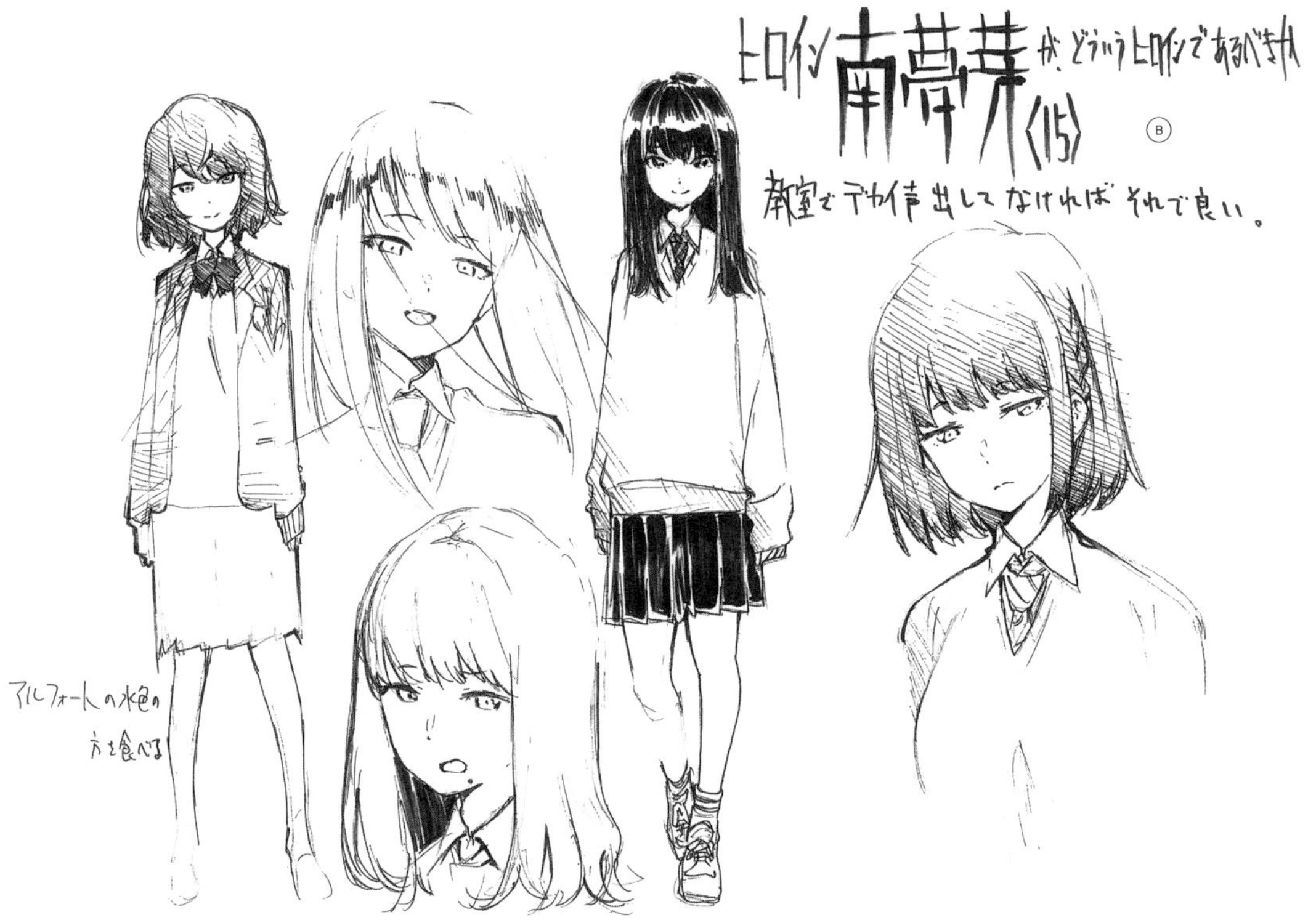
ヒロイン南夢芽〈15〉がどういうヒロインであるべきか
教室でデカイ声出してなければそれで良い。
アルフォートの水色の方を食べる
Ⓑ

雨宮監督によるラフ Ⓐ～Ⓕ

雨宮監督のスケッチには多くの書き込みが入れられており、監督が夢芽をどのようなキャラクターとして描きたかったのかが伝わってくる。複数のスケッチに鳴衣が描かれており、彼女のデザインや夢芽に対する立ち位置は、初期からほぼ変わっていないことがわかる。

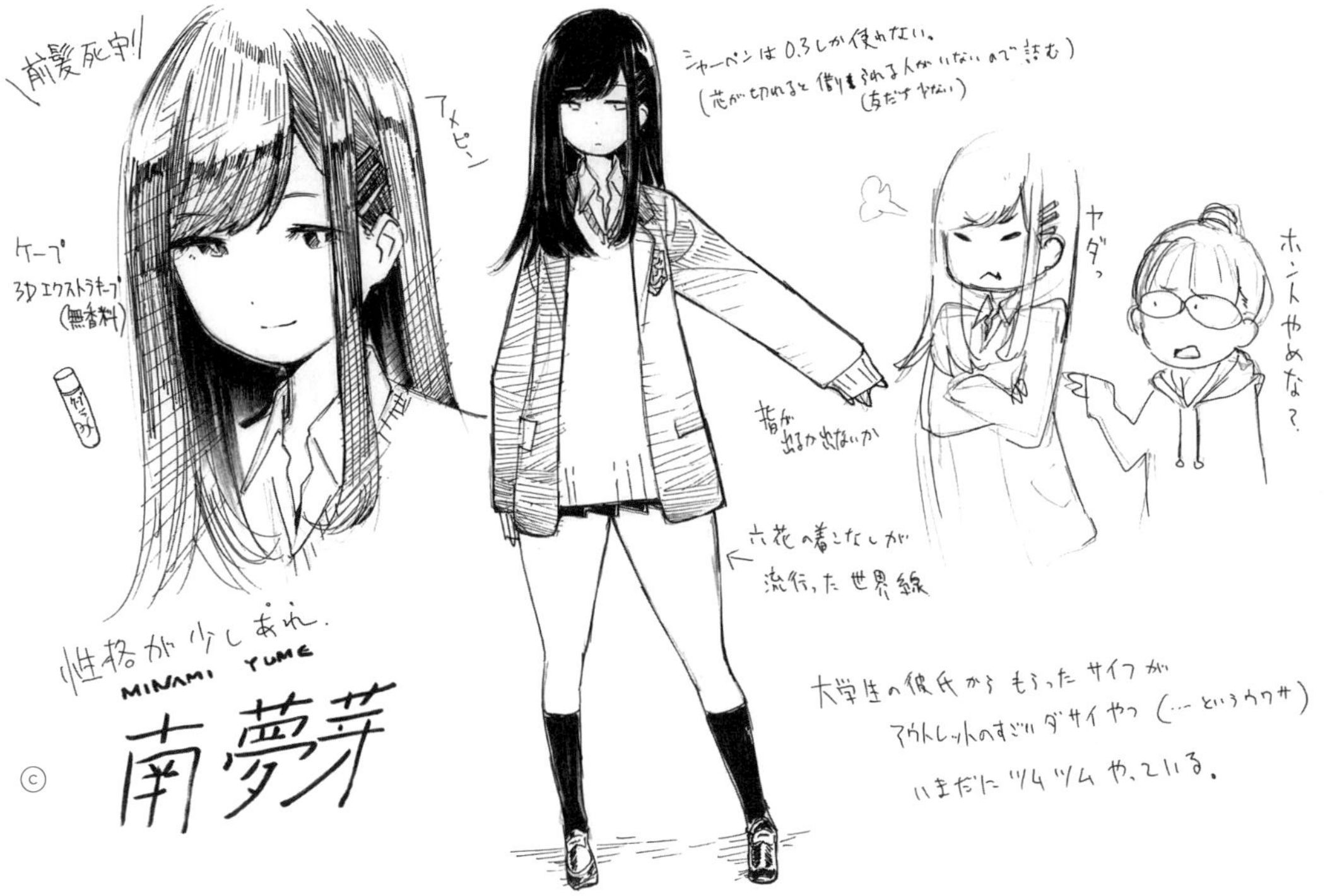
前髪死守!!
アメピン
シャーペンは0.3しか使わない。
(芯が切れると借りられる人がいないので詰む)
(友だちいない)
ヤダっ
ホントやめな?
ケープ
3Dエクストラキープ
(無香料)
指が出るか出ないか
六花の着こなしが流行った世界線
性格が少しあれ.
MINAMI YUME
南夢芽
©
大学生の彼氏からもらったサイフが
アウトレットのすごいダサイやつ (…というウワサ)
いまだにツムツムやっている。

(fifteen)
南夢芽
遠足は中華街?
鎌倉かもしれない
ジョイサウンドをご利用のみなさん
こんにちは、○○です
夢芽の友だち
めい (角井鳴衣)
・低血圧 ・写真部
・教室で汁もの食う。マイペース
夢追いベンガル歌って。
無理ー。
・夢芽と同じ中学出身?
・声低い?
Ⓓ

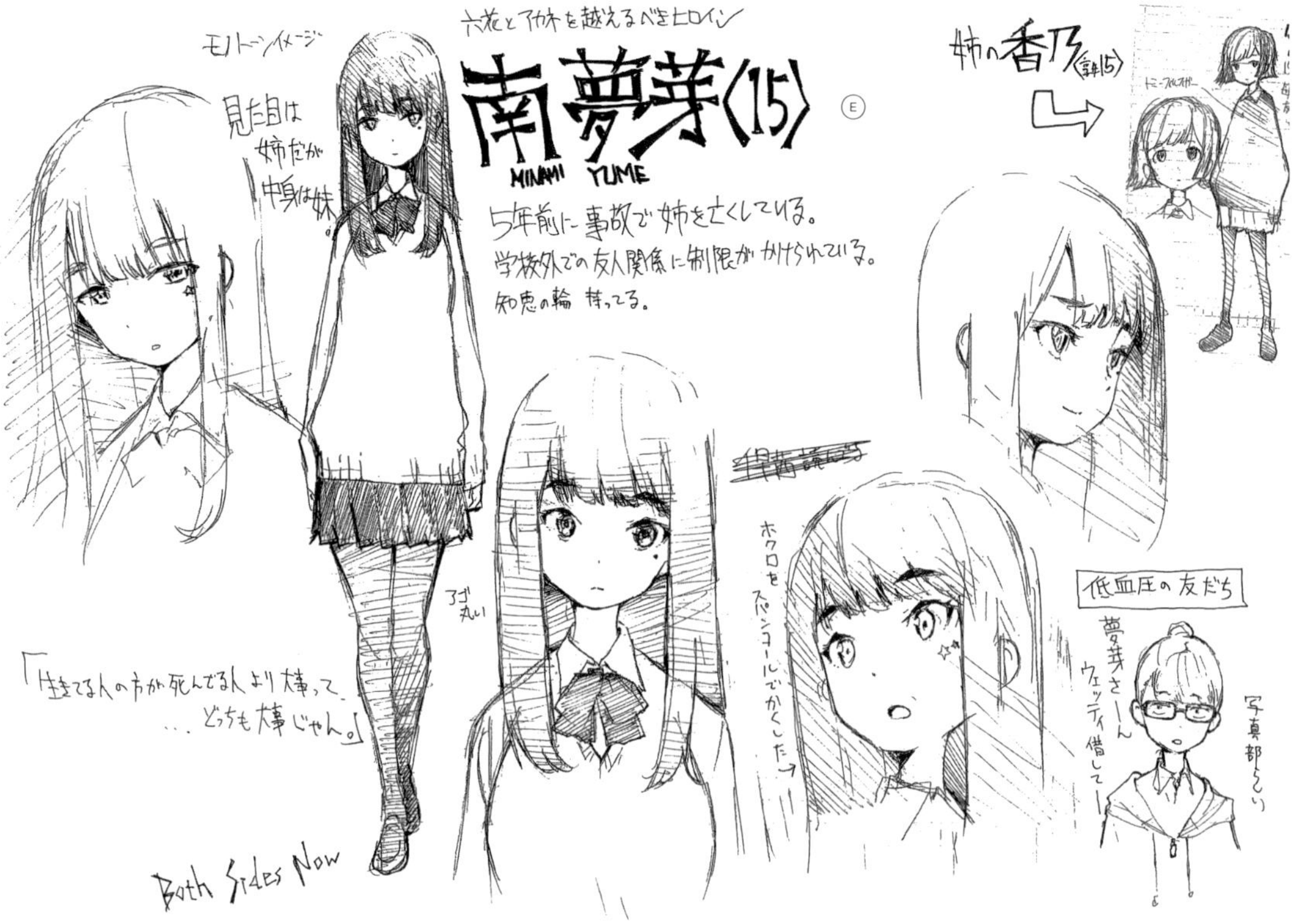
六花とアカネを越えるべきヒロイン
南夢芽〈15〉
MINAMI YUME
E
モノトーンイメージ
見た目は姉だが中身は妹
5年前に事故で姉を亡くしている。
学校外での友人関係に制限がかけられている。
知恵の輪持ってる。
姉の香乃〈享年15〉
アゴ丸い
ホクロをスパンコールでかくした
低血圧の友だち
夢芽さーんウェッティ借してー
写真部らしい
「生きてる人の方が死んでる人より大事って…どっちも大事じゃん。」
Both Sides Now

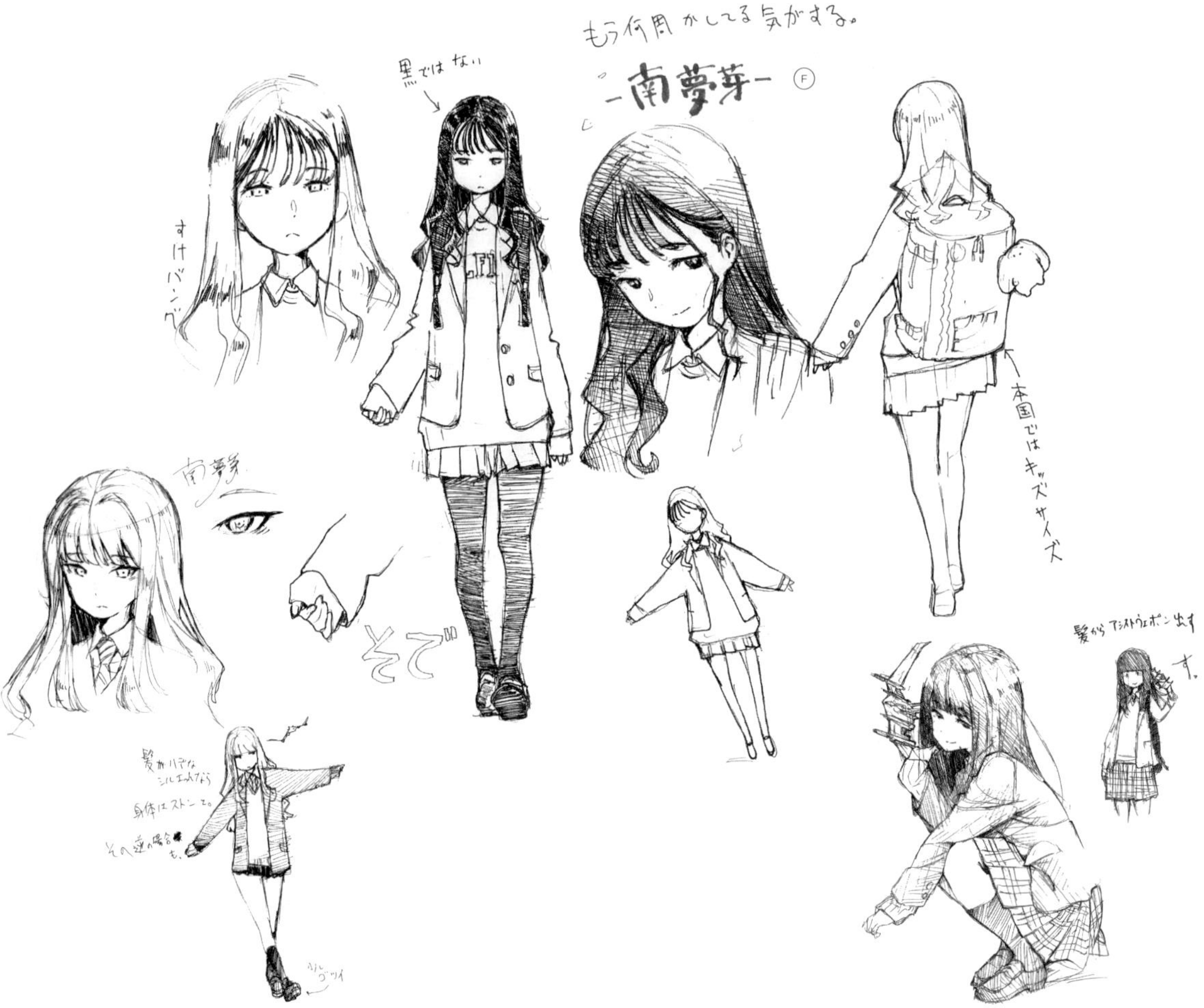
もう何周かしてる気がする。
—南夢芽—
F
黒ではない
すけバング
本国ではキッズサイズ
南夢芽
そで
髪からアシストウェポン出す
す。
髪がハデなシルエットなら
身体はストンと。
その逆の場合も。
ゴツイ

デザイン案

夢芽のデザインがさまざまに変遷しているのに対して、ほかのヒロインたちは、初期の段階から基本的な部分は変わっていない。ちせも、髪型や服装はさまざまなパターンが描かれているが、切りそろえられた前髪、英国風、ロック系といった特徴は概ね一貫している。

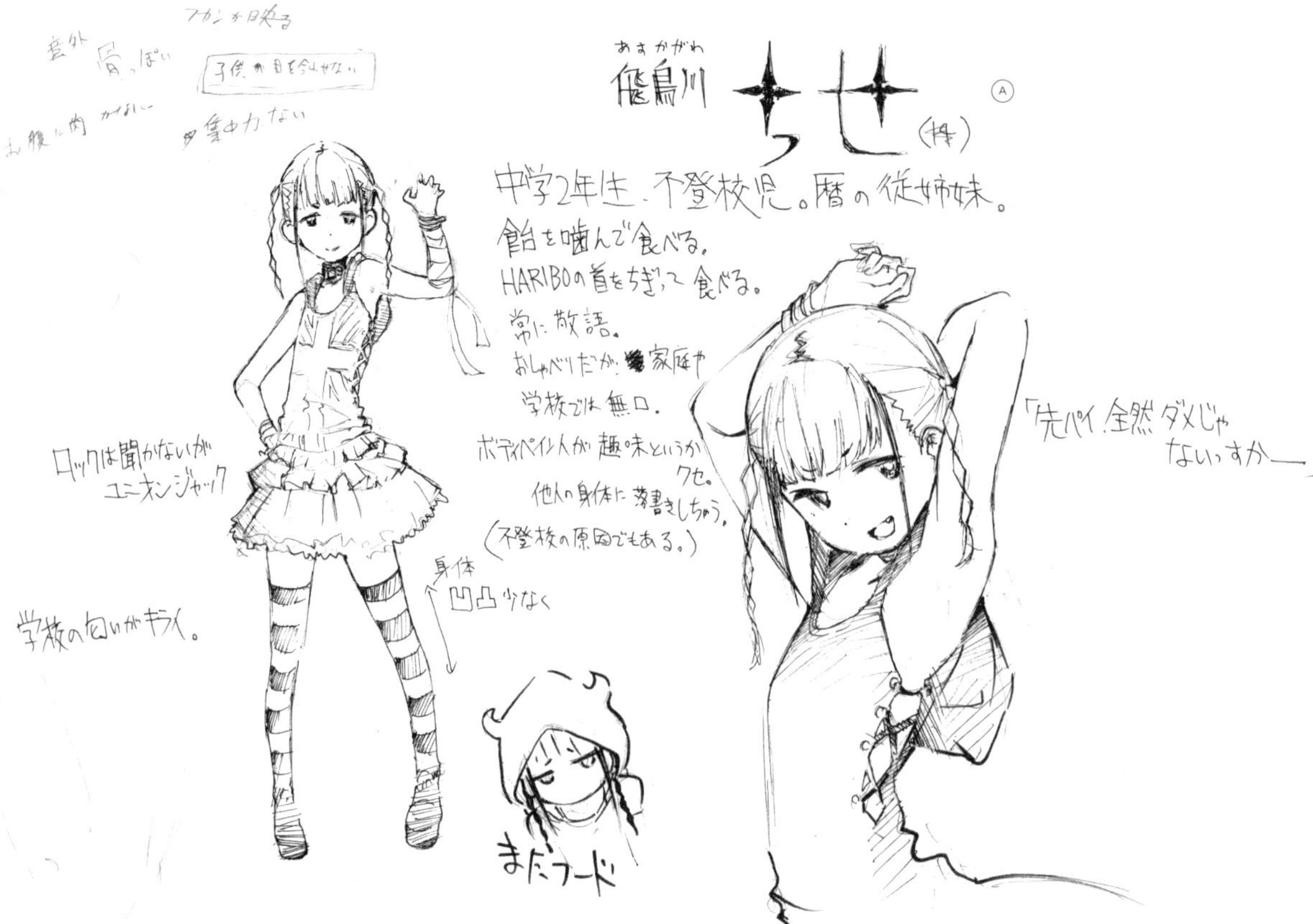

飛鳥川《あすかがわ》 ちせ (仮) Ⓐ
中学2年生、不登校児。暦の従姉妹。
飴を噛んで食べる。
HARIBOの首をちぎって食べる。
常に敬語。
おしゃべりだが、家庭や
学校では無口。
ボディペイントが趣味というか
クセ。
他人の身体に落書きしちゃう。
(不登校の原因でもある。)
フカンが映る
意外 骨っぽい
子供が目を合わせない
お腹に肉がない
集中力ない
ロックは聞かないが
ユニオンジャック
学校の匂いがキライ。
身体
凹凸少なく
まだフード
「先パイ、全然ダメじゃ
ないっすかー」

雨宮監督によるラフ Ⓐ・Ⓑ

監督のスケッチの段階で、服装こそ異なるものの、雰囲気は決定稿にかなり近い。「飴を噛む」という要素が大きく取り上げられているのが興味深い。下のスケッチにあるフードのイラストは、『SSSS.GRIDMAN』の怪獣少女アノシラス（2代目）を思い出させる。

飴を噛む少女。 Ⓑ
中学2年生。青年Dの従姉妹？
ニートに付き合っているが、不登校である。

ちせカラー案
5パターン
1
2
3
4
5
飛鳥川ちせ
カラー案ver.2
1
2
3
4

カラー案

ちせの彩色案は、夢芽とは対照的に派手なものが多い。スカートのデザインはチェック柄が有力だったことがうかがえる。左手を隠しているのがアームカバーではなく包帯であることも、決定稿との大きな違い。

ムジナ

デザイン案

顔立ちや体型は、ちせと同様、初期から決定稿に近い。服装はいくつかのパターンが試みられているが、ロングコートを着用する、ボトムスはショートパンツかそれに近い形、といった点は共通している。

雨宮監督によるラフ Ⓐ・Ⓑ

怪獣優生思想はグループ単位でデザインが考えられていたようで、スケッチはいずれも4人がまとまった形で描かれている。ムジナは初期から概ねイメージが固まっているが、下のスケッチは、のちのデザインよりも気弱な印象。

衣装デザイン＆カラー案

衣装案は、決定稿に似た系統と、夢芽の部屋着に近い服にコートを浅く羽織った系統に大別できる。いずれの系統についても、ディテールやカラーリングが異なる案が数多く作成された。左下はサブキャラクターデザインの中村真由美による衣装案。

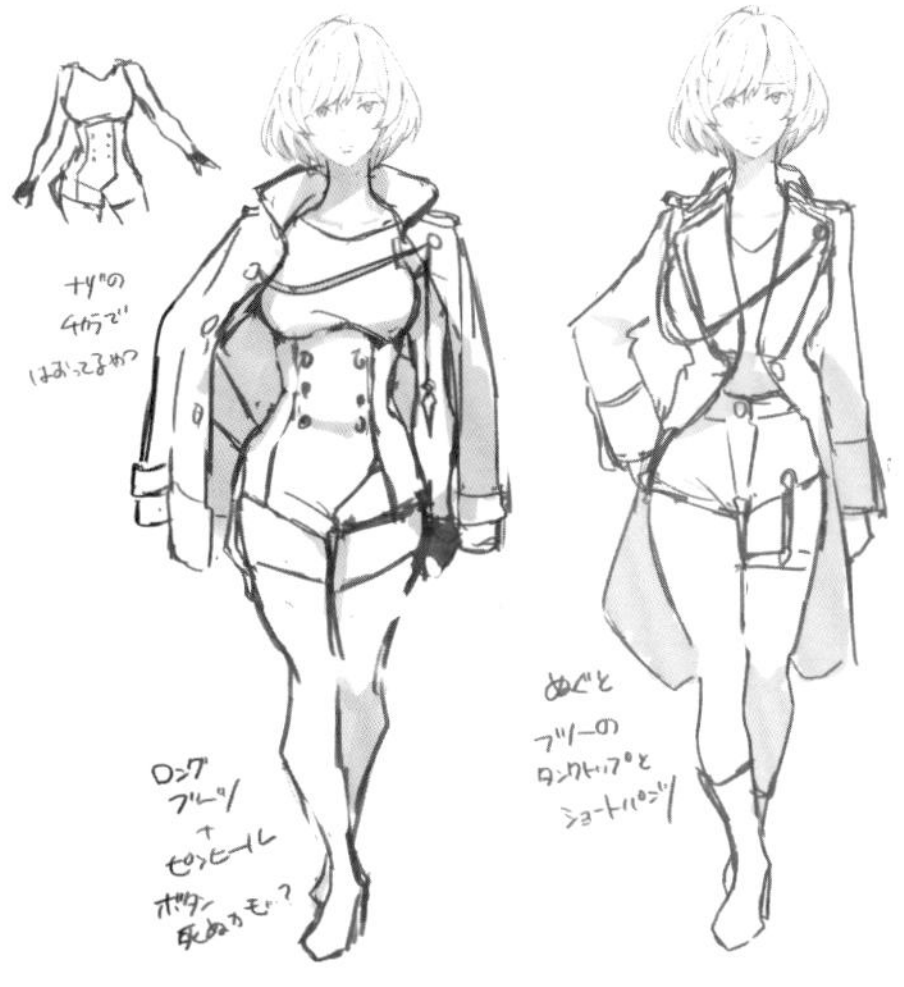

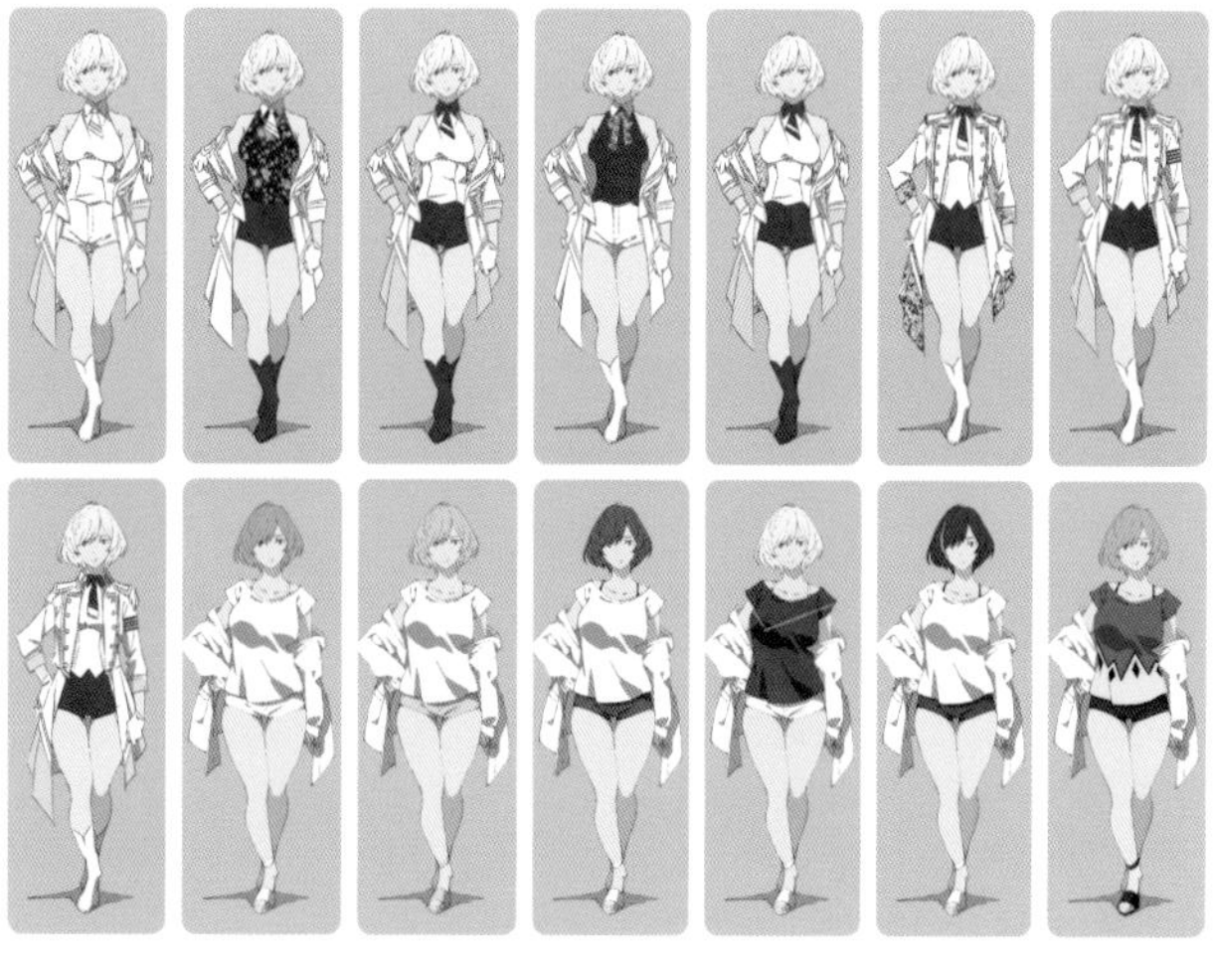

2代目

デザイン案

2代目のラフはナイトと一緒に描かれており、ペアでデザインが考えられていることがうかがえる。ムジナと同じく、決定稿との違いは小さい。服装の案は複数あるが、ビジネススーツ系という点は一貫している。

雨宮監督によるラフ Ⓐ

監督のスケッチも決定稿のイメージに近いが、2代目の服装は未来的。この段階から、食べ物を詰め込んだキャリーバッグという設定が、重要な要素として描き込まれている。

カラー案

彩色案は、ビジネススーツなので一貫して落ち着いた色合い。ブラウスの色が変わらないこともあって、ほかのキャラクターに比べるとそれぞれの印象の差は小さい。

原画集

選りすぐりの各ヒロインの原画を掲載。完成映像とはまた違った、線画ならではの魅力を堪能してほしい。

南夢芽

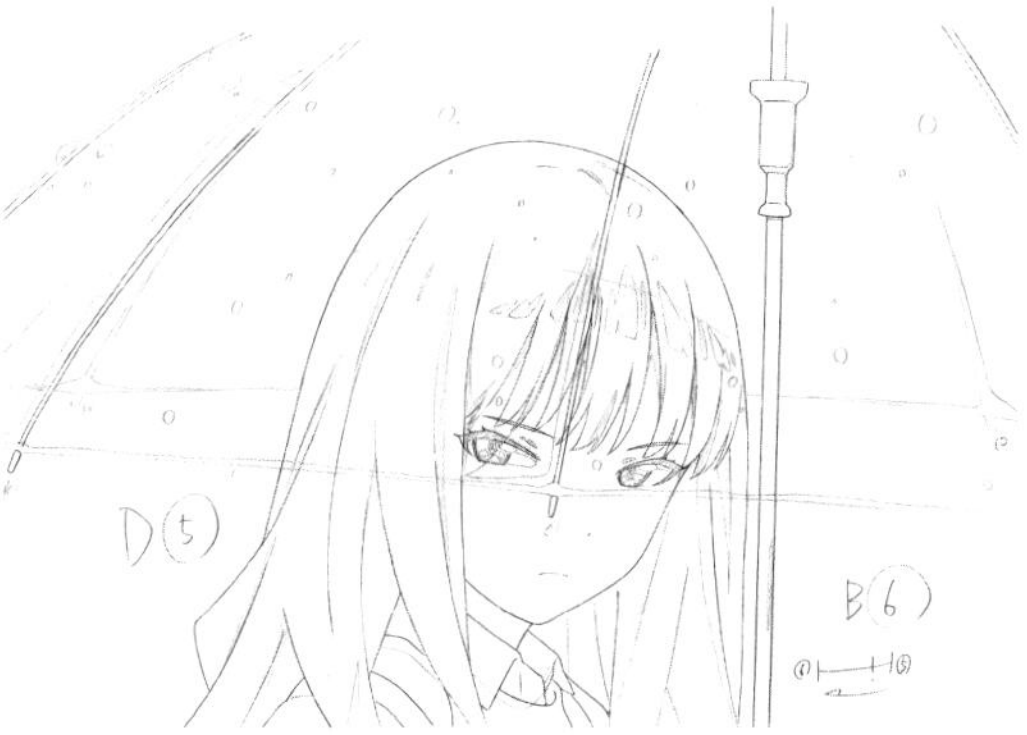

第1回Bパート、蓬の件で詰め寄ってくるガウマに苛立つ。

第1回Bパート、怪獣の攻撃が間近に迫ってきて恐怖を感じる。

第1回Bパート、ダイナゼノンに取り込まれ、戦いを初めて体験。

第4回Bパート、攻撃の際に「なんとかビーム!」と言う。

第2回Aパート、両親が喧嘩を繰り返すなかで入浴。

第5回Aパート、プールで蓬たちと浮き輪に乗って遊ぶ。

第5回Aパート、プールサイドでチュロスを食べる。

第7回Bパート、傷ついたダイナゼノンが攻撃を受け、不安を感じる。

第5回Bパート、怪獣に集中攻撃されるのを必死に回避。

第8回Bパート、ビルから避難しているときにダイナウイングを落とす。

第8回Aパート、バスで蓬に話しかけられたときの横顔。

第11回Bパート、香乃の墓参りで、蓬に冗談を言う。

第10回Bパート、怪獣の呪縛から解放され、香乃に会おうと決意。

第1回Aパート、暦の部屋で彼としゃべっている。

第12回Aパート、シズムの怪獣との決戦で、皆の力を合わせて攻撃。

第1回Bパート、飛び去ろうとするダイナゼノンに叫ぶ。

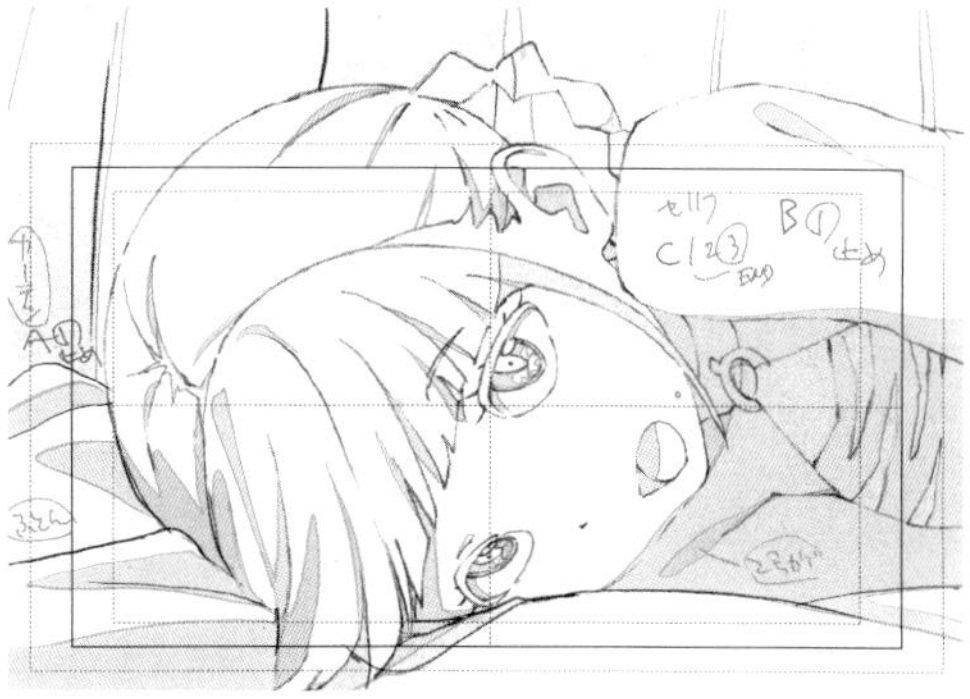

第1回Aパート、街で起きている超常現象を見に行こうと暦を誘う。

第4回Bパート、ダイナソルジャーに乗れて喜ぶが、うまく動かせない。

第2回Bパート、スマホで暦たちの勝利を確認して喜ぶ。

第5回Aパート、シズムを追っていてバテたガウマをのぞき込む。

第4回Bパート、ダイナソルジャーの動きを制御できずにあせる。

第9回Aパート、ゴルドバーンを隠すため、巨大化を止めようとする。

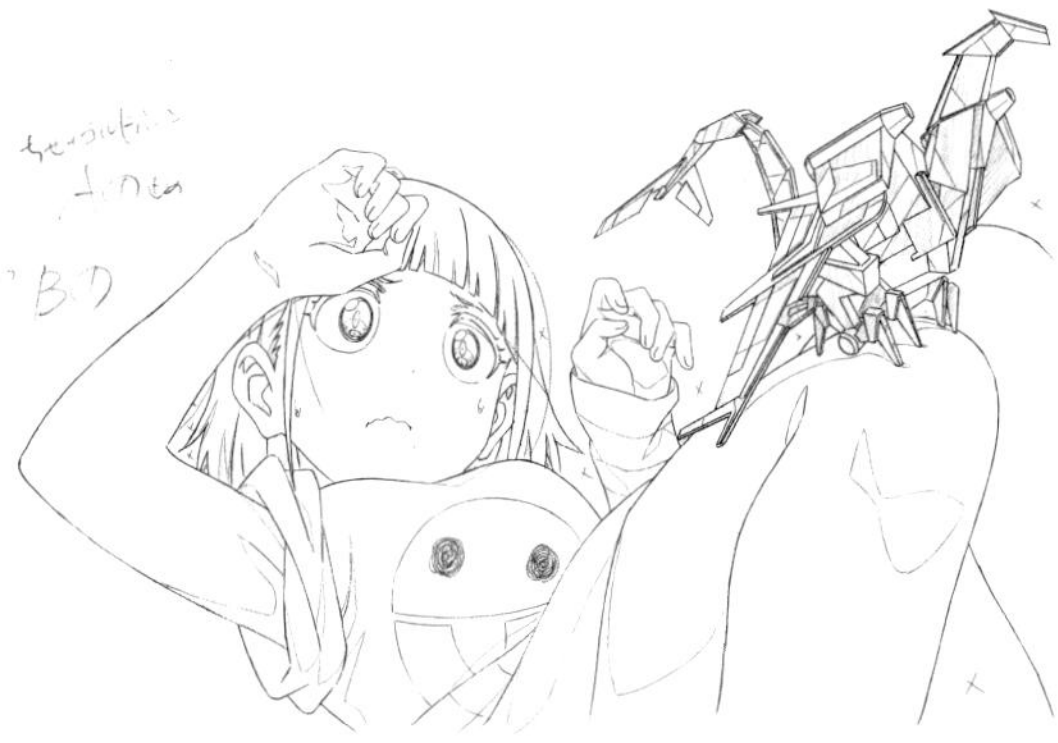

第9回Aパート、目覚めたら部屋にゴルドバーンがいて動揺する。

ムジナ

第11回Aパート、意を決して中学校に入ろうとする。

第10回Aパート、暦たちが怪獣に取り込まれたのを感じてあせる。

第12回Bパート、2代目とナイト、ゴルドバーンを見送る。

第11回Aパート、ゴルドバーンの傍らで状況の変化を寂しがる。

第6回Bパート、怪獣とつながった際に、表情も言動も攻撃的になる。

第6回Bパート、暦のタックルを受けて転倒してしまう。

第8回Bパート、怪獣優生思想全員で遊び、遊戯施設で朝を迎える。

第7回Bパート、戦いに敗れるも、手ごたえをつかんで笑顔を見せる。

2代目

第12回Aパート、怪獣と同化し、ダイナゼノンにいる暦とやり合う。

第11回Aパート、すべての怪獣が失われ、敗北したことを悟る。

第7回Bパート、フィクサービームを使う決断をする。

第7回Bパート、ガウマに協力を拒まれ、困ってしまう。

第7回Bパート、ガウマたちのもとを訪れて自己紹介をする。

第11回Aパート、ゴルドバーンを連れていく理由をちせに伝える。

第10回Bパート、怪獣を倒せば人々が解放されることを皆に伝える。

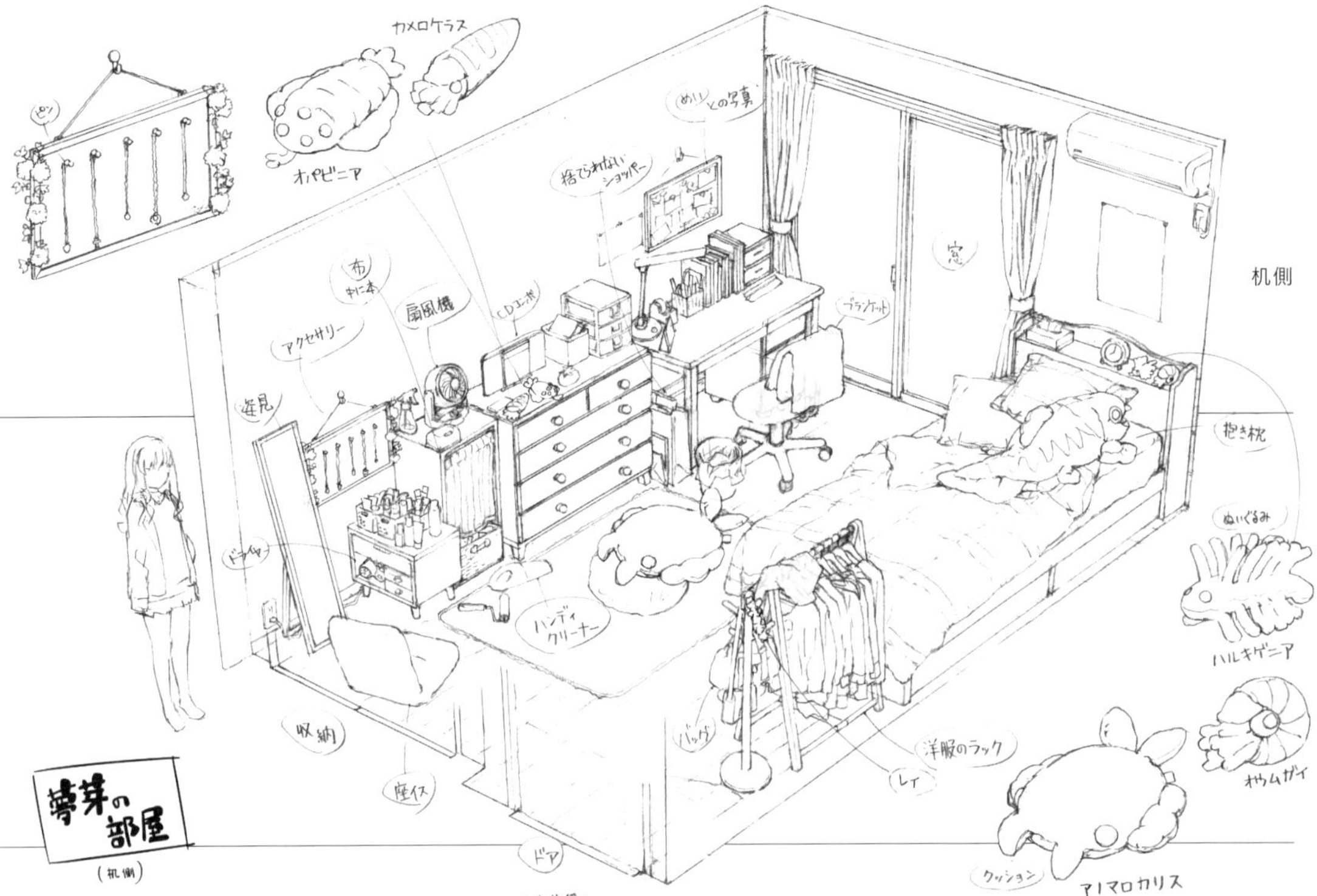

机側

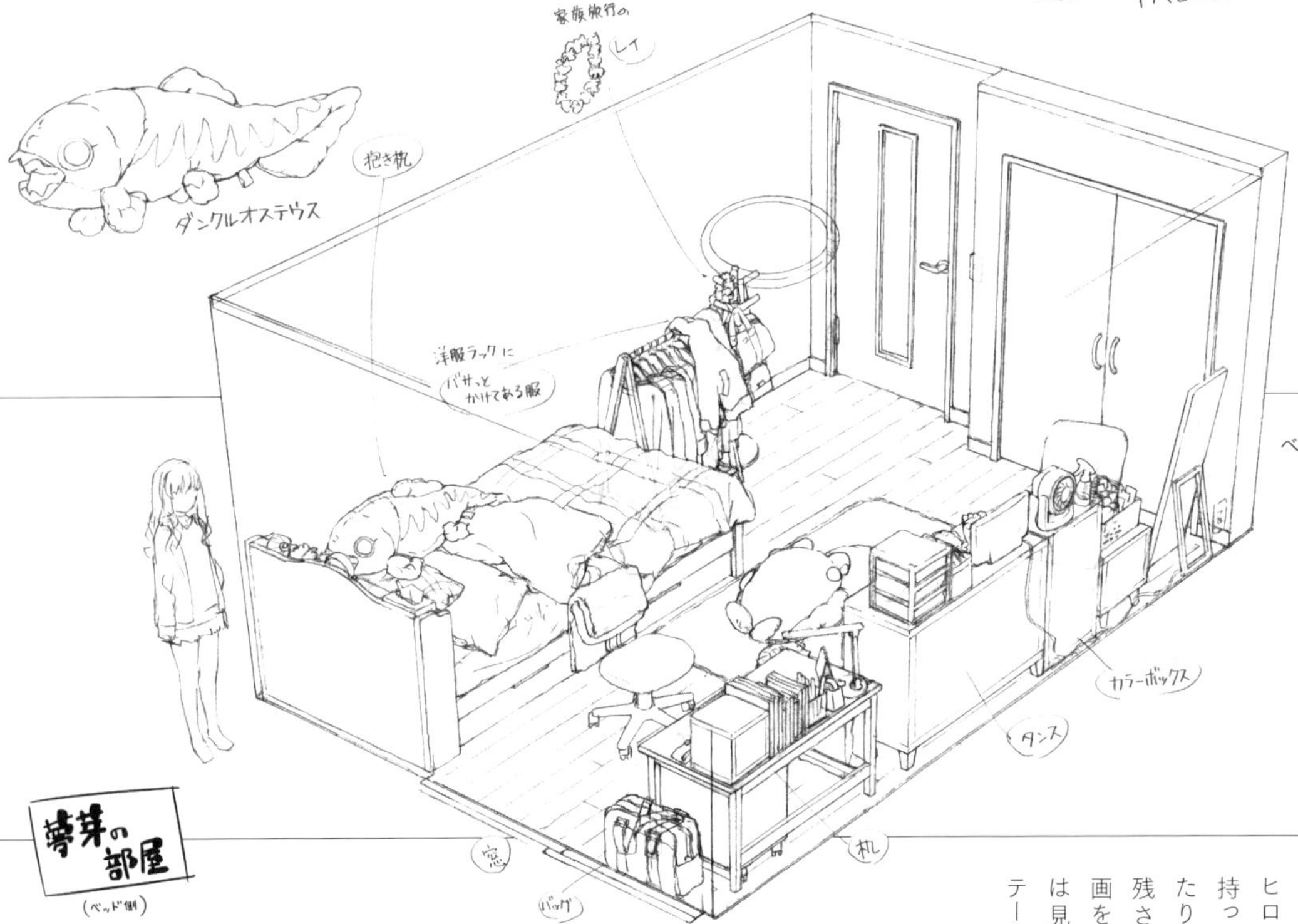

ベッド側

それぞれの自室

ヒロインのなかで自分の部屋を持っているのは、夢芽とちせのふたり。彼女たちの自室と、南邸に残されている香乃の部屋の設定画を紹介する。設定には、劇中では見えない部分や、細部のディテールも詳細に描かれている。

夢芽の部屋

古代の海洋生物のぬいぐるみやクッションが数多く置かれているのが特徴。設定画で確認できる生物名は、アノマロカリス、オウムガイ、ハルキゲニア、オパビニア、カメロケラス、ダンクルオステウスの6種類で、オウムガイだけは絶滅種ではない。

ボイスドラマ第4.4回では訪れた蓬に、ダイナウイングを無造作に置いているのを突っ込まれた。

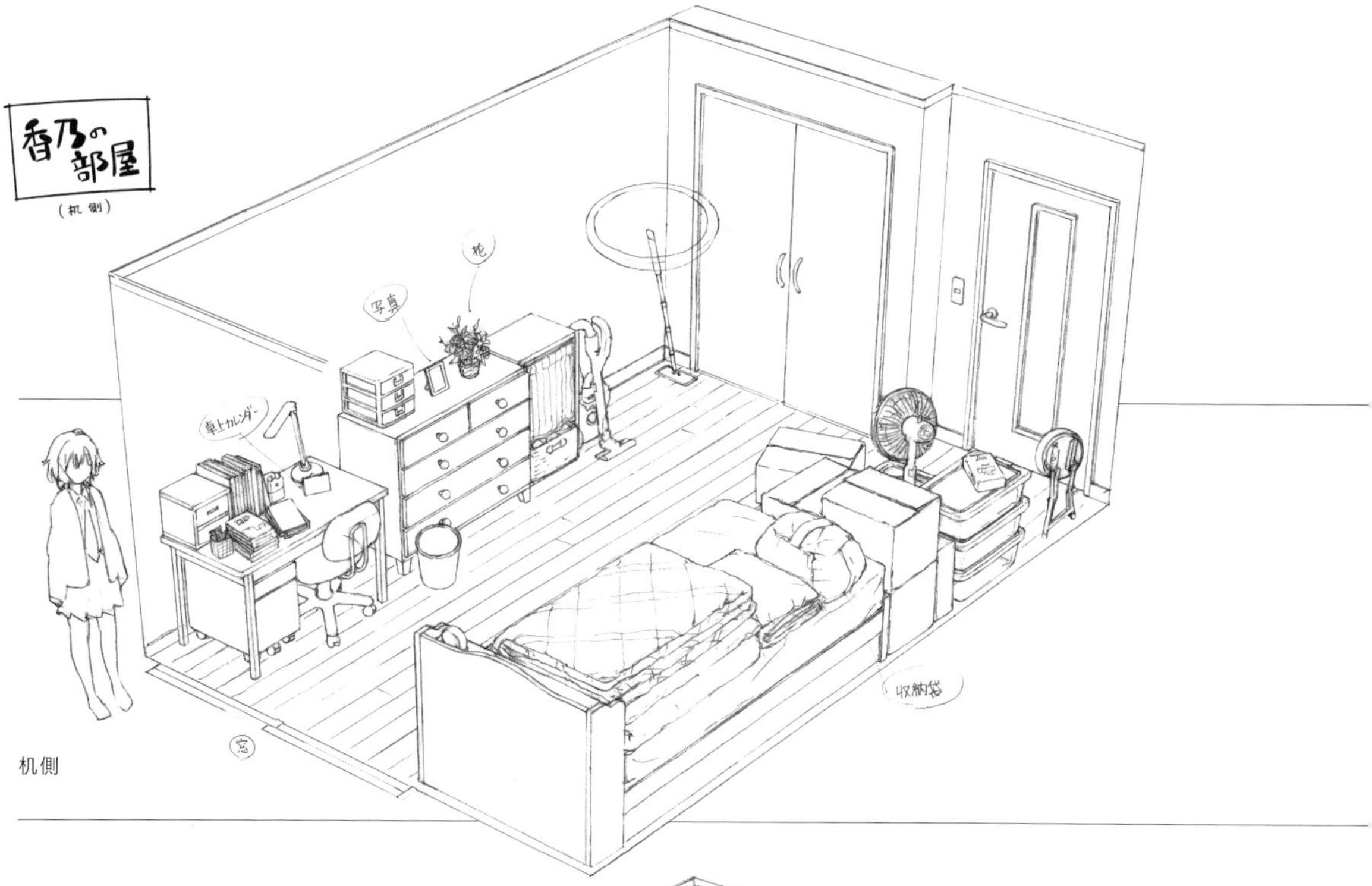

机側

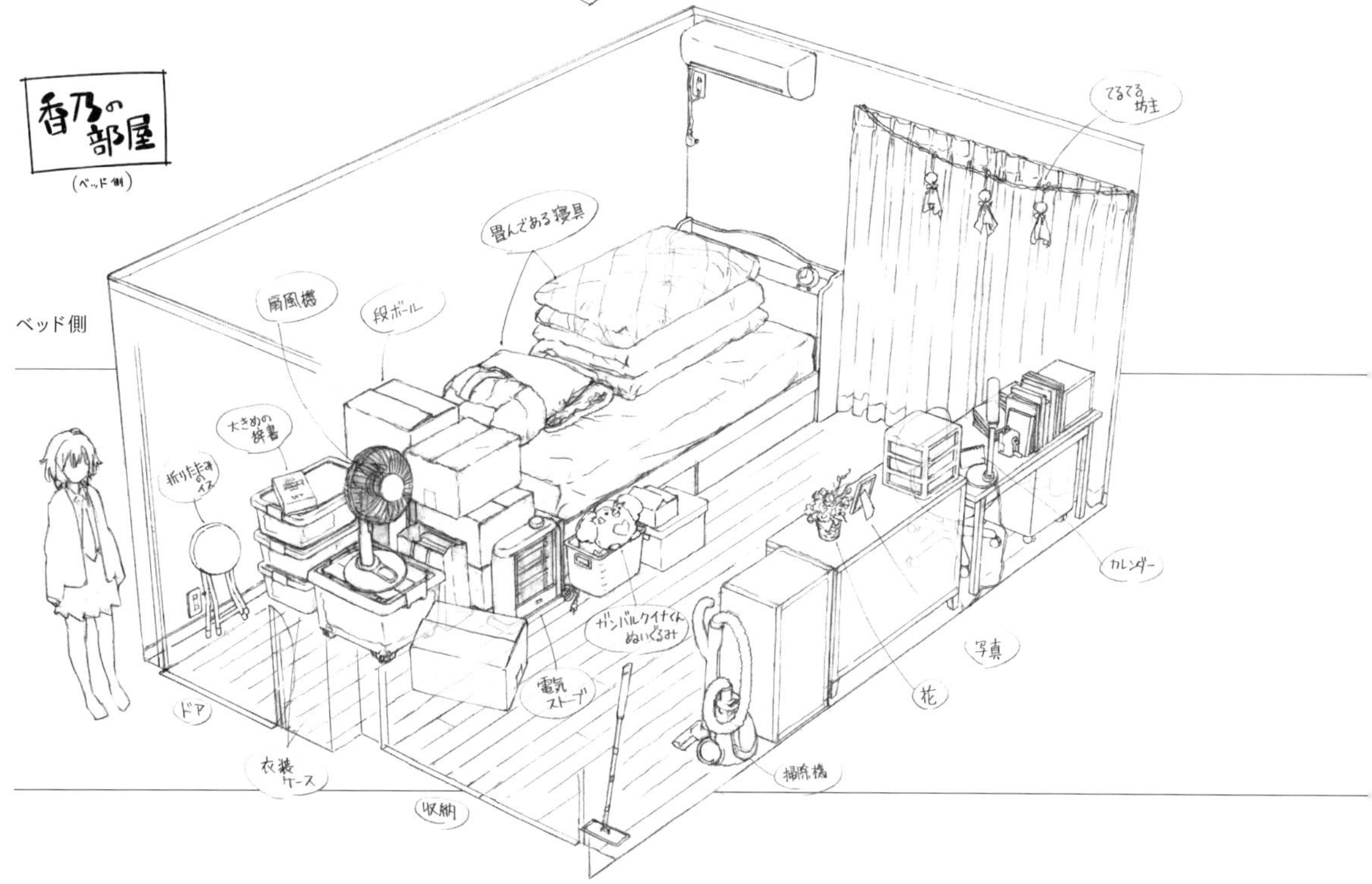

ベッド側

当時のカレンダーには、夢芽を誘っていた定期演奏会が大事な予定として記されている。

姉へのこだわりを捨てきれない夢芽は、ときたまこの部屋を訪れていた模様。

香乃の部屋

香乃が亡くなってから5年ほどが経っているが、部屋は生前の状態を留めており、家族が気持ちの整理をつけられていないことが見て取れる。父親は片づけたがっており、この状態にしておきたい母親との間でいさかいの種になっている。

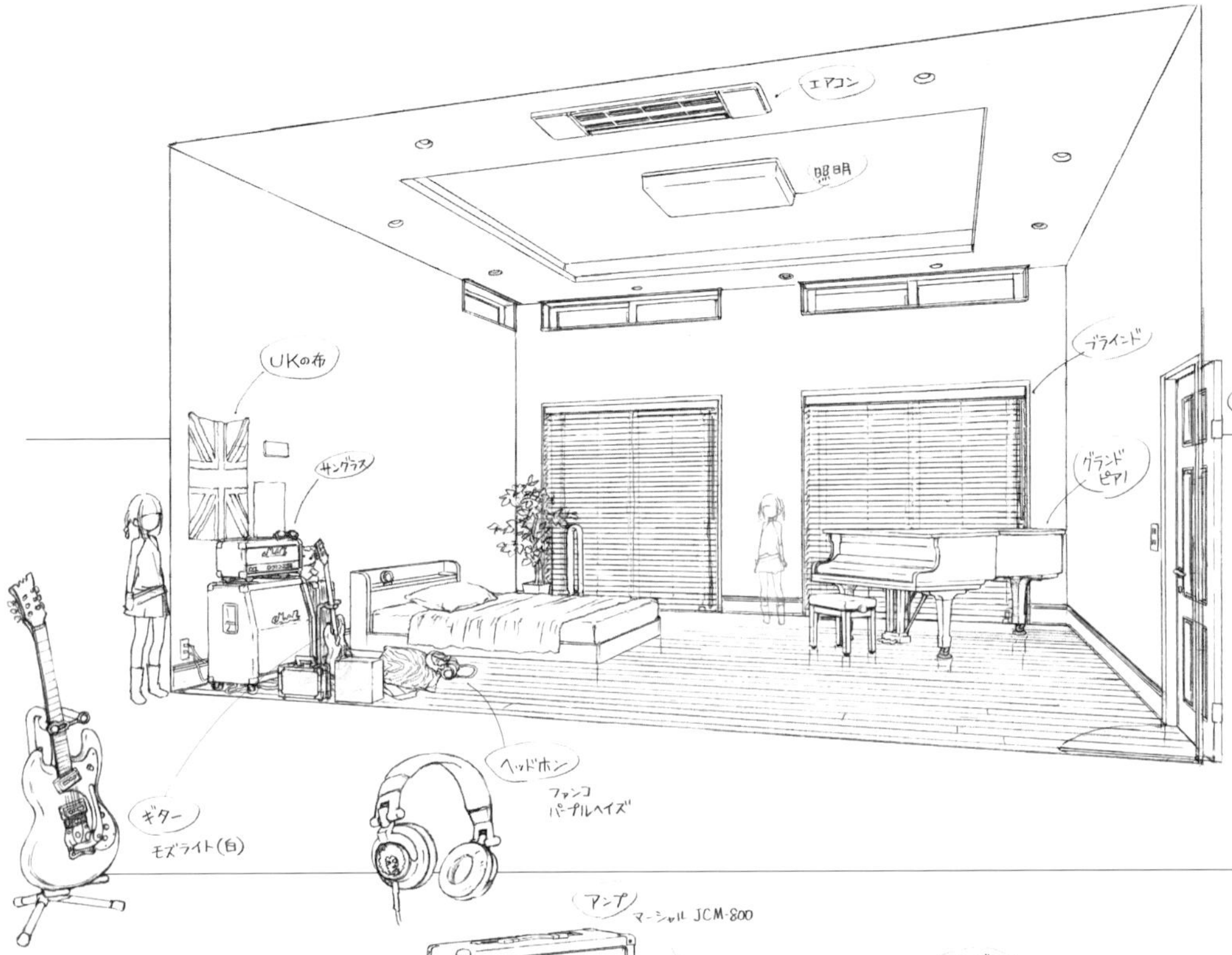

入口側

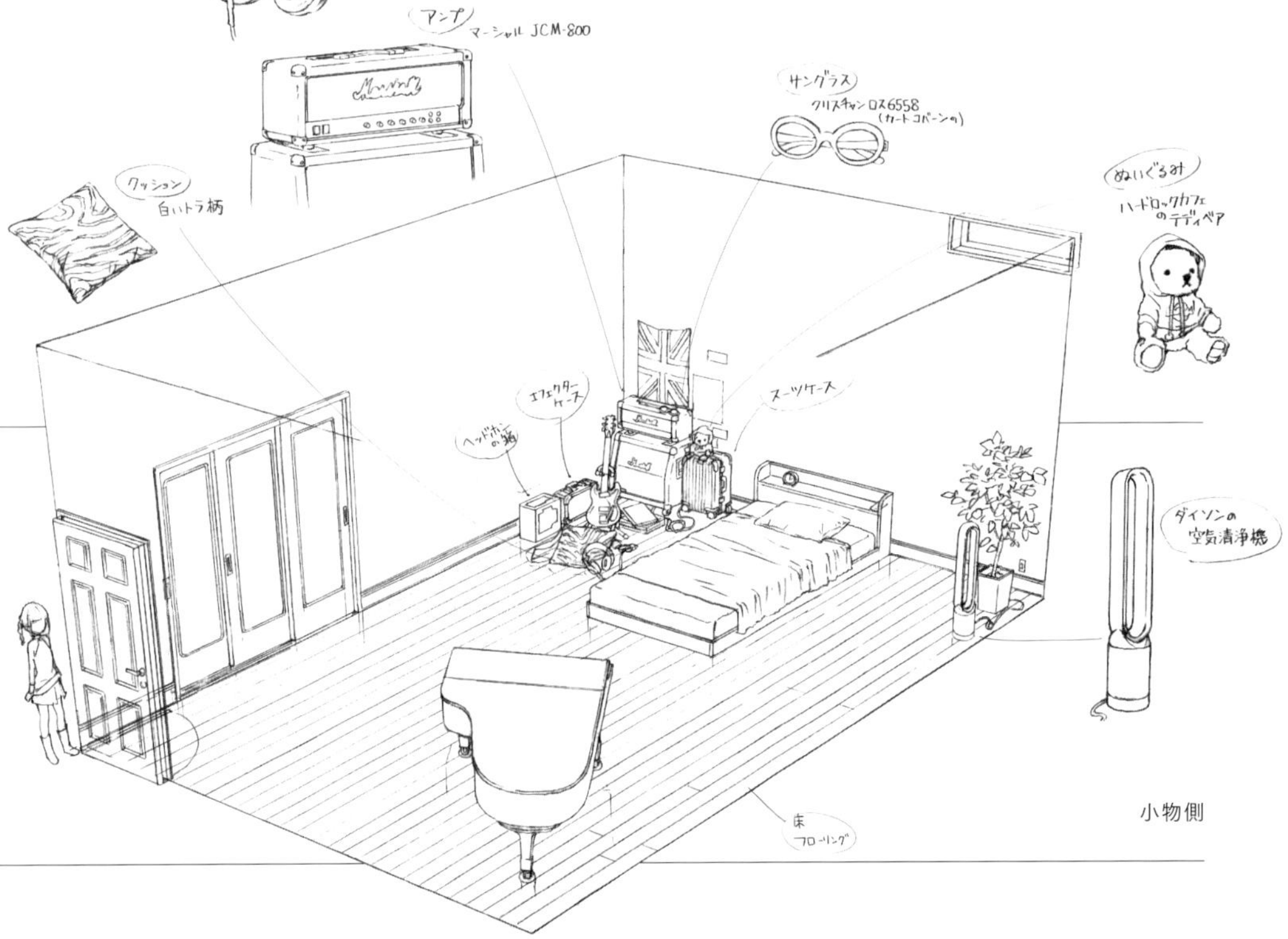

小物側

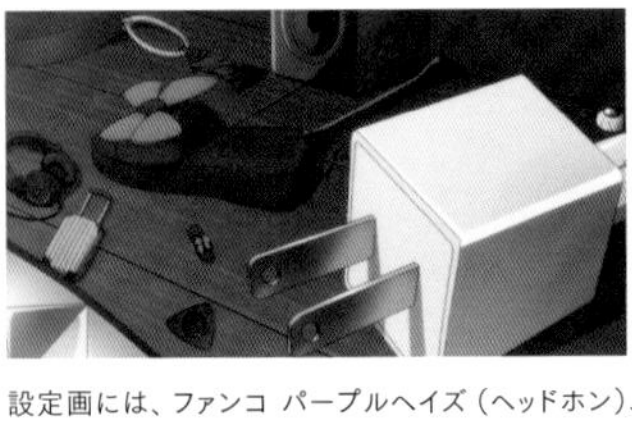
設定画には、ファンコ パープルヘイズ(ヘッドホン)、マーシャルJCM800(アンプ)などの記載もある。

ロック系のアイテムを多数所持。ギターはモズライトで、写真はゴルドバーンの力で巨大化した状態。

ちせの部屋

広く綺麗な部屋で、裕福な印象を受ける。「ちせは恵まれているイメージで描いています。恵まれている人が『贅沢なんだよ』と言ってしまう、自分が見えていない感じが出るといいなと。ロック、イギリス好きはファッションで、深いものではないです」(雨宮監督)。

067

SPECIAL INTERVIEW

SSSS.DYNAZENON

スペシャルインタビュー

DYNAZENON

Special
Creator
Interview
01

監督
雨宮　哲

変身ヒーローがいないからこそ「恋愛」を描くことができる

起点となった『電光超人グリッドマン』の第18話「竜の伝説」回

——まずは、企画段階のところからお話をうかがいたいのですが、続編の企画は前作『SSSS.GRIDMAN（以下、GRIDMAN）』の最中から出ていたのでしょうか？

雨宮　そうですね。オファーはいただいていたんですけども、キャラクターのお話は『GRIDMAN』で完結しているので、同じキャラクターで続きを作るのは難しいかな、と。

——そこから同じ世界観を持った別のストーリーという発想になったわけですね。

雨宮　温度感としては『2』というよりは、外伝くらいの気持ちで考えていました。これはすでにほかのところでもお話ししているんですけども、『GRIDMAN』に登場させられなかったダイナドラゴンで新しい物語が描けないかな、というのが出発点になっています。『電光超人グリッドマン』の第18話（「竜の伝説」）に登場する武器がいずれダイナドラゴンになるのですが、そこで描かれたエピソードが今回のモチーフになっています。

——ダイナドラゴンからインスパイアを受けて、今回の『SSSS.DYNAZENON』に発展したわけですね。

雨宮　もとのダイナドラゴンは二体合体なんですけども、単純にバリューがあったほうがいいかなということで（笑）、四体合体になりました。主人公側のキャラクターが4人（ガウマ、蓬、夢芽、暦）というのも、そこからきていますね。で、見栄え的にもうひとり女性キャラクターを増やしたほうがいいかなというところで、ちせが加わって。

——あはは、そうだったんですね。

雨宮　主人公側が4人チームで、対する敵側も同じように4人というのを最初に決めて。そこは最後まで変わらなかったですね。あと弊社（TRIGGER）の社長（大塚雅彦）が以前、「合体ロボットアニメを作りたい」と話していたことがあって、それを思い出したというのもあります。

好きな部分と嫌いな部分を詰め込んだ夢芽のビジュアル

——なるほど。ここからはキャラクターのお話をうかがえればと思います。まずは南夢芽ですが、彼女のキャラクターはどのように作っていったのでしょう？

雨宮　お姉さんを亡くした女の子というところが、最初に決まっていたんです。お姉さんが亡くなった原因を探る、ということだけが決まっていて、あまりキャラクター性は考えていなかったですね。ただ、それだけだとお話を転がしにくいという話になって。そのときすでに蓬のバイト先の先輩——今の稲本さんにあたるキャラクターのアイデアを脚本の長谷川（圭一）さんが配置していたんですね。彼女の性格が今の夢芽の原型になっています。

——ちょっと何を考えているかわからない女の子、という。

雨宮　そうですね。決してメインキャラ向きの性格ではないんですけど、それを夢芽に当てはめてみてはどうか、という意見が設定制作の栗原（健）君から出たんです。で、それはちょっと面白そうだな、と。そこがスタート地点だったと思います。

——ビジュアル面はいかがですか？

雨宮　当初、僕が想定していたビジュアルは今の夢芽の姉（香乃）だったんです。ただ、デザインとしてはちょっと弱い、という話になったんですね。六花やアカネと比べられてしまうのは予想していて——そこと戦うわけじゃないですけど、差別化するときに、好きな部分とちょっと嫌いな部分を入れよう、と。

——監督の好みが反映されているということですか？

雨宮　僕だけではないですけど、そういうことですね。たとえば、トレーナーを着せると、絵としてはちょっと弱くなるんです。なので、メインキャラクターに着せることはあまり多くないと思うんですけど、でもトレーナーはかわいいからやりたい、みたいな。その一方で夢芽にはちょっと嫌いなところも入っていて。具体的にいうと、前髪のボリュームですね。本編ではあまり表

現されていないかもしれないですけど、キャラクター設定だと前髪は本当に軽く描いているんです。その前髪の隙間からおでこが見える、今の若い人がやっているような髪型になるといいな、と。

――キャラクターデザインの坂本さんともやり取りをしたのでしょうか?

雨宮　やり取りしました。とはいえ、絵柄を模索するところからのスタートだった前作と比べると、今回は絵柄はすでに決まっているので。そこから大きく外れない範囲内でルックスを探る感じでした。２作目になって、多少フレキシブルにはできたかなと思っています。

――夢芽は普段、ローテンションなキャラクターですけども、演出するうえでポイントになったことはありますか?

雨宮　これがちょっと難しいところなんですけど……。自分も、キャラクターを完全に理解して描いているわけではないんです。声もまだついていないような時点で、キャラクターを決めすぎないようにしている、というか。作業を進めていくなかで「ああ、夢芽はこういう声を出すのか」とか「こういう顔をするのか」というのが見えてくる。そういうフレキシブルに動く余白みたいなものを残して作業をしています。だから、これは夢芽に限った話ではないんですけど、「よくわからないな」と思いながら描いている部分がありますね。

――そういう夢芽と蓬の関係も、今回の見どころのひとつになっていますね。

雨宮　そこは前作と異なるところですね。グリッドマンのような変身ヒーローがいないからこそできることのひとつが「恋愛」だったんです。なので、今回はそのラインを意図的に強めに組み込んでいます。キャラクターの株を落とさない程度に、男性キャラクターがちょっと無神経に見えたり、あるいは女の子が面倒くさく見えるのもいいな、と。あとひとつ考えていたのは、蓬の行動で夢芽が抱えている問題が解決するわけではない、というところ。蓬は夢芽の役に立つわけではなくて、ただ近くにいるだけなんだ、と。そこは注意していました。蓬が率先して夢芽の姉(香乃)の問題を解決してしまうのは違うだろう、と思いますし。

物語をまわしてくれるちせ

――なるほど。次は、ダイナゼノンチームの飛鳥川ちせについてうかがいます。彼女はどのあたりから着手したのでしょうか?

雨宮　最初はそれこそ、飴を噛む仕草くらいしか決まっていなかったですね。メンバーとして「いること」しか決めていなくて、役割をとくに考えていなかったんです。そうこうしているうちにダイナゼノンのデザインを手がけている野中(剛)さんから、ゴルドバーンのデザインが上がってきたんですよ。もともと僕からはゴルドバーンにあたる怪獣のデザインを発注していなかったんですけど……。

――デザイン作業を進めていくなかでゴルドバーンが出てきた。

雨宮　そうなんです。で、せっかくならちせをゴルドバーンの担当にしよう、と。それでちせの立ち位置が決まったところがあります。だから、ちせに関してはヒロインだとも思っていなかったんですよね、申しわけないことに。

――いえいえ(笑)。あくまでもメインヒロインは夢芽だったわけですね。

雨宮　ただ、主人公チームには話をかき回してくれる人が、ちせ以外いないんですよ。どちらかというと受け身の人が多いので、ちせがいないと話が回らないな、というのはありました(笑)。

――ちせは不登校だったりしますが、彼女のバックグラウンドはどうやって決めたのでしょうか?

雨宮　これはちせ以外にも共通しているところなんですけど、蓬を除いてほかのキャラクターは、みんな「うまくできていない人が最終的にちょっとだけできるようになる」、そういうイメージで考えていました。社会とうまく折り合えていない人が、ちょっとだけできるようになる。それくらいの成長が描けたらな、と。たとえば、働けるのに働いていない暦が、最後にはちゃんと働くようになる、みたいな。

――ああ、なるほど。

雨宮　とはいえ、最終的に「ちせは学校に行けるようになりました」というふうにはしたくなかったんです。彼女はまだまだ若いわけで、まだ時間はあるだろう、と。そういうところから、今の形になったと思いますね。あと彼女が不登校という設定になったのは、自由に動ける人がほかにいなかったから、というのもあるんです。要するに、自由に動ける人がロボットの近くにいないと、なかなか4人そろわない。

――あはは、たしかに。

雨宮　蓬と夢芽は学生なわけで、行動に制約がかかってしまう。だから無職だったり学校に行っていなければ、すぐに駆けつけられるでしょう、と(笑)。

――ちせのビジュアル面で、監督から何かオーダーはあったのでしょうか?

雨宮　これは前作の話になってしまうんですけど、『GRIDMAN』の怪獣少女って、自分としてはすごくうまくいったと思っていたんです。完璧すぎるくらいのデザインができたと思っていたんですけど(笑)、あるスタッフから「ひとつだけ残念なところがある」と話をされたんですね。それは怪獣少女は身長が低いキャラクターなのに、フードを被っているせいで、つむじが見えない、と。

――そこですか!(笑)

雨宮　そんなこと考えたこともなかったんですけど(笑)、「そこだけが惜しい」と言われて。それで髪の毛のボリュームをきゅっと下げて、後頭部の大きさを見せるようなデザインにしよう、と。衣装に関しては当初、もうちょっとダボッとしたものを羽織っているイメージだったんです。でも、もうちょっと骨っぽいというか、露出度を上げて横から見たときのイメージを重視したほうがいいのかな、と。あと首に何か巻いて、ちょっと枷みたいな感じに見えるといいのかなと。夢芽や蓬がどちらかというと地味に見えそうだったので、ちょっとパンク趣味みたいなものを入れて、キャッチーにしたかったというのはあります。

怪獣に興味のないムジナとミステリアスな2代目

――なるほど。次は敵となる怪獣優生思想のムジナですね。

雨宮　怪獣優生思想に関しては、4人全員男性でもよかったんですけど、とはいえ、ちょっとはサービスをしたほうがいいかな、と(笑)。服装のコンセプトは、みんなで揉んだ記憶がありますね。最初はパッと見、わかりやすいアニメキャラクターにしようとは思っていなくて。ただ、チームっぽく見えるようにいろいろと――それこそ和服だったり軍服だったり、探っていった末に今の形に落ち着いたという感じです。結局、服装は一緒なのに考えていることや気持ちがバラバラ、というのが彼らの特徴かなと。

――性格づけについてはいかがですか?

雨宮　方向性としては六花と近いところがあると思うんですけど「怪獣自体に興味がない」というところがスタート地点で。でも、それが途中から少しずつ変わってくる。社会人みたいな感じというんですかね。とりあえず仕事だから続けていたら、ちょっとつかめたことがある、みたいな。六花もそうでしたけど、見た目はクールなんだけど、中身はそういうわけじゃない、というのがいいかな、と。

――もうひとり、ナイトのサポート役である2代目も、魅力的なキャラクターでした。

雨宮　2代目に関しては、前作を見ていた人がうれしいと感じる部分と寂しいと感じる部分の両方が入っているようなキャラクターに見えるといいな、と思っていました。もちろん、今作から見始めた人のノイズにならないように、というのは気にしていたところで、何かバックボーンがありそうだな、と思わせるところより先には突っ込まない。そういう線引きは徹底しましたね。

――キャラクター的にも、ちょっと抜けた感じがあって面白かったですね。

雨宮　しっかり仕事ができる人ではあるんですけど、根本がちょっと抜けている。そこが魅力になるといいな、と。頼りがいはあるんだけど、根本を信用していいのかわからない、みたいな(笑)。そういう部分がミステリアスに映るといいかなと思っていました。

――では、最後にこの本を手に取った読者に向けてメッセージをお願いします。

雨宮　僕自身はロボットアニメのつもりで作っていたので、まさか前作だけではなくて、今作でもヒロインに注目してもらえるとは。なので、すごくうれしいです。絵やお話はもちろんのこと、キャラクターをなにより大切にしているシリーズなので、キャラクターを見てもらえるのがやっぱりいちばんうれしいです。ファンの方はぜひともこれからのキャラクターの展開を見守っていただけるとありがたいです。

雨宮 哲(あめみや・あきら)

演出家、アニメーター。ガイナックスに入社し、アニメーターとして数多くの作品で活躍。TRIGGERの設立と同時に移籍し、『ニンジャスレイヤー フロムアニメイション』ではシリーズディレクターを務めた。

脚本

長谷川圭一

ラブストーリー的なものを真正面からやる

キャラクターたちが過去と向き合い、乗り越えることがテーマ

——まずは前作『SSSS.GRIDMAN（以下、GRIDMAN）』について聞かせてください。あらためて振り返って、長谷川さんから見て『GRIDMAN』はどんな作品だったのでしょうか？

長谷川　じつをいうと、参加する前は『電光超人グリッドマン（以下、グリッドマン）』をほとんど見たことがなかったんです。一方の雨宮（哲）監督はまさにど真ん中の世代で、思い入れもすごく強い。だから最初は「僕で大丈夫なのかな？」と思ったのですが、そのとき監督から「あえて見ないでください」と言われたんです。スタッフ全員が『グリッドマン』に詳しくなりすぎて作品の引力に引っ張られてしまうより、長谷川さんには客観的に見てほしい、と。そのあと、アノシラスのエピソードや小道具的に出てきたスペシャルドッグの話など、いくつか話のベースとなる回をピンポイントで見たのですが、『グリッドマン』を翻案するというよりは、SF的な、コンピュータワールドの話をどんな形で見せていくか。最初はリアルワールドだと思わせておいて、途中でネタばらしをするタイミングだったり、あるいはバーチャル世界を匂わせる伏線の張り方だったり——キャラクターよりも世界観の仕組みを中心に、全体を組み上げていきました。

——なるほど。

長谷川　それに対して『SSSS.DYNAZENON（以下、DYNAZENON）』は違うアプローチを採っていて、今回はコンピュータワールドかどうかは明言していません。むしろ登場人物の過去や彼らが抱えている闇みたいなものが、話が進むにつれてわかっていく。そういう形でいきましょう、と。

——そこでベースとなったのが『グリッドマン』の第18話「竜の伝説」ですね。

長谷川　そうですね。「竜の伝説」を起点に、作品全体のカラーや世界観、雰囲気を設計しています。「竜の伝説」は非常にロマンチックなストーリーで、五千年前の出来事がすべての原因になっているという話なんです。そこをアイデアの起点にして、今回の新しいキャラクターであるガウマが、いったい何を探し求めているのか。ダイナゼノンを彼に託したのは誰なのか。そのあたりがまず謎になるだろう、と。そして、ほかの登場キャラクターたちもみんな、ある意味、過去に縛られている。夢芽も暦もそうですけど、過去に何かを抱えているキャラクターたちが、過去に向き合って、乗り越える。そこが全体のテーマになるなと思いました。

ふたりの距離感が書かれた「蓬と夢芽のラブラブチャート」

——そこから具体的な作業に入ったかと思うのですが、まずはどのあたりから着手したのでしょうか？

長谷川　前回と違って、合体ロボになることはすでに決まっていて、少なくとも4人のキャラクターが登場して、合体して戦う。そのなかでもガウマが話の中心になるという感じでしたね。もちろん、蓬というもうひとりの主人公もいるわけですが、基本的にはガウマが中心になって話を進めていく、ということでした。

——その時点で、夢芽はどういうキャラクターとして想定されていたのでしょうか？

長谷川　監督から最初に提示されていたのは、夢芽の姉（香乃）がすでに亡くなっていて、ストーリー的にもいじめや自殺を匂わせるような展開になる。で、夢芽はそんな姉の死に囚われていて、それと向き合って乗り越えていくキャラクターだ、と。最初はデザインも性格づけもはっきり決まっていたわけではなく、本当にそういう設定だけがある状態でした。

——具体的に、夢芽の全体像が見えてきたのはどんなタイミングだったのでしょうか？

長谷川　これは蓬との関わり方ということになるんですけど、蓬というのはわりと自分の殻を持っていて、周囲とはそこそこの距離感でうまくやる。自分の世界に他人を立ち入らせないという性格で。そんな彼に関わる登場人物として、見た目はきれいで、蓬の憧れの対象なんだけど、じつは性悪なバイト先の先輩というゲストキャラを考え

ていたんです。蓬のことをデートに誘うけれど、裏では本当の彼氏と一緒になって笑っている、みたいな。蓬の価値観を揺さぶるためのキャラクターとして考えていたのですが、あまりにインパクトが強すぎるという話になったんですね。

――なるほど、わかります（笑）。

長谷川　そうしたら「この先輩の性格を、夢芽のほうに持ってくるのはどうか」というアイデアが出て。そのときに、姉の死に引っかかっている夢芽のキャラクターと合いそうだなと思ったんです。そこで夢芽の輪郭が見えたというか、「これで夢芽が書けるな」という実感がありました。あとシリーズ構成に関連していうと、監督のなかに「蓬と夢芽のラブラブチャート」というのがありまして……。

――ラブラブチャートですか！（笑）

長谷川　第1回から最終回までの、蓬と夢芽の距離感を書いたものなんですけど、最初は離れていたのがじわじわと近づいてきて、でも喧嘩して離れて……かと思うとまた近寄ってきて、最後はゴールするという。そういう監督のイメージがあったんです。それをいただいたときに「今回のシリーズは、ラブストーリー的なものを真正面からやるんだな」と強く思いました。前作はどちらかというと友情だったり、アカネと六花の関係性のほうが強かったわけですけど、そこは『DYNAZENON』独特の世界観なのかなと思いましたね。

夢芽がどんな子かを
早めに見せていこうと思った

――夢芽は一見、何を考えているのかわからないというキャラクターですが、脚本を書き進めていくうえで面白いと思ったところはどこでしたか？

長谷川　最初に脚本を書いていた段階では、蓬を騙したことに対して彼女はすぐに謝らなかったんです。第4回あたりでやっと「ごめんなさい」と謝るように書いていたのですが、そのときに監督やTRIGGERのスタッフから「もっと早めに謝らせてほしい」と。要するに、イヤな女で話を引っ張ろうとしてもお客さんが疲れてしまう、ということですね。たとえ第1回がそういう始まり方をしても、第2回あたりでは少なくともマイナスの感情がゼロになるくらいまでは引き上げておかないと厳しい。なので「じつはこんな素直な子だったんだ」とか「彼女にはこういう側面があるのね」というところは、どんどん早めに見せていこう、ということでした。

――意外と柔らかい一面があるのを、早い段階で見せてしまおう、と。

長谷川　そうですね。蓬よりも積極的にロボットに乗ったり、とか。実際、ロボットに乗ることを最も躊躇していたのは蓬だったわけで、いちばんスッと行きそうに思える主人公がなかなか割り切れない。そこも面白いところだなと思います。

茶化しながらも
仲間を引っ張っていくちせ

――もうひとり、主人公側の女性キャラクターである飛鳥川ちせはいかがですか？

長谷川　最初は主人公チームでいちばん明るいキャラクター、という感じで捉えていました。夢芽がわりとああいう感じなので、それに対して明るく活発な女性キャラクターがいることで、バランスが取れるのかなと。あと暦もわりと自分からは動かないタイプなので、ちせが尻を蹴っ飛ばすことでやっと動く（笑）。潤滑油というか、なかなか前に進まないキャラクターたちを、茶化しながらも引っ張っていくという役回りで考えていました。ただ、そんな彼女の心のなかにも闇があって、最終的には「もしかしたら闇落ちするんじゃないか」と思わせるところまで持っていこう、と。暦との関係が変化していくことに対する寂しさや嫉妬が膨らむにつれて、彼女が拾った怪獣の種もどんどん大きくなっていく。そして、その孤独感とか疎外感が明らかになると同時に、じつはその原因が中学時代にあったことがわかって、一気にそれが怪獣となって現れる。そういう設計になっていたと思います。

――シリーズ構成を進めながら、だんだんと彼女の内実が見えてきたという感じなのでしょうか？

長谷川　そうですね。雨宮監督もおっしゃっていましたけど、最初はちせの役割が見えていない状態からスタートしていたんです。だから、ちせに限らず、夢芽にしても、作りながらだんだんとキャラクターが固まってくる。「オニジャはバカだな」と思っていたら、じつは熱いところもあって、最終的にはムジナとコンビになる、とか。監督と詰めながら書いていくうちに、当初はまったく予想していなかった脇役同士の関係性が生まれてきたり、みたいなことはありましたね。

――ちせを書いていて、面白かったところはどこでしょうか？

長谷川　やっぱり、ああいうツッコミ役は書きやすいですよ。「ニートに忙しいとかあるんすか？」とか、けっこう残酷なツッコミを入れる（笑）。ガウマなんかもそうですけど、わりと言いづらいことをズバッと言うキャラクターの面白さはありますね。

――そんなちせにとっては、やはりゴルドバーンとの関係が大きいですよね。別れのシーンは、とてもドラマティックでした。

長谷川　怪獣との距離感は、飼い犬や動物との距離感に近いのかな、というのはありました。最初はお手をしたり、お座りをさせたりっていうところから始まるのだけれど、最後は手放さなきゃいけない年齢がくる。その理屈はわかるんだけど、でもギリギリまで手放したくない、みたいな。ちせが思い悩むのも、一緒に過ごしてきた盲導犬との別れを決断する、そういう感覚に近いのかな、という理解でしたね。

追求したリアリティのある女子高生の描き方

——あらためて振り返ってみて、書いていて難しかったところはどこでしょうか？

長谷川　そうですね……。やっていくうちにキャラクターをつかめてきたので、『ＧＲＩＤＭＡＮ』のときよりは書きやすかった印象があります。前作は雨宮監督と組むのが初めてだったこともありましたし、雨宮監督独特の女性の捉え方——とくに六花やアカネの捉え方で悩んだりしました。

——監督独特の女性の捉え方について、もう少し詳しくうかがえますか？

長谷川　打ち合わせ中も、どこまで本気かわからないんですが、ＴＲＩＧＧＥＲの若いスタッフと恋愛論的なことを話していたりするんです。とくに『ＧＲＩＤＭＡＮ』では、監督が今の女子高生の会話のテンポだったり、どんな言葉が流行っているのかをすごく研究していて。そのなかでどんどん積み上がっていった女子高生像みたいなものがあったんですよね。いわゆるアニメや特撮に出てくる典型的な女子高生の描き方ではない、もっとリアリティのある描き方を追求している感じがありました。

——結果的に、どちらも生っぽいお芝居の多い作品になっていますね。

長谷川　そうですね。『ＧＲＩＤＭＡＮ』のときは、脚本段階ではわりとフラットに書いていたのですが、前作で監督のセリフ感がつかめたこともあって、『ＤＹＮＡＺＥＮＯＮ』ではかなり監督の感覚に寄せてセリフを書いています。最終的には絵コンテでギリギリまで調整するんですけど——でも、そういう意味では会話のテンポ感みたいな部分は『ＧＲＩＤＭＡＮ』よりも書きやすかったですね。……と言いつつ、自分の年齢的にもいちばん書きやすいのはガウマになってしまうんですけど（笑）。

夢芽と香乃の別れから、未来は変えていけることを伝えたかった

——では『ＤＹＮＡＺＥＮＯＮ』のドラマにおいて、長谷川さんが大切にしていたところはどこでしょうか？

長谷川　うまくいくかなと不安に思っていたのは、やはり第10回。夢芽と香乃が再会するシーンですね。それまで香乃というのは、回想シーンでしかほぼ出てこないし、出てきても本当に短いカットなんです。名前としては出てくるけど、ほとんど実像が見えない。そのため、第10回のなかで彼女というキャラクターをすべて見せなきゃいけないのですが、第10回はほかにもやらなければいけないことが盛りだくさんで。第10回とその前後の3本がうまくいくかいかないかは、この作品にとって重要だと思っていました。

——水門の上で夢芽と香乃が話すシーンは、エモーショナルでありつつ、静かな場面でもあって、とても印象的でした。

長谷川　じつは香乃も夢芽に憧れを抱いていて、彼女に嫉妬をしていた——そこを起点にすればいけるかな、という感じはありました。香乃が夢芽に冷たかったのは、じつはそういう理由があったんだ、と。

——それまで知らなかった香乃の感情を、夢芽が知ることになる。

長谷川　香乃から「うらやましい」と言ってもらうことで、夢芽は背中を押してもらえる。で、姉らしいアドバイスみたいなものをもらいながら、このままふたりで過ごせるのかな……と思ったときに、バーンと別れがやってくる、という。あそこもすごく微妙な場面で、夢芽が過去にどれだけの影響を与えたか、パッと見てわからない感じではあったんですよね。シナリオでは夢芽がパッといなくなったあとに、香乃が直前の記憶を失って、また立ち上がって歌い出す、と書いていたのですが、最終的にはそのあたりはふわっとまとめる方向になっていますね。結局、香乃は事故で死んでしまうのだけれど、それは決して悲しいだけのことではなくて、会えて話せただけでもよかったんだ、と。過去は変えられないけど、未来はこれから変えていける。そういうきっかけになるエピソードに見えれば、と思っていました。

——では、最後にファンに向けてメッセージをお願いします。

長谷川　最初の頃は、前作『ＧＲＩＤＭＡＮ』のファンの方たちに受け入れてもらえるのか、不安もあったんです。ただ、実際に放送が始まると、雨宮ワールドというか『ＳＳＳＳ.』の世界が多くの人に受け入れてもらえているんだな、と。これから先、この世界観が広がっていくきっかけになるように『ＧＲＩＤＭＡＮ』同様、『ＤＹＮＡＺＥＮＯＮ』も多くのファンに長く愛される作品になればと思います。

長谷川圭一（はせがわ・けいいち）

1962年生まれ。1997年『ウルトラマンティガ』で脚本家デビューし、その後も数多くの『ウルトラマン』シリーズに参加。主な参加作品に『仮面ライダーW』（脚本）や『神撃のバハムート GENESIS』（シリーズ構成）など。

南夢芽役 若山詩音 × 飛鳥川ちせ役 安済知佳

ダイナゼノンがつないだ「恋」と「友情」をめぐって

TSUBURAYA DYNAZENON

Special
Cast
Interview
01

みんなが悩みを乗り越える姿に感動しました

──まずは最終回まで見た、率直な印象を聞かせてください。

若山　いろいろな場面が思い浮かぶんですけど、とにかくエモーショナルで熱くて、繊細で素敵な物語だったと思います。ひとつひとつが本当に丁寧に作られていて、この作品に関われたのは幸せだなって。

安済　最初からいろいろな人間関係が見え隠れしていた作品だったと思うんですけど、最後はみんなそれぞれ、真っすぐな道を選んだことに驚きました。誰かがおかしな方向に行くこともなく──というか、ガウマさんが欠けてしまったといえば欠けてしまったんですけど、でもみんながひとつ悩みを乗り越えて、これからの人生を歩んでいくんだなって。そのストレートな物語の流れに、ちょっと感動して（笑）。演じた身としても「そっかそっか、よかったね」「頑張ったね」と感動しました。

──なるほど。では、最初のオーディションの印象から伺おうと思います。若山さんは夢芽役で受けたのでしょうか？

若山　最初のテープオーディションが夢芽役で。そのあとスタジオオーディションに進んだんですけど、とにかく全力を出し切ろうと思っていたので、自分の持っているものを全部ぶつけて。……なので、自分では手応えも何も、まったくわからなかったです（笑）。

安済　私もテープオーディションがすごく印象的で。というのも、ひとり芝居とフリートークをそれぞれ1分というお題だったんです。「そこも審査されるのか！」って、いろいろ考えましたね。フリートークでは何を話したの？

若山　フリートークは歌を唄いました。

安済　歌!?って、それはトークじゃないじゃん（笑）。

若山　たしかに（笑）。最初に「自分はこういうことを大切にしています」みたいなひと言を話して。

安済　自分の信条を話して。

若山　それから、「歌を唄います」って。

安済　ちなみに、どんな曲を唄ったの？

若山　あいみょんさんの「貴方解剖純愛歌〜死ね〜」だったっけな。歌詞がエグめの曲を（笑）。

安済　あはは、面白いな〜（笑）。

若山　安済さんは何を話したんですか？

安済　これは本当にたまたまなんですけど、フリートークで榎木淳弥君の名前を出したんです。彼は私の母方の親戚なんですけど、その母から「榎木家には代々、ものもらいを治すおまじないがある」という話を子供の頃から聞いていて（笑）。で、初めて小学生でものもらいになったときに、母にそのおまじないをかけてもらったんです。仏壇の前に目を閉じて座らされて、何かやっている気配は感じるんだけど、よくわからない（笑）。で、「明日には治っているから」と言われたんですけど、朝起きたら本当に治っていたんです。

若山　ええーっ、すごい！

安済　で、その話を現場で会った榎木君にしたんですよ。「代々榎木家に伝わっているおまじないだから、知ってるよね」って聞いたら、「何それ？」って言われて（笑）。しかも、その翌日に榎木君がものもらいになったという。

──込み入った話ですね。

若山　それを1分で収めたのはすごい（笑）。

安済　しかもそのフリートークを録ったとき、榎木君が『SSSS.DYNAZENON』のオーディションを受けているのを知らなくて（笑）。共演者を教えてもらったときに「榎木淳弥君がいるじゃん！」って。めちゃくちゃ面白かったです。

──あはは。安済さんは何役でオーディションを受けたのでしょうか？

安済　テープオーディションの時点では、夢芽と香乃とちせでした。夢芽はちょっと青臭いというか、自分のなかで戦っている感じとか言動が謎めいてるところが面白くて、演じていて楽しかったですね。で、香乃に関しては、これまで私はミステリアスな役柄が多かったので、マネージャーと話して「この役も受けておこう」って……。

自分の心をさらけ出せない夢芽と謎めいたちせ

──あはは。ちせの第一印象は？

安済　これまであまり演じたことがない役柄だったので、挑戦するような気持ちでしたね。だからオーディションに合格したと聞いて、うれしいと同時に「13歳かぁ〜」という（笑）。ただ、収録が始まる前に監督から「幼さはあまり押し出さなくても大丈夫です」と言われて、少し安心しました。

──そこから役が決まって収録が始まったと思うのですが、若山さんから見て夢芽の第一印象というのは？

若山　最初はとにかくミステリアスというか、不思議ちゃんっていうイメージがありました。クラスでも浮いていて、約束をしたのにその約束を破るってことを繰り返していて、この子は何を持っているのか、ちょっとわからないなって。ただ、そこから少しずつ紐解いていくと、この子は他人とコミュニケーションをとるのが苦手なんだな、というのが見えてきたんです。自分が思っていることをうまく表に出せないから、まわりからはミステリアスに見えているのかなって。

安済　うんうん。

若山　心の凸凹が表に出てこなかったからこそ、ああいう言動になっていたのかなと思うと、かわいく思えてきて。今は高校生の、等身大の女の子として見ることができていると思います。

──演じていて面白かったところは？

若山　先ほど少し話しちゃったんですけど、夢芽は自分の心の芯から表面まで、たぶん

1キロくらいあるんですよ。

安済　遠いなあ（笑）。

若山　だから、心で思っていることがまったく表に出ない。出てきたとしても平坦になっちゃうんですけど、なかではちゃんとグッグツしているんですよね。そこにちょっと親近感が湧きます。

——若山さん自身、他人とのコミュニケーションが得意なほうではないんですか？

若山　そうですね。自分の思っていることを言葉にするまでの間に、自分のなかのフィルターがあまりにも多すぎて表になかなか出せないところがあります。

安済　えーっ、そうなんだ！　まったくそんなイメージなかったな。

若山　見えていなかったのなら、それでオッケーです（笑）。

安済　臆せずみんなと話しているイメージしかなかったけど。

若山　めちゃくちゃ臆していました。

安済　本当⁉ いつも笑っている印象がある。というか、見ているとすごく「笑わせたい！」って思っちゃうんだよね（笑）。

——安済さんから見て、ちせの印象は最初と最後で変わりましたか？

安済　うーん、変わらないですね。変わらないまま、終わりました（笑）。ちせって、視聴者からすると謎な部分も多くて、それこそ「闇落ちしちゃうんじゃないか」みたいな、そういうキャラクターだったと思うんです。オープニングもズルいなって思うんですけど（笑）、ちせの後ろで何かの目が光っていたりして——今見るとゴルドバーンだったんだなってわかるんですけど、「アイツ、きっと裏切るぞ」というか（笑）。ちせ自身がそういう空気を出していなくても、見ている人がそういうふうに勘ぐってしまうキャラクターだと思うんですね。で、アフレコが始まる前に、キャストがひとりひとり呼び出されて、監督と話す機会があったんですけど……。

夢芽のなかにある高い壁を取り払ってくれた蓬

——個人面談があったんですね。

安済　そうなんです。そのときに「ちせは不登校の子なんだけど、それほどネガティブな要素ではない」と言われたんです。いじめられたり、何かのトラブルに巻き込まれて不登校になっているわけじゃない。むしろまわりよりも秀でていて、できる子だったがゆえに孤立してしまった子なんだという話をされたんですね。それこそ「アームカバーで何かを隠しているんじゃないか」とか、いろいろな憶測を呼んだと思うんですけど、演じているほうとしては何も変えているつもりはなくて。見ている人の見方だったりまわりの環境で、ちせっていうキャラクターの受け取り方が変わるんだなって。そこがすごく面白かったです。

若山　あはは。

安済　あと私、オンエアで視聴者の方から指摘されるまで、この子の格好がすごいってことに気づいていなかったんですよ。

若山　私も気づいてなかった！

安済　そうだよね！　でも、よく考えてみたら、けっこう攻めたファッションだよなっていう（笑）。ロックっぽい感じが好きなのかな？くらいに思っていたんですけど、たしかにこの格好で暦先輩と歩いていたら、そりゃあ職務質問されるのも仕方ないなと（笑）。

若山　暦先輩も33歳ですからね。

安済　そうそう。その年齢差も面白かったですね。だから演じている身としては——もちろん、彼女のなかでも成長とか葛藤はありましたけど、でも大きく何かが変わったとかはなくて。ゆるやかに、物語とともに成長していったという感じなんですよね。

——若山さんは、その監督との個人面談でどういう話があったのでしょう？

若山　まずはちょっと不思議な子というところ（笑）。あとお芝居の方向性については、オーディションのときに「実写に近い感じで」という話があったので、めちゃくちゃぼそぼそしゃべっていたんです。まわりの人に聞こえているのか、いつも不安でした。

安済　たしかに、ディスタンスを保ったマイク配置だったもんね（笑）。

若山　「本当に大丈夫かな？」ってドキドキして（笑）。

——物語が進むにつれて、そんな夢芽のなかに亡くなった姉に対する強いこだわりがあることがわかりますよね。彼女の変化を若山さんはどう捉えていましたか？

若山　やっぱり近くに、蓬くんっていう存在ができたことが大きかったんだと思うんです。蓬くんと出会ったことで、少しずつ他人に頼るということをおぼえたのかなって。最初の頃はそれこそ、内に内にっていう感じの発言ばっかりだったと思うんですけど、高い壁を外からガシガシ叩いてくれる人がいたので、自分からその壁を外そうと思えたのかなって、そういうふうに感じていました。

蓬と夢芽の恋の行方に
うらやましいくらいときめいていた

――結局、夢芽は蓬のことが好きだったんでしょうか？　蓬から「つきあってください」と告白されたわけですけど……。

安済　あの瞬間、アフレコ現場で後ろから見ながら「フゥ～！」ってなっていました。

若山　あはは。たぶん、あの瞬間は、好きだとか恋をしているって感覚はなかったと思うんです。ただ、蓬君に対してほかの人とは違う感情を抱いていて、蓬君がここまで一生懸命になってくれるのは私だけだ、という確信をちょっとだけ持っている。それくらいの感じだと思うんです。結局、夢芽がなんと答えたのかはわからないままなんですけど（笑）、でも蓬君といることで居心地がいいということに気づいて、だからこそつきあう流れになったんじゃないか、と思いますね。

安済　第1回で夢芽が蓬に対して「蓬君なら、私のことわかってくれると思う」みたいなことを言うじゃないですか。彼女にとってはただの誘い文句だったのかもしれないですけど、今見るとちょっと「おや？」と思う（笑）。で、それが本当にその通りになっていく、というか。

若山　本当にもう、ずっともどかしい距離感でふたりの仲が進んでいく感じで。

安済　そうそう、もどかしかった（笑）。

若山　だから友達みたいな気持ちで見守っていました。「アイツのことが好きだ」って言っていた友達とそれに対して興味なさげだった友達が、ちょっとずつ仲良くなって、ついにつきあう！みたいな。その過程を見ていた気分でしたね。

安済　あはは。たしかに情熱的にお互いを求めあったわけじゃないんだよね。

若山　そうなんです。少しずつ近づいていく感じがなんともリアルで。

安済　エモーショナルでした、まさしく。

若山　蓬君にはきっとこれから、夢芽に振り回される人生が待っていると思うんですけど（笑）。

安済　でも、相性がよさそうな気もする。

若山　そうですね。ここまで頑張ってくれた蓬君なら、この先も夢芽と一緒にやっていけるんじゃないかな、とも思いますし。夢芽に対してはもう、ここまでしてくれるのは蓬君しかいないよ！と。……誰目線なのか、わからないですけど（笑）。

安済　で、私はそんな蓬と夢芽のエモい会話を横で聞いていて、ずっとときめいていました。「はぁ～」って（笑）。

若山　そうだったんですね。じつは今日、せっかくの対談なので、蓬と夢芽をどういうふうに見ていたんですか？って聞こうと思っていたんですけど……。

安済　そうだったんだ！　むしろ、うらやましいくらいのときめきを感じていました。

暦の存在は
ちせにとっての避難所だった

――そんな安済さんが、ちせを演じるうえで大切にしていたところは？

安済　ちせはまわりよりも大人びた子だと聞いていて……。たぶん、同世代の子といると浮いちゃうんだけど、かといって年上のしっかりした人と一緒だと自分が劣っていることが見えちゃうんですよ。だから、暦先輩くらいがちょうどいいというか（笑）。大人なんだけど無職で、ちょっとダメな人と一緒にいる安心感みたいな、その空気感は大切にしたいと思っていました。だから、単に仲のいい、いとこの家にいるというだけじゃなくて、彼女にとっては避難所になっているというか。しかも、安心材料だったはずの暦先輩がやることを見つけて、少しずつ前に進み始めたのを目にして焦ってしまう。そういう多感な時期ならではの葛藤みたいな部分は、繊細にやりたいと思っていました。

――ゴルドバーンという友達ができて、本当によかったという。

安済　そうですね。ゴルドバーンの登場回（第9回）は台本を読んでいて、すごく感動しました。「みんなの役に立ちたい」っていうちせの想いが実って、本当によかったなって。だからこそ、お別れのシーンがすごく悲しかった。

「あんた、贅沢なんだよ」は背中を押してくれたセリフ

——同じ第9回では、水門でふたりが掛け合いをする場面がありましたよね。すごく印象に残っているシーンなんですが、おぼえていますか？

安済　はい！おぼえてます！

若山　めちゃめちゃ印象に残っています。じつはアフレコ前、「あんた、贅沢なんだよ」ってセリフをどういう感じで言われるのか、すごく気になっていたんです。

安済　そうだったんだ！

若山　そうしたら嫌味じゃなく、むしろ夢芽の背中を押してくれるようなセリフになっていて。すごく印象に残っていますね。

安済　あの場面は、台本をいただいてからアフレコ現場に行くまで、いろいろな気持ちがぐちゃぐちゃになっていたんですよ。ちせは基本的に敬語なんですけど、あの「あんた、贅沢なんだよ」だけがタメ口で。これまではまわりの空気をけっこう読んで過ごしてきたと思うんですけど、もうここでは自分の感情を優先して出そう、と。きっとここがやるときだ！と思ったんですけど、でも実際に掛け合いをしていると、そこまで攻撃的にならなかったんですよね。

若山　そうだったんですね。

安済　何なんでしょうね、攻撃したかったんですけど、できなかった（笑）。そこもちせの優しさなのかもしれないし、もしかしたら臆病なところなのかもしれない。

若山　私、ちせってたぶん夢芽のことがそんなに好きじゃないだろうなってずっと思っていたんです。夢芽自身はあまり気にしていないと思うんですけど、たぶんちせは彼女に対して「甘ったれてるな」と思っている。そう感じていたんですね。

安済　へーっ、そうだったんだ！

若山　だから「ついにここで一発食らうんだな」と思ってアフレコに臨んだんですけど、始まってみたら、ちせの優しさが響いてきて。言葉は厳しかったですけど、それまでの言葉も合わせて、ちょっと後押しされている感じがしましたね。

安済　たしかに、夢芽のことを心配して、あの水門に登っていったわけだしね。

若山　だから、ちせちゃんのほうが大人な感じがするんです（笑）。

安済　自称不器用だけど（笑）。

若山　不器用なところが少し違うのかも。

安済　たぶん、学校とか同年代と一緒にいるときの立ち回りが不器用なのかな、とは思うかな。

悩みに囚われていた夢芽を解放してくれた香乃との別れの会話

——では、最後に好きな場面、印象的なシーンをうかがおうと思うのですが、まずは若山さんから。

若山　私は最終回の、ちせとゴルドバーンの別れの場面ですね。孤独を感じていたちせに、自分のことをいちばんだと思ってくれる友達ができて。で、その子と一緒に頑張ってきたけど、この世界に合わないからという理由でさよならしなくちゃいけない。その不条理さみたいなものもあって、すごく苦しいと同時に美しいシーンだなって。

安済　あのシーンは台本を読んだ時点でめちゃくちゃ泣いたんですよ（笑）。だから最初はその気持ちのまま、泣きを強めで演じたんですけど、そうしたら「泣かなくていいです」って（笑）。雨が降っていて泣いているように見えるから、声で泣いている表現はやらなくていい、っていうことだったんですけど。でも、そこがすごく印象的で、泣きたい気持ちを我慢しながら「ありがとう」って気持ちを伝える。あの瞬間、私自身もちょっと青春を味わいましたね。

——そんな安済さんの好きなシーンは？

安済　私は第10回ですね。夢芽が過去の世界に戻って、お姉さん（香乃）と会う場面なんですけど……。もう死んでいるお姉ちゃんと——しかも年齢も近くなって、むしろ自分のほうが背も高くなっている状態で、昔のままのお姉ちゃんと会話をするのって、どんな感情なんだろう？って、台本を読んで考えていたんです。あそこは、どういう感じでアフレコをしたの？

若山　なんというか、ずっと悩んでいたことの正解と話していた感じでしたね。

安済　ああ、そっか！なるほど。

若山　ずっと探し求めていたものについにめぐり合えたというか。言葉のひとつひとつが、夢芽のなかにしっかりと蓄積していく感じがありました。

——それは喜びなんでしょうか？あるいは達成感みたいなものだったのか……。

若山　たぶん、喪失感とか寂しさ、哀しみみたいなものもあったと思うんですけど、その一方で、お姉ちゃんと話すことで自分の殻というか檻から出ることができた。だから、きっと清々しい気持ちなんだろうなって思います。しかも、知恵の輪がパンッと外れた瞬間、気持ちのメーターが振り切れるというか。「ああ、やっと夢芽は解放されるんだな」って。

安済　知恵の輪っていうアイテムがすごくうまく作用していましたよね。知恵の輪がただ外れたっていうだけのカットなのに、気持ちが全部持っていかれる。本当にエモーショナルに感情を昂らせてくれる、素晴らしい作品だと思います。

若山詩音（わかやま・しおん）

東京都出身。子役としてドラマなどに出演するのと並行して、声優としても活動。

主な出演作に『空の青さを知る人よ』（相生あおい）、『さよなら私のクラマー』（越前佐和）など。劇団ひまわり所属。

安済知佳（あんざい・ちか）

福井県出身。主な出演作に『響け！ユーフォニアム』（高坂麗奈）、『さんかく窓の外側は夜』（非浦英莉可）、『大正オトメ御伽噺』（渥美綾）など。

エイベックス・ピクチャーズ所属。

ムジナ役

諏訪彩花

距離感がフラットなところは少し似ているのかもしれない

――まずは、あらためて最終回まで見た感想を聞かせてください。

諏訪　やっぱり完成したものを見ると、感動しますね。映像がキレイなのはもちろんですけど、キャラクターがすごくイキイキしているというか。繊細な表情や細かな動きで、魅力がグッと増しているなと思います。ロボットものらしい、爽やかで熱血なところがある一方で、そこで描かれる人間模様も繊細。そのバランスがいちばんの魅力だと思います。

――ムジナ役はオーディションだったのでしょうか？

諏訪　最初はテープオーディションでした。私はムジナ役だけを受けたんですけど、本編でも使われているセリフがいくつか用意されていて、あとは役に関係なく、短いシチュエーションを等身大の自分の声で演じてください、というものでした。それから自己PRと最近あった出来事を話してください、というのもありましたね。

――ちなみに、そこではどんな話をしたのでしょうか？

諏訪　私、サメが大好きなので、最近見ためちゃくちゃ面白かったサメ映画の話をしました（笑）。マネージャーは「えっ?」みたいな感じだったんですけど、「まあ、諏訪らしいからいいか」と、苦笑いされました（笑）。

――オーディションの時点で、ムジナのビジュアルは見ていましたか？

諏訪　はい、怪獣優生思想のほかのメンバーのデザインと一緒に見せていただきました。第一印象はとりあえず、めっちゃムチムチだな、と（笑）。「この太もも、ヤバくない!?」っていうくらいムチムチなセクシーお姉さんだったんですけど、ただ一緒にいただいたセリフはけっこうクールな印象のものが多かったんです。加えて顔もどこかアンニュイな感じがあって。あまり感情を表に出さない、クールで冷静沈着な感じの子なのかな、という印象でした。

――その印象は、収録が始まってからだんだんと変わってきたのでしょうか？

諏訪　そうですね。収録がいざ始まって、最初の3話分くらいはセリフも短くて、オーディションのときの印象から変わらなかったんです。ただ、きっかけはやっぱり第5回ですね。プールではしゃぐ姿とか、「遊びたい」って言っているところを見て「おや?」と（笑）。けっこう、自分のなかで戸惑いがあって、監督にもアフレコのときに「キャラクターが変わる感じになりそうなんですけど、いいんでしょうか」とお聞きしました。

――監督に確認したわけですね。

諏訪　はい。そのときに監督から「たしかにやりすぎると別人になりかねないけど、でも彼女なりにはしゃいじゃって大丈夫です」と。それまではもうちょっとお堅い感じで捉えていたんですけど、意外と等身大というか、普通の20代の女の子なんだなと思ったんです。

――素の顔が見えてきたというか。

諏訪　あとはその次の第6回ですね。暦君に対して、ガンガン自分の感情を出していくところ。あのあたりから、彼女の心のうちが、だんだんとわかってきたんです。ムジナって見た目は大人っぽいけど、中身は意外と子供っぽいというか。暦君と出会ったことがきっかけで自分自身と向き合い始めて、ずっと探していた答えが見つかった、みたいな感じもあって。物語が進むにつれて、彼女自身も少し成長していったのかな、とも思いました。

――やはり、暦との出会いがターニングポイントになっているわけですね。

諏訪　暦君ってたぶん、ムジナのなかですごく重要なキーパーソンだと思うんです。これまでムジナは、ずっと自分の意思で動いていないような気がしていて、しかもそのことでちょっと悩んだり、疎外感みたいなものを感じていた。一方の暦君も、同じようなことを感じていたので、ムジナは親近感を持ったのかなって。それが恋なのか友情なのかはわからないですけど、でも急に通じ合っちゃった！みたいな（笑）。

――意気投合してしまった、という。

諏訪　私は勝手に「これってもしかして恋に発展するのかな?」と、ひとりで浮足立っていたんです（笑）。というのも、最初、私はオニジャとムジナがいい関係だなって思っていて。でも、ふたりはケンカするほど仲がいい、兄妹みたいな関係だったんですよね。それと比べると、暦君とは男女の関係に近いのかなって。

――なるほど。

諏訪　でも、暦君はけっこう鈍いところがあるんですよね（笑）。対面したときにはドギマギするわりに、めちゃくちゃアプローチしてくるというわけでもなくて。意識しているのは、ムジナだけなのかなって感じもありました。あと、暦君には稲本さんがいるじゃないですか。あのふたりの関係性もドキドキして好きなんですけど、それと同時に複雑な気持ちにもなりました。「もう稲本さんのことは忘れてムジナにしときなよ……!」なんて、密かに思っていたりもしました（笑）。

――あはは。ご自身とムジナの似ているところや共通点はありますか？

諏訪　ムジナって意外と、他人との距離がフラットだと思うんです。「誰もまわりには近づかせません!」みたいなオーラを放つのかなと思いきや、暦君に対しては最初から「暦君」って呼んでいるし――どうして名前を知っているんだろう？と思ったんですけど（笑）。ともかく、めちゃくちゃ明るいわけでも、ものすごく優しいわけでもなくて、距離感がフラット。しかもわりと裏表がなくて、素直なんですよね。自分で自分のことを「素直」って言うのはどうかと思うんですけど（笑）、でもそういう感じはちょっと似ているのかな、と思いました。

――では、ムジナを演じていて、苦労したところはどこでしたか？

諏訪　うーん、ポンと出たセリフにも、彼女が抱えている感情を込めなければいけなかったので、そこが難しかったかな……。ただ今回、怪獣優生思想の4人でアフレコすることが多くて、4人でしゃべっていると、自然とセリフが出てくるんです。それこそ4人の会話の空気感や流れに身をまかせることで、自然とムジナになれた感じがあります。

――4人で一緒に演じることで、ムジナの立ち位置が決まる、みたいな。

諏訪　そういう感じでした。なんというか、みんなマイペースじゃないですか。会話も、噛み合っていないようで、噛み合っているようで、やっぱり噛み合っていない、みたいな（笑）。それでいて、一緒にいて違和感がない。この4人の距離感が絶妙に心地よかったんです。だからこそ、自分のセリフがきても「考えてきたセリフを言わなきゃ!」みたいな感じではなく、自然と感情が湧いてくる。怪獣優生思想のメンバーと会話するなかで、ムジナというキャラクターがつかめてきたんじゃないかなって。

――作品全体を振り返ってみて、気に入っているシーンはどこですか？

諏訪　いっぱいあるんですけど……。まずはムジナのシーンでいうと第8回ですね。怪獣優生思想の4人で遊びに行く場面なんですけど、それこそ4人が大学生みたいな遊び方をしていて（笑）。遊んでいるムジナが本当にかわいくて、しかもそのときの彼女の表情がすごく柔らかいんですよ。ニコッと笑ったりして。ムジナってこんな感じで笑うんだ!とびっくりしました。第9回の最後の花火のシーンも好きです。蓬君の成長っぷりがヤバくて（笑）、これはもういい男に成長するしかない!みたいな。しかも、ガウマがいいサポートをするんです。男の先輩として、蓬の背中を押してくれて。あと、浴衣に着替えた夢芽もかわいかったので「蓬、行けー!」って思いました。

――話をうかがっていると、青春っぽい場面に思い入れがある感じですね。

諏訪　やっぱりそこは外せないというか（笑）。あとはムジナとオニジャで怪獣を操るところ（第6回）も、ふたりのコンビ感に加えて、ムジナの「なんか少しわかった気がする」というセリフとイキイキした表情が見られて楽しかったです。ほかにも、夢芽と鳴衣ちゃんがふたりだけのときの独特な世界観がめちゃくちゃ好きで。カラオケで寝ている場面だったり、帰り道のちょっとした会話だったり、短いシーンだけど、なんかドキドキするんですよね。

――いっぱい出てきますね（笑）。では、最後に「ここを気にしながら見てほしい」というポイントをお願いします。

諏訪　『SSSS.DYNAZENON』は本当に、ひとつひとつのセリフがすごく刺さって、見ていると泣いてしまうことが多い作品なんです。もちろん、ロボットに合体して戦うというカッコよさもあるんですけど、その一方で、人が生きていくときに抱える弱い部分みたいなものに真っすぐ向き合っている作品でもあります。自分の弱さに向き合って、成長していくところに、毎回、背中を押してもらえるし、勇気ももらえる。そこはどの年代の人にも刺さるところだと思います。私が演じさせていただいたムジナも、この作品のなかで成長、変化したキャラクターのひとりだと思いますし、そんな彼女の成長ぶりを、見て楽しんでもらえるとうれしいです。

諏訪彩花（すわ・あやか）

5月27日生まれ、愛知県出身。主な出演作に『やくならマグカップも』（大沢由香里）、『あっくんとカノジョ』（片桐のん）、『このはな綺譚』（棗）、『うらら迷路帖』（色井佐久）などがある。アーツビジョン所属。

DYNAZENON

Special Cast Interview 03

2代目役
高橋花林

根本的にちょっとズレている不思議な感性を持つ存在

——高橋さんは前作『SSSS.GRIDMAN（以下、GRIDMAN）』から引き続き出演となりました。今回はどのような形で出演依頼を受けたのでしょうか？

高橋　『GRIDMAN』の最終回あたりで「次回作があるらしい」という話をうかがっていたんですね。その際、スタッフさんやマネージャーさんから「次も出番があるらしい」とも聞いていて。だから私はてっきり、怪獣少女がまた出るんだと思っていたんです。

——当然、そう思いますよね（笑）。

高橋　そうこうしているうちに時間が経って、気づいたら『SSSS.DYNAZENON（以下、DYNAZENON）』のティザーが公開になったんです。「公開されたんだ」と思って見たら、「あれ？　もう声がついてるぞ」って（笑）。

——そのときは、まだアフレコに呼ばれていなかったんですね。

高橋　そうなんです。なので「出てくるのかなあ……」と思っていたときに、第7回の2代目が初めて登場するエピソードの台本をいただいて。「やっぱり本当に出るんだ」と思って、キャラクターの設定を見ると「あれ、違うキャラクターだぞ!?」っていう（笑）。

——まずは驚くところから始まったわけですね。2代目の第一印象は？

高橋　「お姉さーん！」と思いました（笑）。しかもいただいた資料を読むと「柔軟剤のいい匂い」と書かれていて。怪獣少女のときは、グローブとかリュックとか、すべての項目に「臭い」って書かれていたので（笑）。だからすべてがびっくりでしたね。

——名前が「2代目」なわけですけど、そこには引っかからなかったですか？

高橋　「2代目」という名前で、声も私なので、（怪獣少女と）何かつながりがあるのかなとは思いつつ——ただ、雨宮監督のことなので、同じ人かもしれないし、違う人かもしれない。もしかしたらパラレルワールドかもしれないし、いまだに私自身、わかっていないんですけど（笑）。ただ、何かしら怪獣少女の要素はあるのかな？みたいな感じで捉えていましたね。

——「雨宮監督なので」というのは、どういうことなのでしょうか？

高橋　たぶん、雨宮監督の頭のなかには「こういうものだ」っていうビジョンがあると思うんです。でも、それを詳しく教えてくれないんですよ（笑）。『GRIDMAN』のときも、アレクシス・ケリヴ役の稲田（徹）さんだけは最終回までの脚本をご存知だったんですけど、ほかのキャストはみんな知らない状態で収録に臨んでいて。だから、このあとどうなるのか、みんなハラハラしながらの収録だったんですけど、演じるうえで必要なことなら教えてもらえるだろうし、私が全然違う方向に向かっていたら、ディレクションしてくれるだろうな、って。そこは『DYNAZENON』でも変わらず、流れに身をまかせる感じでした。

——なるほど。今回の2代目は怪獣少女とは打って変わったイメージのキャラクターでしたね。

高橋　監督から「新卒の子みたいな感じでお願いします」と（笑）。私のなかでは幼いところはあるけどしっかり者という印象だったんですけど、最初の収録のときに「そんなにしっかりしなくていいよ」とディレクションを受けました（笑）。あと収録が進んで、最終回のアフレコのあとですね。監督が「高橋さんの演技を見ていて、途中でキャラクターの感じを変えました」とおっしゃっていて。「えっ、それは大丈夫なんですか!?」と思ったんですけど（笑）。

——役者さんの演技に寄り添う形で、演出も変わっていったという。

高橋　そうなんですかね。ただ、私が考えていたよりも、2代目はほわほわしたキャラクターでした。意外と抜けているところがあるというか——ガウマさんに2代目がこう、肩をポンと叩かれる場面があるんですけど、そこでナイト君がガッと腕をつかんで「気安く触るな！」って怒る。

——ああ、ありましたね。

高橋　そこでも、彼女は「ん？」みたいな顔をしているんです（笑）。だから、いろいろなことが見えているのか見えていないのか、よくわからない子だなあと。「しっかり者」という最初の印象から少し変わって、ちょっとどこかがズレている感じというか。根本的に人間とか世の中の常識とは違う、不思議な感性や考え方を持った子なのかなって。そんなことを思いながら、演じていましたね。

――演じていて、苦労したところはどこでしょうか？

高橋　全部です（笑）。やっぱり、みなさんすごく演技がナチュラルじゃないですか。そんななかで、私の演じる2代目がナチュラルかというと……少なくとも、私が思う「ナチュラル」とはまた違うんだろうなというのが、頭のなかにあったんですね。だから、どう演じればいいのか、毎回、頭を悩ませました。さっきも話に出ましたけど、ダメだったら監督から指摘されるだろうと思ったので、流れに身をまかせていましたね。

――あはは。

高橋　あと「感情的になりすぎない」というディレクションをいただいたので、そこは全体を通して、頭の片隅に置いていました。わりと2代目は達観しているというか、まわりを見て「こういうふうにしましょう」って提案する、そういうタイプなのかなと。

――なるほど。ご自身が出演しているシーンでお気に入りの場面はありますか？

高橋　最初にフィクサービームを撃つシーンですね。じつは『GRIDMAN』の収録に参加するときに、雨宮監督から『電光超人グリッドマン』のDVDを貸していただいたんです。そのときに見た第6話が記憶に残っていたので、バトンを振ってフィクサービームがキラキラ～っと出るところを見て「おお、一緒だ！」って（笑）。

――では、ご自身が出演している以外の場面でお気に入りのシーンというと？

高橋　私は、ガウマさんとちせちゃんが好きなんですよ。ちせちゃんは――なんて言うんですかね、誰かがそばにいるのに寂しさを感じる、みたいな、きっと誰もが知っている痛みを抱えたキャラクターなんだなと思っていて。そういう意味でいちばん共感できたし、ジーンときたり泣きそうになったり、心を動かされたキャラクターでした。で、もう一方のガウマさんは、すごく愛があって優しい人で。第9回で、ちせちゃんが「私はみんなの仲間に入っていないんじゃないか」って悩む場面があるじゃないですか。そこで、ガウマさんが「誰ひとり欠けても勝てねえんだ」って断言する。で、「私もですか？」って聞くちせちゃんに対して「お前もゴルドバーンもな」って答えるんですよね。そのシーンを見て、やっぱりガウマさんはいい人だなって。

――なるほど。

高橋　でも私個人としては、一緒には歩きたくないかな（笑）。やっぱり、世の中には折れなきゃいけない場面があったりすると思うんですけど、ガウマさんはきっと自分の信念を守るほうを選ぶ気がするんです。そこは少し大変そうだなって（笑）。私では釣り合わないと思いますし、やっぱりそこは姫じゃないとダメでしょうね。

――あはは。ちなみにナイトと2代目の関係は、どう捉えていましたか？

高橋　わからないですけど、先輩と後輩かな？（笑）アフレコのときは彼のことを隣で支えるパートナーくらいの感じで捉えていたんですけど、ボイスドラマの第8.8回で、蓬から「おふたりはどういう関係なんですか？」って聞かれる場面があるんです。それに対して2代目は「えっ、どう見えます？」って楽しそうに聞き返していて。そうやっておちゃらけられるってことは、恋愛感情ではないな、って（笑）。信頼できるパートナーや仲間、あるいは弟みたいな関係で、とても心が近い存在なんですけど、でもラブではないのかなと思います。

――なるほど。高橋さんは『GRIDMAN』と『DYNAZENON』の両方に出演したわけですが、この2作で大きく違ったなと感じるところはどこでしょうか？

高橋　個人の見解になってしまうんですけど、「怪獣」かなと。『GRIDMAN』のときはやっぱり、怪獣を作ったのはアカネで、彼女が見た目も能力も、すべて決めていたと思うんです。でも、『DYNAZENON』は、怪獣が人間の情動から生まれてくる存在なので。

――その違いは、作品の世界観や空気にも影響を与えていると思いますか？

高橋　うーん、どうなんですかね。前回はアカネと六花の友情だったり、アカネの抱えている痛みや傷をめぐる話だったと思うんです。でも今回は、いち個人の話ではなくて、世界とか仲間とか、そういうのがテーマだったと思うんです。そこの違いが怪獣にも表れているのかもしれない。難しいことは、よくわからないんですけど（笑）。

――では最後に、この本を買った方にメッセージをお願いします。

高橋　私も視聴者として、とても楽しく見ていました。毎回、心をつかまれるセリフがあって、誰もが感じたことがある痛みや苦しみ、あるいは優しさやぬくもり、そういういろいろな気持ちが入り混じった作品だったと思います。歳を重ねたあとで見たら、また新たな発見や気づきがある作品だと思いますし、これからもみなさんに愛していただけるとうれしいです。

高橋花林（たかはし・かりん）

9月9日生まれ、神奈川県出身。主な出演作に『アサルトリリィ BOUQUET』（ミリアム・ヒルデガルド・v・グロピウス）、『Dr.STONE』（スイカ）、『アイドルマスター シンデレラガールズ』（森久保乃々）、『ぐんまちゃん』（ぐんまちゃん）など。青二プロダクション所属。

キャラクターデザイン・
総作画監督

坂本 勝 × 中村真由美

サブキャラクターデザイン・
作画監督

「今」の感覚を積極的に採り入れたキャラクターデザイン

流行を取り入れて「今っぽさ」を出した夢芽

——坂本さんも中村さんも、前作『SSSS.GRIDMAN（以下、GRIDMAN）』から引き続きの参加になりました。最初に『SSSS.DYNAZENON（以下、DYNAZENON）』の話を聞いたのは、いつ頃ですか？

坂本 『GRIDMAN』が終わってすぐのタイミングで、同じ座組みで次を作りたい、みたいな話がふわっとあったんです。僕自身、『GRIDMAN』がすごく楽しかったので、同じチームで作れるのであればぜひやりたい、と思っていました。

——『GRIDMAN』のどんなところが楽しかったのでしょうか？

坂本 雨宮（哲）監督はわりと意見を聞いてくれるタイプで、もちろん監督自身「こうしたい」というところもあるんですけど、そうじゃない部分では僕たちのアイデアや意見を汲み取ってくれるんです。そういう意味でも、ひとりの力で作っていくのではなくて、全員でいろいろと意見を出しあって作っている感じが『GRIDMAN』にはあって。そこが楽しかったんですよね。

中村 私も同じくらいのタイミングで声をかけてもらったのですが、坂本さんがおっしゃっていたように、現場の空気がすごくよかったんです。なので、それがもう一度できるんだなと思って、すぐに「やります」とお返事しました。

——企画が動き出したときは、どこから着手したのでしょうか？

坂本 デザイン関係で最初に着手したのは次のヒロインを——最終的に（南）夢芽になるキャラクターを、どんな感じにするかというところですね。その時点ですでに雨宮監督のラフスケッチがあったのですが、それがもう監督の趣味が全開で（笑）。今の香乃に近いデザインで、陰があってショートカットで、トレーナーを着ている女子高生、みたいな感じだったんです。僕も決して嫌いではなかったのですが、監督のなかでは、このキャラクターをヒロインとしてセンターに置くのは難しいだろう……という意識があったようで。とりあえず、どうしたら多くの人に好かれるヒロインになるのか、みんなで話し合っていきました。

——なるほど。では、夢芽のデザインが今の形になったターニングポイントは何だったのでしょうか？

坂本 夢芽は物語の性質上、華があるだけのかわいいキャラクターというわけにはいかなくて……。そういう意味で紆余曲折があったキャラクターで、一概に「これが決まって、すぐにデザインが固まった」感じではなかったんです。

中村 夢芽に関しては一度、雨宮監督から相談されたことがあったんですよ。髪の毛が長かったときがあって……。

坂本 ありましたね。

中村 けっこうアニメっぽい見た目なので、「どうしよう？」って相談されて（笑）。やっぱり前作の六花やアカネと被らないよさを引き出すのが、なかなか難しそうでしたね。

坂本 そういう意味でいうと、最初に決まったのはとりあえず目の形でした。ちょっと細めで、少し瞳が下瞼についているような、瞼が厚ぼったい感じ。今回は肌の露出を抑える代わりに、目の表現でセクシーな印象というか、ミステリアスで妖艶な感じを出したいというのはありました。あとは現代の若い女子高生の感じを大事にしたかったので、アニメっぽい大きいリボンや特徴的な形の髪留めなどにはせず、前髪だったり爪だったり、そういった小さなポイントの積み重ねでキャラクターを作っていこう、みたいなところがありました。というのも、監督は普遍的なキャラクターを作りたいわけではないらしいんですね。むしろ今、流行っているものだったり、あとから見返して「今はこんな表現をしないよ」みたいなものを取り入れていきたいみたいで、夢芽が着ているトレーナーも、そういうところからきていたりするんです。

——そういう部分で「今っぽさ」を出す。

坂本 ただ、その一方でリアルなだけだとアニメ的な要素があまりに少なすぎるので、夢芽でいうと袖の赤いラインを目に残る感じのビビッドな色合いにしたり、髪の色もけっこう明るめにしたりして、少しアニメっぽさを出しました。シルエットやフォルム

はリアルな方向なのですが、色合いでアニメキャラっぽい部分を足していく、という感じで考えていきました。

雨宮監督のイメージを大切にしたちせ

——次に（飛鳥川）ちせですが、彼女は衣装も独特でキャラクターが立っている印象ですが……。

坂本　ちせも初めは雨宮監督の趣味だったのかな（笑）。最初にもらったラフだと本当に「制服を着て、アメを噛んでいる女の子」ってだけだったんです。で、その次のタイミングで監督からきたラフを見ると、ほとんどキャラクターが出来上がっていて。僕のほうからもほかに何パターンか出したんですけど、とくにピンときてないみたいだったので、最終的に、監督の提示したイメージの感じでブラッシュアップしていく形になりました。

中村　ちせはもう、求められているものが決まっているような印象でした。いくつかパターンは出ていたんですけど、このなかならどれもかわいいなあ、みたいな（笑）。

坂本　最初はピアスをしていたんですけど、とくに効果的な情報じゃないのかもと思って作画にも負担やミスにならないように外したり。あと包帯はガウマとイメージが被るから止めよう、とか。基本的にちせは、雨宮監督が持っているイメージを大事にしつつ、ポイントポイントでこだわった感じでしたね。耳と横に垂れている細い髪の隙間にある生え際とか、あと骨っぽい感じとか。

——手首が細い感じもいいですね。

坂本　あと口元のほくろは、じつはスキャンしたときのゴミだったんです（笑）。消そうと思えば消せたんですけど、なんというかちょっと大人っぽさを感じて、ちせの子供だけどどこか大人っぽいキャラクターとうまくマッチして。それで、最終的に残すことにしたんです。

キャラクターの「振り向き」がテーマになった

——坂本さんは総作画監督としても参加していますね。苦労したところ、面白かったところはどこですか？

坂本　総作監とはいえキャラクターデザインをした身として、やっぱりキャラクターを守ることが大事だと思ったので、表情のバランスやキャラクター性の修正に力を注ぎました。『DYNAZENON』はコンテの段階で、雨宮監督がバトルシーンではバトルを、キャラクターを見せる場面はキャラクターをしっかり見せる、というふうに配分してくれていて。雨宮監督のなかで「ここはキャラクターを動かさない」というカットが明確にあるので、そういうカットは瞳のディテールだったり、あるいは髪の表現の密度を高めにしたりしました。そういう意味では、前作同様、うまくいったと思います。

——とくに終盤は、細かい表情芝居が多かった印象があります。

坂本　ただ、今回はコンテの内容で前作と変わった部分があって、雨宮監督としてはキャラクターの「振り向き」をテーマにしていたらしいんです。実際、第1回のラストで夢芽が振り向くのもそうですし、オープニングでもダイナゼノンが振り返ったりしていますよね。作画的にキャラクターの「振り向き」に修正を入れるのがけっこう大変でした。そこは『GRIDMAN』より苦労したところかな、と思います。

——一方の中村さんは、第3回と第11回の作画監督を担当していますね。

中村　『GRIDMAN』から引き続きの参加だったので、それほど苦労はしなかったんですけど……。ただ、夢芽が難しかった印象があります。夢芽は表情もあまり豊かじゃなくて——とくに序盤は、笑顔を見せても笑いすぎない微妙なラインなんです。内に抱えているものもいろいろと複雑だったので、難しかったですね。しかも私が担当していたのは、友達と一緒に弾けて遊ぶ、みたいなシーンではなくて（笑）、ダイナゼノンチームと一緒だったり、あるいは蓬とふたりでいるときとか。なので、そのあたりが微妙に苦労した記憶があります。

坂本 勝（さかもと・まさる）

TRIGGER所属のアニメーター。これまでに参加した主な作品に『リトルウィッチアカデミア』『キルラキル』『ニンジャスレイヤー フロムアニメイション』『宇宙パトロールルル子』『プロメア』など。

中村真由美（なかむら・まゆみ）

TRIGGER所属のアニメーター。これまで参加した主な作品に『リトルウィッチアカデミア』『ダーリン・イン・ザ・フランキス』など。本作では前作に引き続き、サブキャラクターデザインと作画監督を担当。

互いを知らなかった頃のキャラクターたちの「すれ違い」を描いたED

――中村さんはエンディングも担当していますね。

中村　はい。今回もコンテから演出、あとは原画と作画監督もやっています。今回は「チーム感みたいなものがほしい」ということで、作品全体もどちらかというと群像劇に近いですし、まずはダイナゼノン組を全員出そう、と。でも、意外と人数が多いんですよ（笑）。なので、そこを逆手に取って、みんなをバラバラに出す。むしろバラバラ感を前面に出す感じで考えました。

――蓬たちがそれぞれに過ごしている時間が描かれる形になりましたね。

中村　そうですね。前半は知り合い同士ではなかった彼らが、でも何気なくすれ違っている……みたいなシチュエーションにして。バスのシーンがわかりやすいと思うのですが、まだお互いのことを知らなかった蓬と夢芽が、じつは同じバスに乗り合わせていた、という。それぞれ別のコミュニティに属していたことがわかる感じになるといいな、と思っていました。

――苦労したところというと？

中村　画面を2分割にしたことですね。2分割にしたことで、単純に作業量が2倍になって（笑）。コントロールも難しかったので、けっこう大変でした。

シズムは美しく描くよう心がけました

――おふたりが気に入っているエピソードとキャラクターを教えてください。

坂本　どのエピソードも好きなんですけど、第11回の蓬と夢芽の土手のシーンですね。蓬の告白シーンでもあるんですけど、告白の前、夢芽が怪獣について話しているところが好きなんです。怪獣が出現することによって自分が普通になったんじゃないか、とか、今までやったことがないことをみんなと楽しんでいる、とか。悲観的な部分だけではなくポジティブな部分を夢芽が吐露するシーンが気に入っています。キャラクターでいうとシズムが気に入っていますね。シズムはほかの女性キャラクターよりも美人に描くように心がけていました。もしかしたらヒロインのひとりと言っていいかもしれない（笑）。

中村　好きなエピソードは、第7回ですね。みんなで一緒に夜を明かすシーンは、彼らの若さを感じるのですごく好きです。

――ちょっと青春っぽさがあって。

中村　そうですね。けっこう大変なことに直面しているのですが、そこに青春っぽいエッセンスが差し込まれていて、いいなって。あと好きなキャラクターは香乃と稲本さん。自分でデザインしたというのもあって、稲本さんは好きですね。香乃に関しては、高校生特有の繊細さみたいなものがよく出ていて、気に入っています。

――では、最後にファンに向けてメッセージをお願いします。

中村　この本を買ってくださって、ありがとうございます。私もそうですし、坂本さんもたぶんキャラクターに対してすごく思い入れの強い作品なので、掲載されている資料を見たり、あるいは本編と見比べて、楽しんでもらえたらうれしいです。

坂本　今回はちょっとクセの強いヒロインが多いかなと思うんですけど、ただ、かわいいだけじゃない、いいところも悪いところも合わせて、キャラクターに魂がこもると思うので、アニメのキャラクターというよりも、ひとりの人間として『DYNAZENON』のヒロインたちを好きになってもらえるとうれしいです。この本を手に取ってくれた方は『DYNAZENON』のヒロインの魅力に気づかれた方だと思うので、また、これから先も雨宮監督が描くヒロイン像に期待してほしいです。自分自身も雨宮監督のヒロインを描く機会があれば、その魅力を引き出せるように頑張りたいと思います。

087

OFFICIAL ILLUSTRATION GALLERY

オフィシャルイラストギャラリー

SSSS.GRIDMAN

DENON

1・2 DENONヘッドホンコラボ
パッケージ用描き下ろしイラスト
原画・仕上げ・特効＝安部 葵

2 | 1

2 キューズQ
フィギュア用描き下ろしイラスト
原画＝三宮昌太
仕上げ＝ステラロード
検査＝武田仁基
特効＝原口沙月（グラフィニカ）
坂梨瑛泉（グラフィニカ）

1 ディ・テクノ
WEBくじ用描き下ろしイラスト
原画＝西原恵利香
仕上げ＝武田仁基
特効＝齋藤 睦（グラフィニカ）

2 | 1

2 ヴィレッジヴァンガード
コラボ用描き下ろしイラスト
ゲーミングチェア
原画＝佐藤皓宏
仕上げ＝武田仁基
特効・撮影＝齋藤 睦（グラフィニカ）

1 ヴィレッジヴァンガード
コラボ用描き下ろしイラスト
スケボー
原画＝郡安俊兵
仕上げ＝武田仁基
特効・撮影＝齋藤 睦（グラフィニカ）

2 | 1

1・2 ディ・テクノ
アラームアプリ用描き下ろしイラスト
原画＝井川典恵
仕上げ＝ステラ・ロード
検査＝武田仁基
特効＝齋藤 睦（グラフィニカ）

2 | 1

1 **ディ・テクノ**
アラームアプリ用　描き下ろしイラスト
原画＝井川典恵
仕上げ＝ステラ・ロード
検査＝武田仁基
特効＝齋藤 睦（グラフィニカ）

2 **DMMスクラッチくじ**
描き下ろしイラスト
原画＝髙木麻穂
仕上げ＝武田仁基
特効＝齋藤睦（グラフィニカ）

3 **ブシロード**
カードゲーム『バディファイト』描き下ろしイラスト
原画＝長谷川哲也
仕上げ＝武田仁基
特効＝齋藤 睦（グラフィニカ）

2
3
1

1

2

1　A3
スチームパンク描き下ろしイラスト
作画＝ 田村瑛美
監修＝坂本 勝
仕上げ＝武田仁基
特効＝齋藤 睦（グラフィニカ）

2　ARアプリ『AniCast Maker』
コラボ用描き下ろしイラスト
原画＝櫻井哲也
仕上げ＝武田仁基
特効＝齋藤 睦（グラフィニカ）

AniCast Makerコラボを開催中！
【宝多六花&グリッドマン】
https://anicast-maker.com/asset/detail/5
【新条アカネ&アレクシス・ケリヴ】
https://anicast-maker.com/asset/detail/4
（コラボ商品の販売期間は、発売日から1年間です）

3

4

3 A3
ハロウィンコスチューム描き下ろしイラスト
六花／アカネ
原画・仕上げ・特効＝菅野一期

アニメ・ゲーム・キャラクターの
総合ネットショップ「eeo store」にて
『SSSS.GRIDMAN』・『SSSS.DYNAZENON』商品を
取り扱い中です！
https://eeo.today/store/101/

4 ムービック
ダッシュストア用描き下ろしイラスト
原画＝宮﨑詩織
仕上げ＝武田仁基
特効＝齋藤 睦（グラフィニカ）

2 ドン・キホーテ
レースクイーン描き下ろしイラスト
原画＝安部 葵
仕上げ＝武田仁基
特効＝坂梨瑛泉（グラフィニカ）

1 ドン・キホーテ
メカ少女描き下ろしイラスト
原画・仕上げ・特効＝小島大和

2 | 1

3 B'full
競泳水着フィギュア用描き下ろしイラスト
原画＝安部 葵
仕上げ＝越田侑子（ステラ・ロード）
検査＝武田仁基
特効＝緒方郁子

2 A3
クリスマス描き下ろしイラスト
原画・仕上げ・特効＝千葉一希

1 ブシロード
カードゲーム『Reバース』描き下ろしイラスト
原画＝千葉一希
仕上げ＝武田仁基
特効＝齋藤 睦（グラフィニカ）

1
3
2

1・2 『アイアンサーガ』
ゲームコラボ用描き下ろしイラスト
原画・仕上げ・特効＝坂本 勝

2 | 1

驚安の殿堂
ドン.キホーテ
DVD
24h営業
居酒屋
お1人様120分
寿司食べ放題
100円~
ZILLAS

1・2 ドン・キホーテ
ビッグサイズ少女描き下ろしイラスト
原画＝佐野誉幸
仕上げ＝武田仁基
美術＝小佐野 詢（クリープ）
特効＝齋藤 睦（グラフィニカ）

2 | 1

2 | 1

2 THE AKIHABARA CONTAiNER
ポップアップショップ商品化ビジュアル
宝多六花＆新条アカネ水着.ver
原画＝安部 葵
仕上げ＝柳澤宏明
　　　　武田仁基
美術＝渡辺幸浩（アトリエPlatz）
特効＝土田栄司

1 B'full
ウエディングドレスフィギュア描き下ろしイラスト
六花／アカネ
原画＝安部 葵
仕上げ＝武田仁基
特効＝齋藤 睦（グラフィニカ）

2 『SSSS.GRIDMAN ヒロインアーカイブ アカネ＆六花』
描き下ろしイラスト
原画・特効＝中村真由美
美術＝クリープ
仕上げ＝菊地慶翔（ステラ・ロード）
検査＝武田仁基

1 CTW
『ビビッドアーミー』コラボ用描き下ろしイラスト
原画＝杉本ミッシェル
仕上げ＝武田仁基
特効＝齋藤 睦（グラフィニカ）

2 | 1

2 BANDAI SPIRITS
一番くじラストワン賞
ビジュアルクロス用イラスト
原画・仕上げ・特効＝竹田直樹
色検査＝武田仁基

1 『アニメージュ』2019年2月号 表紙イラスト
原画＝坂本 勝
仕上げ＝越出侑子（ステラ・ロード）
色検査＝武田仁基
特効＝齋藤 睦（グラフィニカ）

3 『ニュータイプ』2019年12月号
原画＝五十嵐海
仕上げ＝武田仁基
特効＝内海紗耶（グラフィニカ）

2 グッドスマイルカンパニー
フィギュア描き下ろしイラスト・六花
原画＝雨宮 哲
仕上げ＝武田仁基
特効＝齋藤 睦（グラフィニカ）

1 グッドスマイルカンパニー
フィギュア描き下ろしイラスト・アカネ
原画＝坂本 勝
仕上げ＝江口亜紗美（ステラ・ロード）
検査＝武田仁基
特効＝齋藤 睦（グラフィニカ）

4 2・1
3

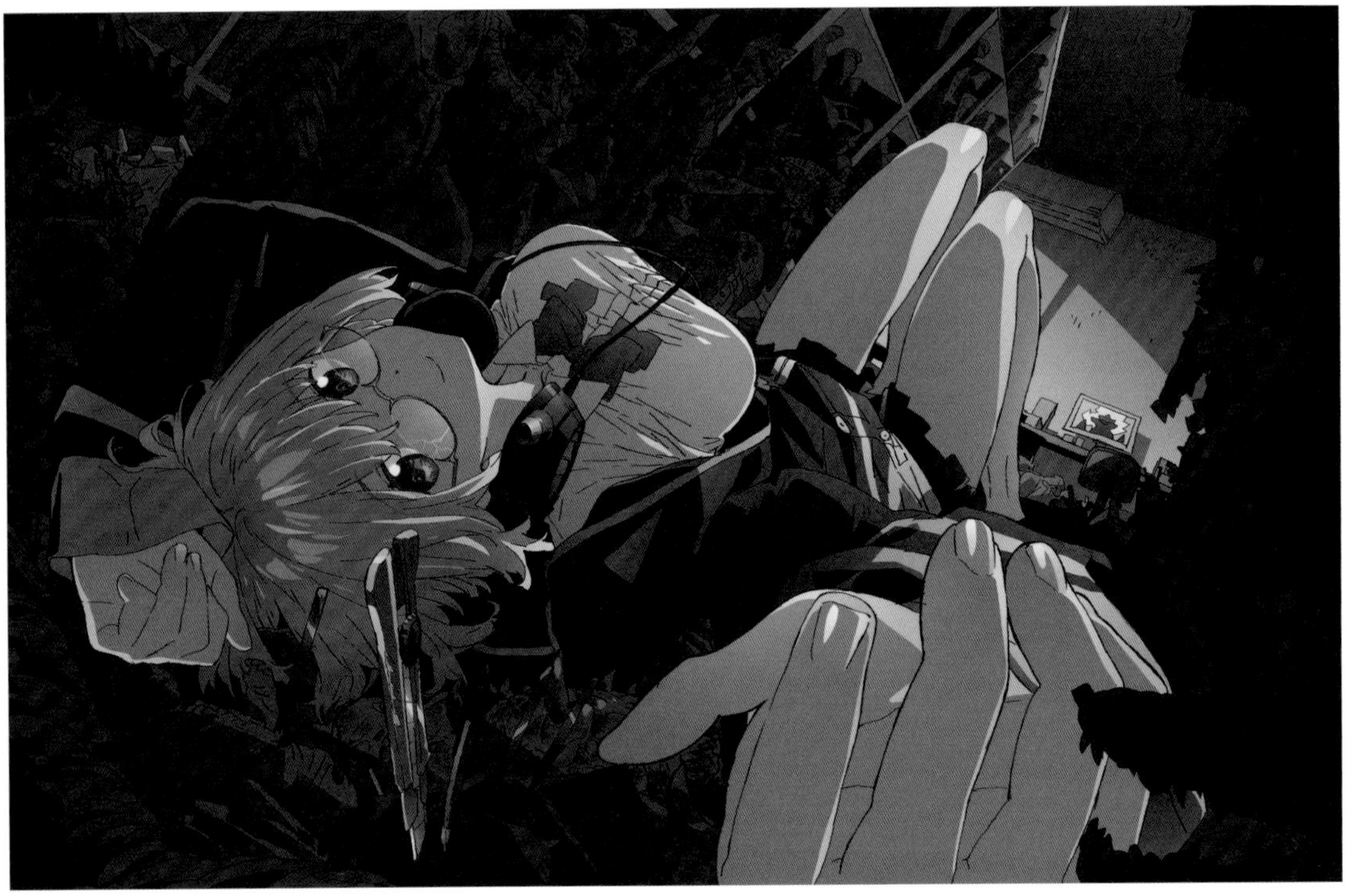

4 **壽屋フィギュア用描き下ろしイラスト**

原画＝坂本 勝
仕上げ＝江口亜紗美（ステラ・ロード）
検査＝武田仁基
特効＝原口沙月（グラフィニカ）

3 『アニメージュ』2018年8月号
原画＝高藤 彩
仕上げ＝牛山裕美
色検査＝武田仁基
特効＝土田栄司

2 **BANDAI SPIRITS 一番くじA賞**
等身大ビジュアルクロス用イラスト
原画・仕上げ・特効＝斉藤健吾

1 **BANDAI SPIRITS 一番くじB賞**
等身大ビジュアルクロス用イラスト
原画＝長谷川哲也
仕上げ＝武田仁基
特効＝齋藤 睦（グラフィニカ）

3 | 2・1

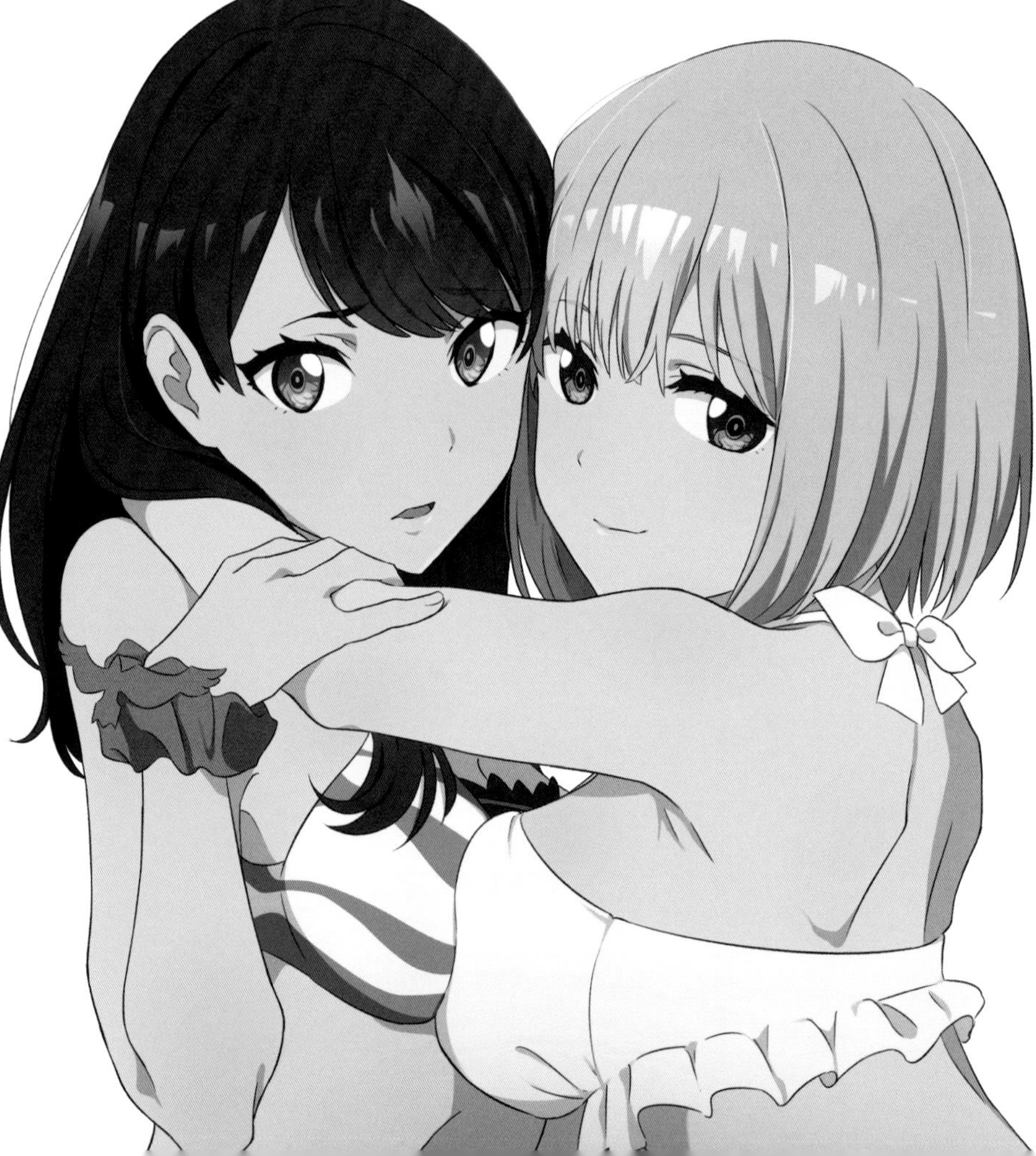

3 BANDAI
SSSS.GRIDMANカードウエハース
パッケージイラスト
原画・仕上げ・特効＝米山舞
色検査＝武田仁基

2 『メガミマガジン』2019年1月号
表紙イラスト
原画・特効＝中村真由美
仕上げ＝武田仁基

1 『メガミマガジン』2019年2月号
ビッグポスターイラスト
原画＝竹田直樹
仕上げ＝武田仁基
美術＝渡辺幸浩（アトリエPlatz）
特効＝齋藤 睦（グラフィニカ）

3 | 1 / 2

3 『アニメディア』2019年2月号
裏表紙イラスト
原画＝山口加奈
仕上げ＝永井唯香（ステラ・ロード）
色検査＝武田仁基
特効＝齋藤 睦（グラフィニカ）

2 『ニュータイプ』2018年9月号
原画＝荒井洋紀
仕上げ＝武田仁基
美術＝関根 誠（アトリエPlatz）
特効撮影＝土田栄司

1 『アニメディア』2018年11月号
原画＝池澤岳史
仕上げ＝入江 鯉
色検査＝武田仁基
特効＝土田栄司

1
3
2

3 『アニメディア』2019年1月号
裏表紙・ポスターイラスト
原画＝波賀野義文
仕上げ＝武田仁基
美術＝渡辺幸浩（アトリエPlatz）
特効＝齋藤 睦（グラフィニカ）

2 『アニメージュ』2019年1月号
B3ポスターイラスト
原画＝斉藤健吾
仕上げ＝駒田法子
色検査＝武田仁基
特効＝齋藤 睦（グラフィニカ）

1 『ニュータイプ』2019年2月号
B2ポスターイラスト
原画・仕上げ＝宮崎詩織
色検査＝武田仁基
美術＝渡辺幸浩（アトリエPlatz）
特効＝齋藤 睦（グラフィニカ）

2 | 1
3

GRIDMAN

3　ドン・キホーテ メカ少女
描き下ろしイラスト
原画・仕上げ・特効＝小島大和

2　中外鉱業アニメジャパン2019
描き下ろしイラスト
原画・仕上げ・特効＝岩崎将大

1　ムービック「SSSS.GRIDMAN@ダッシュストア」用
描き下ろしイラスト
原画＝長谷川哲也
仕上げ＝［六花］江口亜紗美（ステラ・ロード）
［アカネ］遠藤花歩（ステラ・ロード）
色検査＝武田仁基
特効＝齋藤 睦（グラフィニカ）

3
1
2

1 SSSS.GRIDMAN WEBくじ ～ようこそ台高祭へ！～
描き下ろしイラスト
原画＝荒井洋紀
仕上げ＝永井唯香（ステラ・ロード）
菊地慶翔（ステラ・ロード）
検査＝武田仁基
特効＝齋藤 睦（グラフィニカ）

2 **フリュー フィギュア用描き下ろしイラスト**
原画＝安部葵
仕上げ＝江口亜紗美（ステラ・ロード）
検査＝武田仁基
特効＝緒方郁子

1
2

127

MATERIALS & STORY PLAYBACK

設定紹介 &
ストーリープレイバック

SSSS.GRIDMAN

AKANE SHINJO

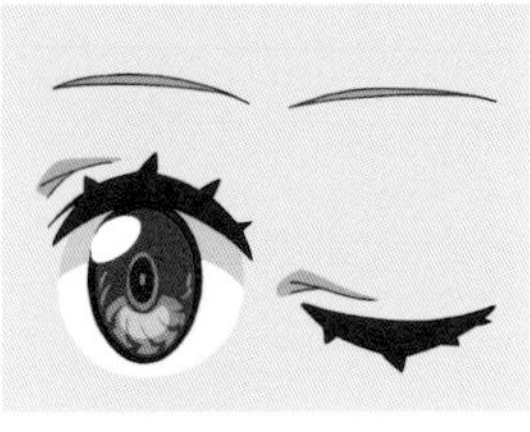

EYE

SCHOOL
UNIFORM

HOODIE

HEADPHONE

部屋ではオーバーヘッド型のヘッドホンを愛用。六花と会ったとき（第9回）には、白のカナル型イヤホンを使っていた。

BAG

LOAFERS

アカネの協力者

アレクシス・ケリヴ

アカネのパソコンに宿り、怪獣フィギュアを実物に変える謎の男。フランクな態度でアカネを全肯定し、賞賛する。実は不死の存在で、虚無感に覆われた心を満たすためにアカネを利用していた。

アンチ

アカネが生み出したオートインテリジェンス怪獣の人間形態。人間と同等の知能を持つ。グリッドマンを倒すことが自分の存在理由と考え、執拗に戦いを挑む。

AKANE SHINJO

CHARACTER PROFILE

新条アカネ［CV. 上田麗奈］

ツツジ台高校の1年E組に在籍する女の子。クラスでは笑みを絶やさず、才色兼備と見なされて皆に好かれている。しかし、それは取り繕った顔で、実際は子供じみていてキレやすい性格。怪獣マニアでもあり、アレクシス・ケリヴの力を借りて自作の怪獣フィギュアを本物の怪獣に変え、カンに障った人間を殺害してきた。実はツツジ台は電脳世界で、彼女は街と住人を創造した「神」。住人の記憶をリセットしたり、壊れた街を一夜にして修復することもできる。こうした能力ゆえか、この世界の人間を、人格を持った命ある存在と捉えていない節があり、怪獣による破壊をゲーム感覚で楽しむ。

苛立つとストローを噛む癖がある。また、自室では足癖が悪い。外では裸眼、ストッキング着用が基本スタイルだが、自宅では素足になり、右目側のレンズがひび割れたメガネをかける。

SWIMWEAR

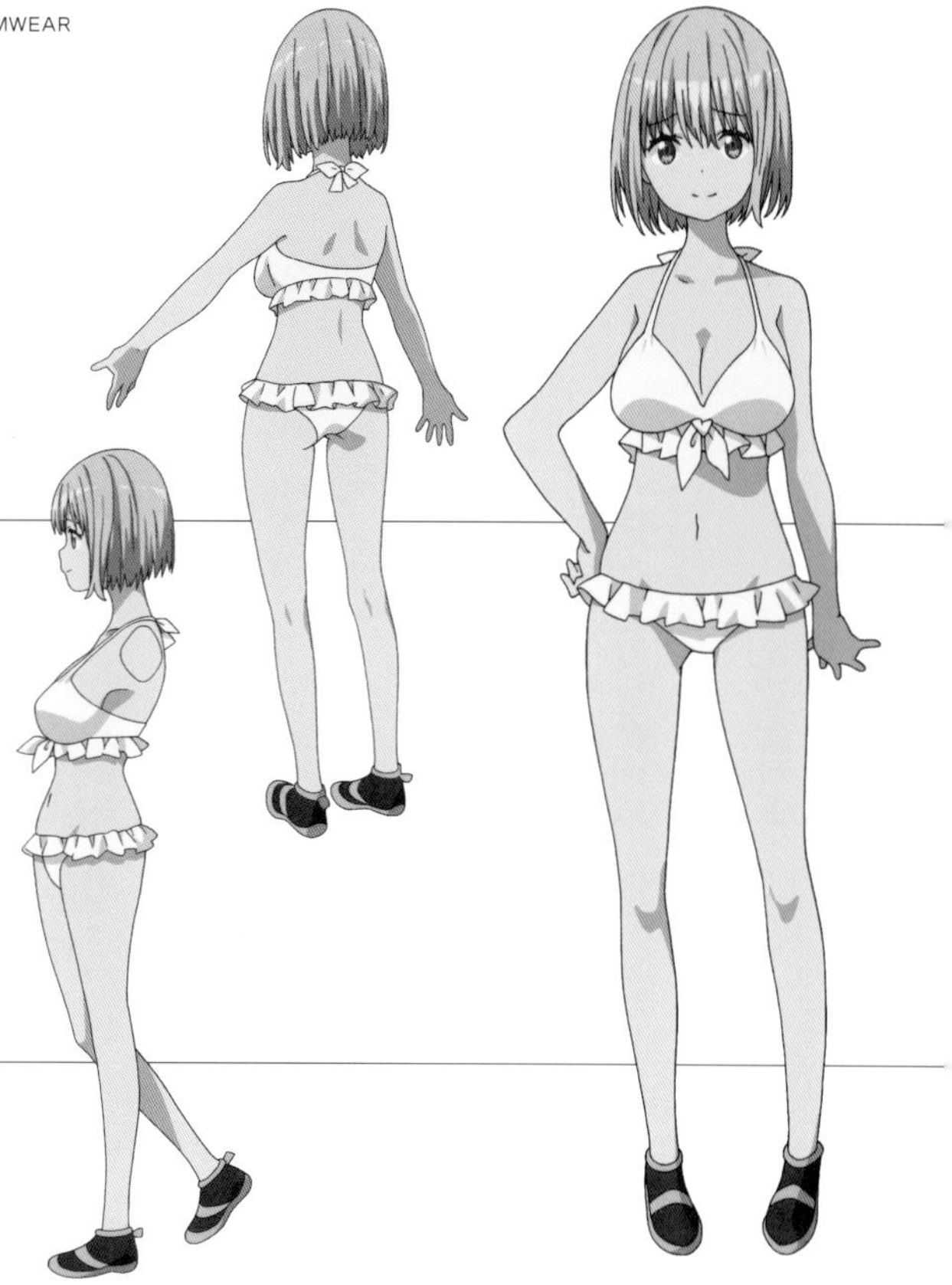

EXPRESSIONS

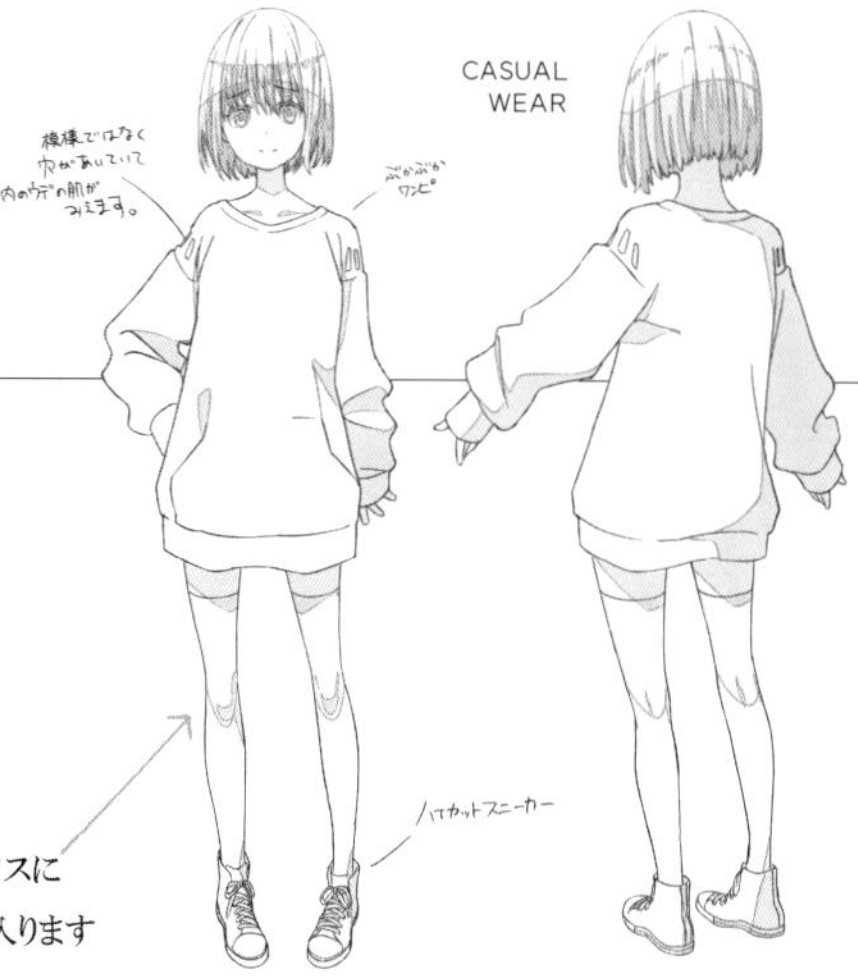

アカネの怪獣の被害者

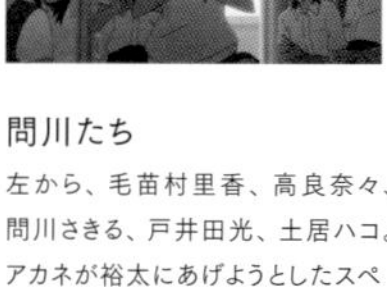

問川たち

左から、毛苗村里香、高良奈々、問川さきる、戸井田光、土居ハコ。アカネが裕太にあげようとしたスペシャルドッグを問川が誤って潰してしまったことで怪獣の標的にされ、全員存在を消されてしまった。

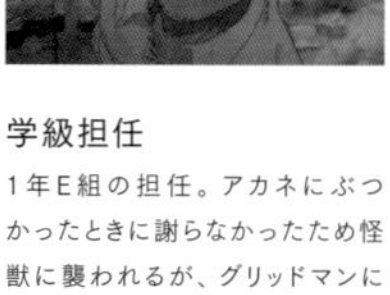

学級担任

1年E組の担任。アカネにぶつかったときに謝らなかったため怪獣に襲われるが、グリッドマンに助けられる。このときの記憶はアカネに消されるものの、以後、性格が良い方向に変化していった。

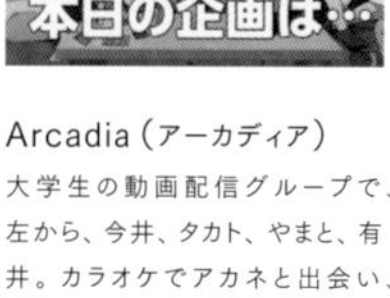

Arcadia（アーカディア）

大学生の動画配信グループで、左から、今井、タカト、やまと、有井。カラオケでアカネと出会い、軽薄な態度で接したことで逆鱗に触れる。3人が消され、やまとだけが生き延びた。

第5回で校外学習に向かう際に私服を着用しているが、この姿で出てきたのはごく短時間で、特に全身はロングで一瞬映るのみ。上の設定画では細部まで確認できる。

RIKKA TAKARADA

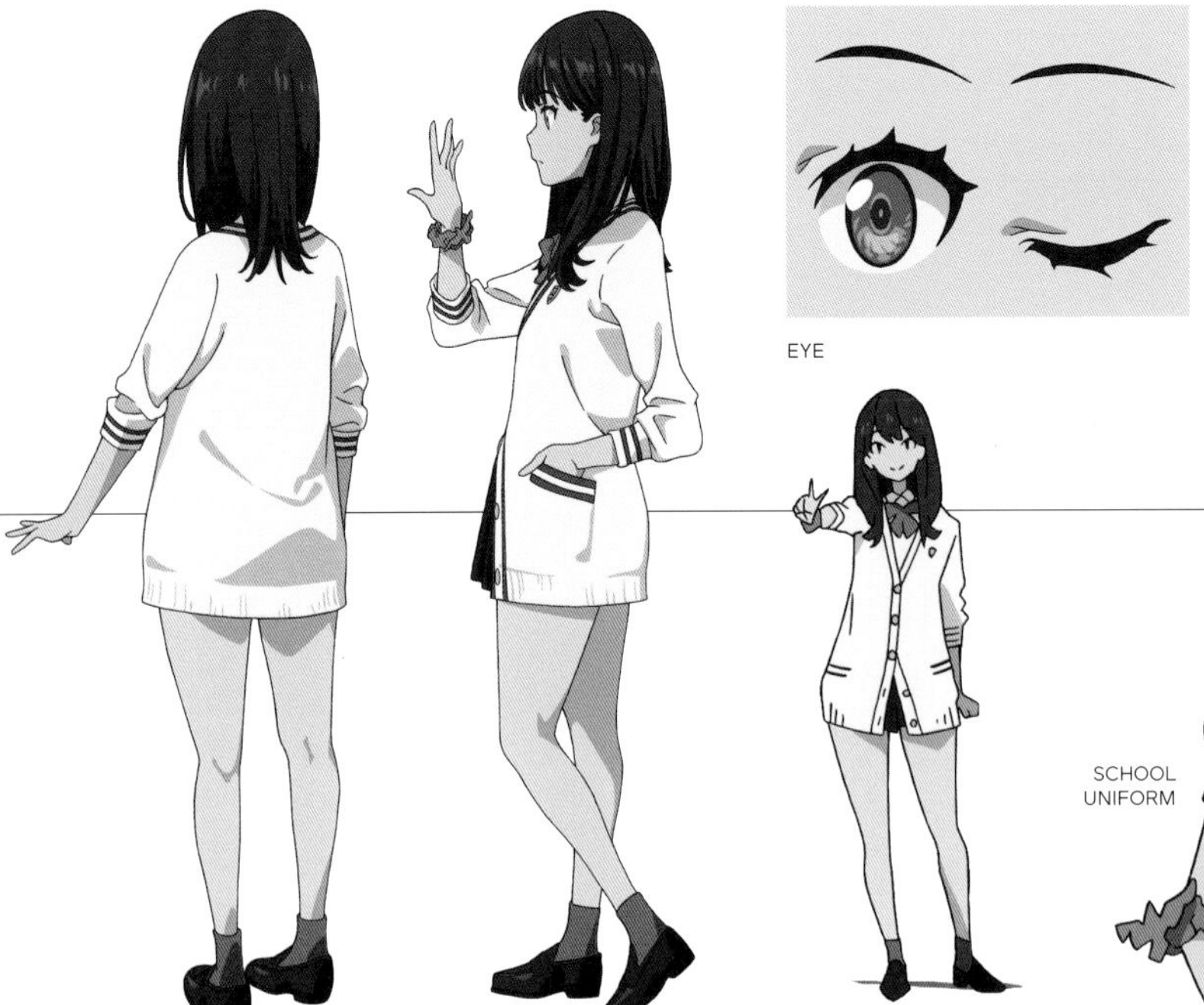

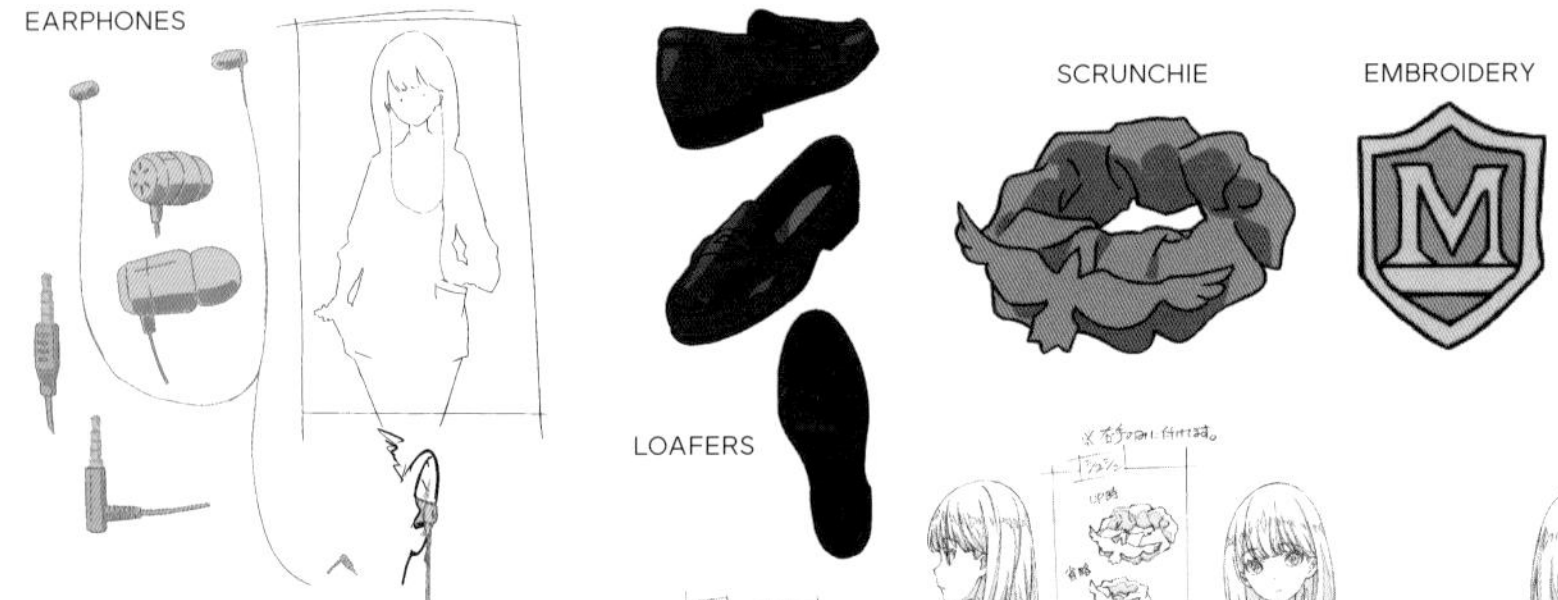

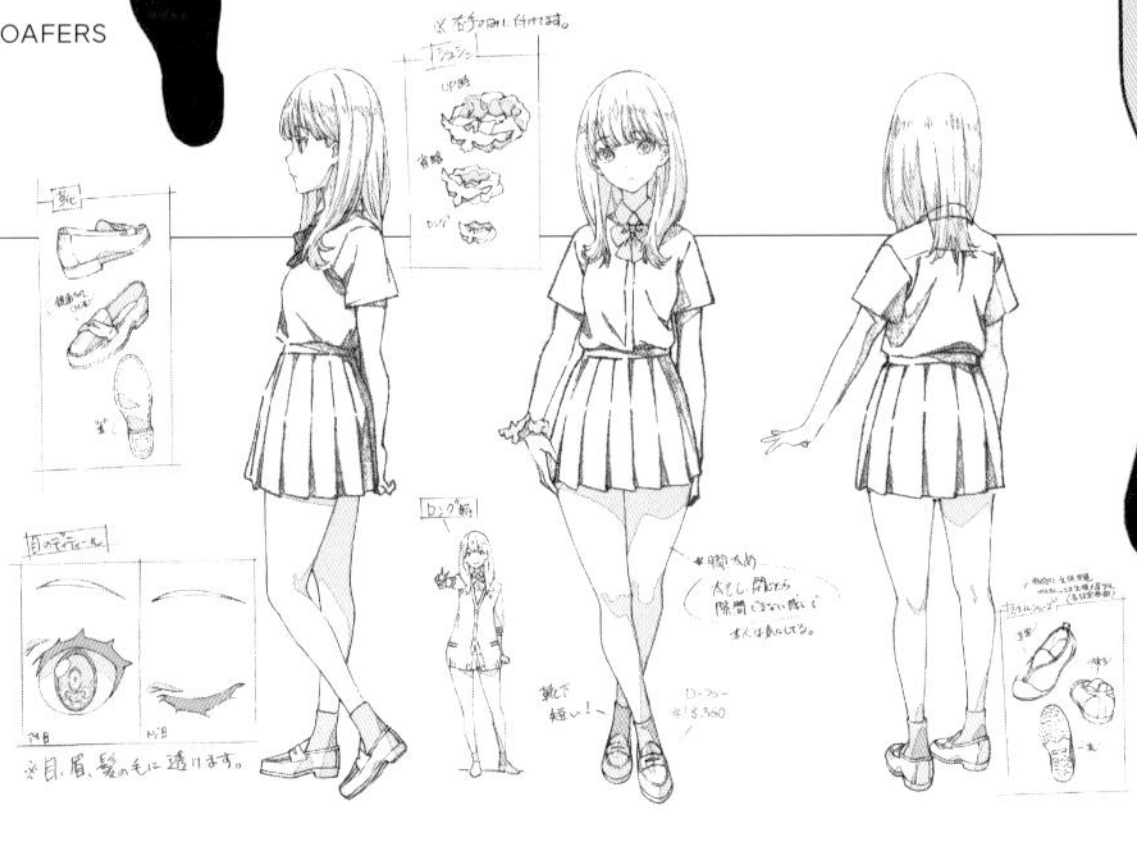

アカネと同様、私服姿を見せるのは第5回のみ。すぐ水着に着替えてしまうのも同じだが、六花には全身がアップで映るシーンがある。Tシャツの文字は「Radiant」。

第8回では文化祭の出し物「男女逆転喫茶」のため、海軍の提督のようなコスチュームに身を包む。

CHARACTER PROFILE

宝多六花 [CV. 宮本侑芽]

アカネの同級生で、リサイクルショップ「JUNK SHOP 絢」の娘。店のジャンクにグリッドマンが宿ったことで、怪獣との戦いに巻き込まれていく。店主である母親との関係は良好で、店を手伝うこともしばしば。劇中には登場しないが、父と兄もいるらしい。アカネとは親しい関係だったが、物語開始時点では疎遠になっていた。

クールで気だるげな雰囲気を漂わせるが、困っている人を放っておけず、近しくない人間の命も重く捉えることができる優しい性格。学校では、友人のなみこ、はっすと一緒にいることが多い。高校生らしく男女の距離感に敏感で、裕太と行動する機会が多くなってからは、周囲に仲を勘ぐられることが悩みの種になっていく。母親が、いわゆる意識が高そうな料理などを好むため、周囲からはハイソに見られがち。タイピングが得意で、そのスピードは内海が驚くほど速い。炭酸飲料が苦手。

RIKKA TAKARADA

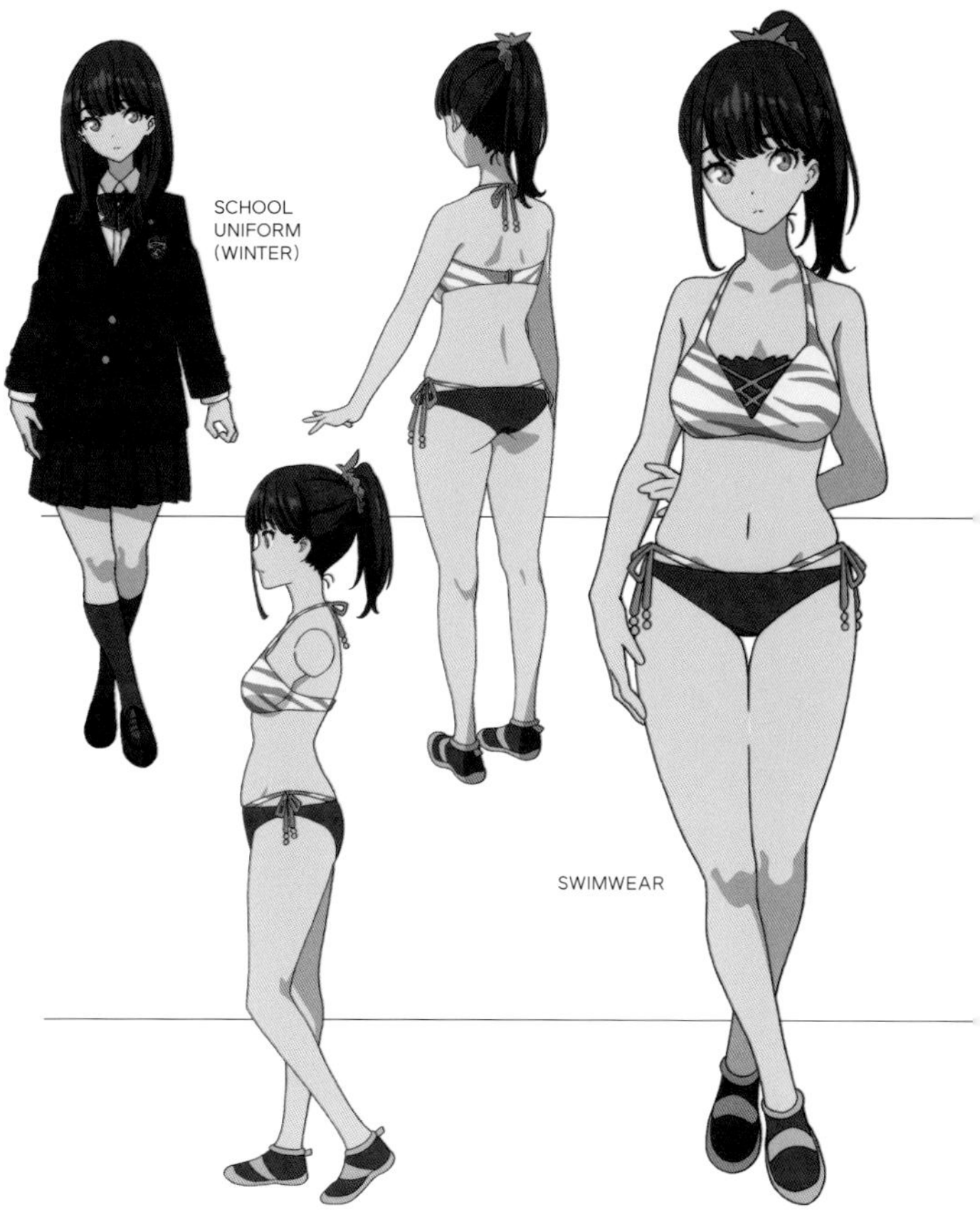

EXPRESSIONS

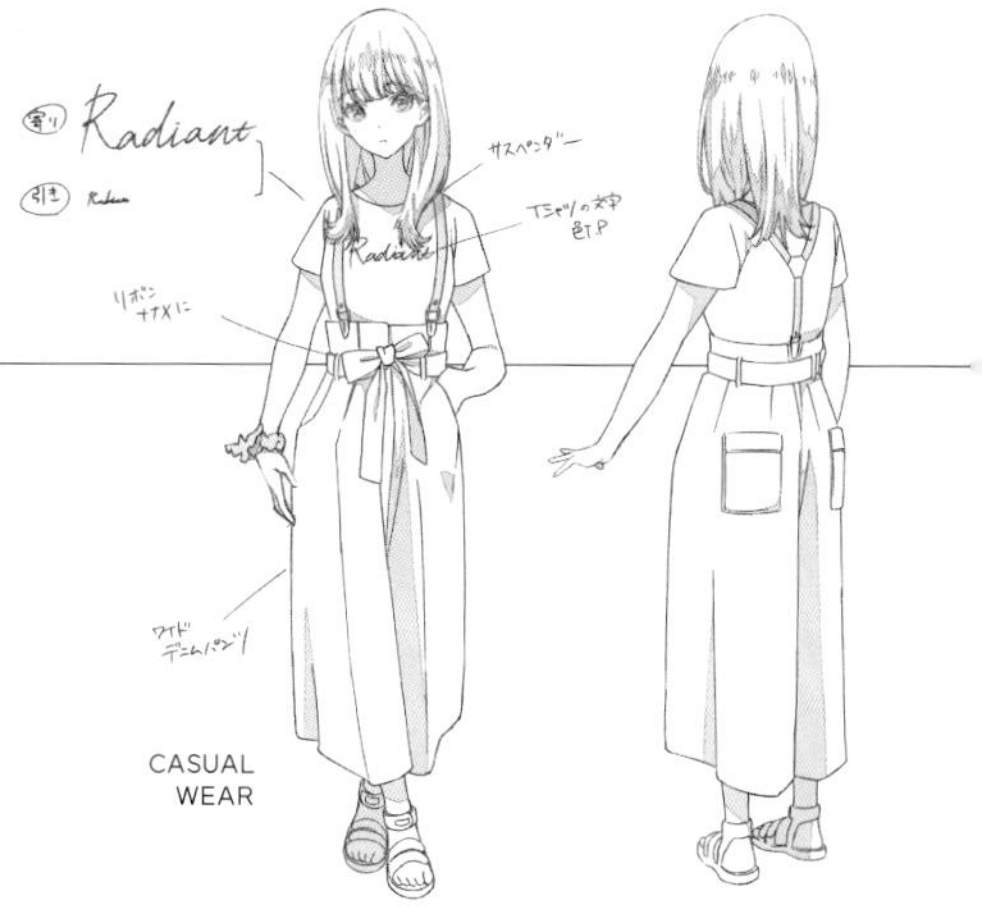

CASUAL WEAR

六花の仲間と血縁者

なみこ&はっす

六花の親友で、右のなみこは茶道部員、左のはっすはマスクがトレードマークの動画配信者。ふたりとも六花と裕太の関係に興味津々。グリッドマンのことは知らされていないが、六花が陰で何かしていることには薄々気づいている。

新世紀中学生

左から、ボラー、ヴィット、マックス、サムライ・キャリバー。グリッドマンの仲間で、彼を強化するマシン「アシストウェポン」に変身する。年長者として、裕太や六花に助言を与えることも多い。

六花ママ

六花の母親。明るく気さくな性格で、グリッドマンを巡る異常事態を目撃してもあっさり受け入れてしまう懐の深い人物。

内海 将

裕太の同級生にして親友。六花とともにグリッドマンの戦いに巻き込まれ、裕太をサポートしていく。特撮マニア。

響 裕太

本作の主人公。記憶を失っている。ジャンクに宿るグリッドマンと融合することで巨大ヒーローに変身する。

グリッドマン

異世界から来たハイパーエージェント。実体を持たない存在で、ジャンクの画面に姿を映して裕太たちと会話する。過去の記憶がない。

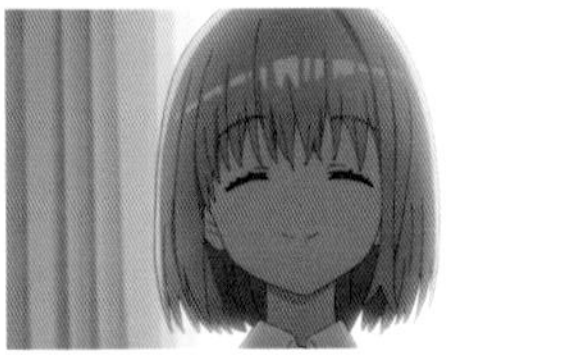

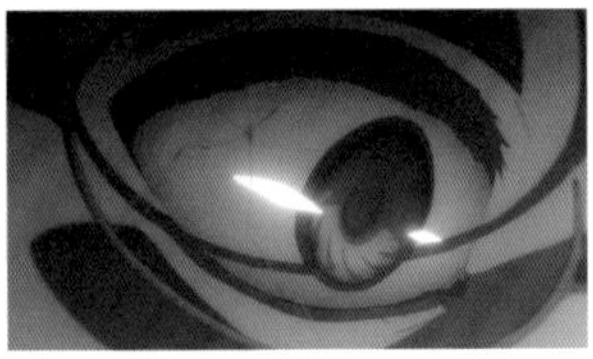

SIDE：AKANE

冒頭で、この世界にやってきたグリッドマンたちであろう光を目撃。

その後、クラスメイトとして、記憶を失った裕太に話しかけてくる。

この時点では内海が言うところの「才色兼備、才貌両全、奇跡みたいな女」として描かれており、裏の顔は伏せられている。

覚・醒 —— 第1回

記憶を失った高校生・響裕太は、同級生の宝多六花や内海将に助けられて学校に復帰するも、自分にだけ怪獣が見え、謎の声が聞こえることに悩まされていた。そんな中、本当に怪獣が出現して街を破壊。クラスの人気者である新条アカネのパンを潰した生徒を殺害する。謎の声に導かれた裕太は、巨大ヒーロー、グリッドマンに変身し、居合わせた内海と六花の助言を受けて怪獣を倒す。

アカネは怪獣を作る際に、コアとしてバロックパールを埋め込んでおり、パールの歪んだ形状はアカネの精神を思わせる。また第2回には、このバロックパールが、本作において「世界」を象徴するアイテムと思われるガラス玉とオーバーラップする演出がある。

アカネが裕太にあげようとした調理パン「スペシャルドッグ」は、『電光超人グリッドマン』に登場したアイテム。このあとも、六花がお腹を空かせたアンチにあげたり（第6回）、アンチが手に入れたものをアカネが踏み潰したりと（第7回）、印象的な場面に登場する。

SIDE:RIKKA

記憶を失った裕太を、文句を言いつつも手厚くフォローする。
ボイスドラマ第1.1回でのなみこ、はっすとの雑談では、青山の美容室でカットモデル経験がある、
履いている靴が18,000円、その日の朝食がフルーツグラノーラとスムージー、といった個人情報が明らかに。

ディレクターズ・トーク
宮島善博（第1回演出）

アカネは、第1回の時点では敵だということがバレてはいけなかったので、内海がガード下で言っていた「最強女子」を意識して作りました。スペシャルドッグを裕太にあげるときのように、男子、女子のどちらにも気兼ねなく話しに行けて、どちらにも好かれているのがアカネらしいなと思います。スペシャルドッグを落とされたあとの長尺でアカネが問川に対して殺したいほど怒っていると思うと、なかなか怖いシーンですね。

六花は、記憶喪失の裕太が目覚めたときに最初に出会う女の子なので、「ひと目で恋に落ちるような可愛い女の子」と作画監督の斉藤（健吾）さんに注文した覚えがあります。家のリビングで口ずさんでいる鼻歌（「BELIEVE」）が、最終回に向けて意味を持っていくのもいいですね。裕太が登校したときの、なみこにもたれかかる六花の顔のアップが、個人的に一番好きなカットです。このカットを担当したのは宮﨑詩織さん。次のカットで六花が両手を太ももの間に挟んでいるのが素晴らしいと思います。

SIDE：AKANE

怪獣の作り手としての顔が明らかになり、破壊行為を無邪気に楽しむ様が描かれる。
殺人への抵抗感が異常なほど薄いのは、（この時点では明かされていないが）この世界の創造主であるがゆえに、
住人たちを「命あるもの」と見ることができていないことが一因だろう。

第2回 修・復

怪獣騒ぎの翌日、前日のことは裕太たちしか覚えておらず、街も元通りに。しかし、怪獣に襲われた生徒は学校におらず、過去に亡くなったことになっていた。調査を進める裕太たちの前に、新たな怪獣が出現。怪獣を生み出していたのは、謎の存在アレクシス・ケリヴの力を借りたアカネだった。裕太はグリッドマンに変身し、新たな仲間サムライ・キャリバーの助力を得て怪獣を倒す。

怪獣マニアのアカネは、部屋に大量の怪獣フィギュアを飾っている。大半は『ウルトラマン』シリーズに実際に出てきた怪獣で、この回に映る飾り棚には登場作品ごとに陳列。第3回以降は棚のカットに、各エピソードの内容に沿った怪獣が登場する。

棚に配置された主な怪獣と登場シリーズ

最下段：『ウルトラマングレート』からマジャバ、ブローズ、ゲルカドン、ギガザウルス、バランガス、シラリーなど、3段目：『ウルトラマンパワード』からゴモラ、ケムラー、ダダ、ジャミラ、ガボラ、ゼットン、サイコバルタン星人、ピグモン、チャンドラー、ペスター、バルタン星人、レッドキング（雄）など、2段目左側：『ウルトラマンネクサス』からラフレイア、ガルベロス、ペドレオンなど、2段目中央：『ウルトラマンゼアス』からベンゼン星人、コッテンポッペなど、2段目右側：『ウルトラマンネオス』からドレンゲラン、ザム星人など、最上段：『ウルトラマン80』からメカギラス、ザンドリアス、ホーなど。

SIDE:RIKKA

怪獣が人間を存在ごと消していることに衝撃を受け、
グリッドマンに怪獣を止めてほしいという気持ちと、裕太を危険な目に遭わせることへの葛藤の狭間で逡巡することになる。
また内海と交流する中で、彼とは物事の捉え方やセンスに隔たりがあることが明らかに。

ディレクターズ・トーク
中園真登（第2回演出）

アカネは学校だと優等生として振る舞うも、家ではタイツを脱ぎ散らかし、汚部屋でアレクシスとともに怪獣を生み出し、気にくわないものを破壊しようとします。そんな人間性が初めて垣間見えるエピソードとして、先生とぶつかった際の魚眼レンズで捉えた表情、アレクシスと楽しそうに話す表情、グリッドマンに負けてパソコンのモニターを蹴飛ばしたときの表情、ラストで裕太と先生が話す様子をうかがう際の表情など、さまざまな「表情」にこだわっています。

街に怪獣が出現するという絵空事のような状況に対して実感がわかなかった六花にも変化が。クラスメイトがいなくなるという身近な事実によって、初めて事態を実感します。そして、グリッドマン同盟に対する冷めた態度から一変、親しい友人を失うかもしれない恐怖に対し、キャリバーのひと言で六花も自分のできることをしようと決意する。その際の表情変化が、彼女の人としての強さを感じさせるこの回の見せ場だと思います。

SIDE：AKANE

初めてグリッドマンを倒すことに特化した怪獣を制作。
その怪獣アンチがグリッドマンを退けたときは非常に上機嫌でアンチを厚遇していたが、
負けると一転、弁当をぶつけるという仕打ちを見せる。アンチを「一緒に朝ごはんを食べてくれる怪獣」とも評した。

敗・北 —— 第3回

アカネはグリッドマンを倒すため、少年の姿と思考能力を持つ怪獣アンチを生み出す。グリッドマンはアンチに敗北。裕太とキャリバーはジャンクショップに帰らず、六花と内海はふたりが死んだと思い込み、落ち込む。しかし、新たに現れたキャリバーの仲間である3人の助言を受けて裕太に連絡すると、彼が無事だと判明。裕太は再び変身し、3人組のひとり、マックスとの連携でアンチを破る。

今回の怪獣棚には、ドラコ（『ウルトラマンパワード』）、コダラー（『ウルトラマングレート』）、イフ（『ウルトラマンマックス』）、レイキュバス（『ウルトラマンダイナ』）、ゾグ（『ウルトラマンガイア』）、グローザム（『ウルトラマンメビウス』）など、「ヒーローが苦戦した怪獣」が並ぶ。

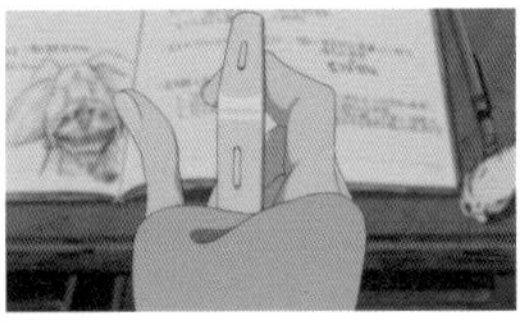

序盤の教室のシーンで、アカネはノートに『帰ってきたウルトラマン』に登場する怪獣ヤメタランスを落書きしている。さらに、後半では自室で、このヤメタランスと同じエピソードに出てきた怪人ササヒラーのソフビ人形で遊んでいる。

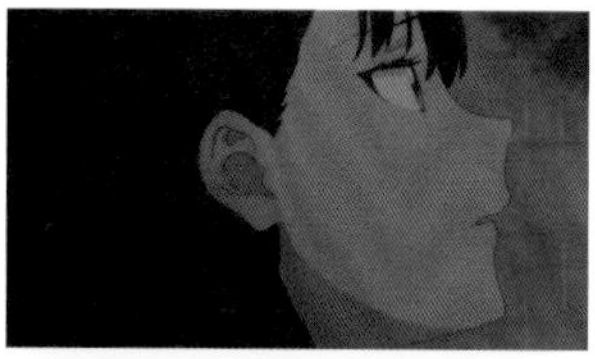

SIDE:RIKKA

気乗りがしないので授業をサボる、という意外な一面を見せ、通学の途中で偶然アンチと遭遇。

この出会いが後に大きな意味を持つことになる。ボイスドラマ第3.3回では、なみこ、はっすに裕太との関係を突っ込まれた。

その日の夕食はチーズフォンデュだった模様。

ディレクターズ・トーク
高嶋宏之（第3回演出）

アカネについては、アンチに対してのヘイトを溜める行動、グリッドマンに勝って心底喜ぶ表情、アンチとの関係性と、いろいろと見せなければいけない情報があったので、キャラが散漫にならないように気をつけました。ただ、この回の作業をしているときは、自分もキャラを完全には掴めておらず、かなり試行錯誤した覚えがあります。グリッドマンに勝って笑うところと、ファミレスでアンチの足をなでる芝居が見どころです。

六花については、「普通の高校生」として、極力ナチュラルなキャラ付けを目指しました。絵としての芝居付けもあまりアニメアニメさせないというか……どうしたら生っぽく、かつアニメに落とし込んでも違和感がないのかを考えていましたね。裕太の家を訪ねたときの六花と、裕太に「ごめん」と謝って立ち去る六花は、個人的に気に入っています。それから、ジャンクショップで一夜を明かしたときのウェッティになった髪の描写は、「作監さん、さすが!」と思いました。

SIDE：AKANE

劇中では初めて六花と本格的に接触。

ふたりの過去は明らかにされていないが、雨宮哲監督によれば、アカネが六花を特別な存在として創造したことは確かとのこと（P.179）。

ただ、この時点では六花にわりと冷淡で、怪獣によって彼女が危険に晒されても意に介していない。

疑・心

第4回

裕太がグリッドマンだと睨んだアカネは、六花に探りを入れようとカラオケに誘い出すが、一緒に行った男子大学生の態度に苛立ち、席を立ってしまう。翌日、大学生4人のうち3人の存在が消滅。怪獣の仕業と悟った六花は、残るひとりを救おうとする。六花の動きを知ったアカネは、彼女がグリッドマンの関係者と確信。大学生と六花は怪獣に襲われるが、グリッドマンに救われ事なきを得る。

苛立つとストローを噛むというアカネの癖が最初に登場するのは第2回で、以後も何度か描かれる。カラオケで使っていたストローもこの通り。大学生たちの態度が余程カンに障ったようで、帰る際にはエレベーターのボタンを連打していた。

アカネがスマホのアイコンに設定していたのは「宇宙一の嫌われ者」を自称するキャラクターである、レギュラン星人のヅヴォーカァ将軍。登場作品は『ウルトラマンダイナ』だ。なお、レギュラン星人自体は『ウルトラマンティガ』が初出である。

SIDE:RIKKA

好感を持てなかったであろう大学生をわざわざ助けに行くという、人的被害を嫌う彼女らしい行動を見せる。

ボイスドラマ第4.4回では六花ママと語り合い、「親より先に死ぬな」と諭されていた。

このとき、お腹が空いた六花にママが出した料理はエッグベネディクト。

ディレクターズ・トーク
藤井辰己（第4回演出）

第4回は日常回ということで、まだニュートラルな頃のアカネと六花が一緒に行動する場面を描く機会に恵まれました。アカネの完璧女子な表の顔と、アレクシスにだけ見せる素顔の二面性の描き分け、六花のアカネに対する憧れとも言える感情など、ふたりの人間性、関係性を描くチャンスも多く、悩みつつも楽しい回でした。冒頭とラストのバス停、バス車内やカラオケのシーンは、ふたりの互いへの感情が考察できる内容になっていますので、注意して見ていただけるとうれしいです。また、同性（なみこ、はっす）や異性（裕太、内海）、同級生たち、年上の大学生たちとの交流からも、ふたりの性格やキャラクター性が伝わるといいなと思っていました。共通して苦心したのは、現代の「郊外在住スマホ世代高校生」の日常や行動原理をどう自然に織り込むかで、監督と何度も熱い議論とリサーチを重ねました。キャラにリアリティを添えることができたなら幸いです。あと、六花推しが画面に漏れてしまいましたね。

SIDE：AKANE

グリッドマンを強く意識するようになっており、正体を探るべく裕太に接触。

怪獣にも、サイズで圧倒するという工夫を凝らすが勝利はできなかった。

足場の悪い山中でアンチに助けられるが、彼にもらったマフラーには「臭い」のひと言。その後捨ててしまう。

挑・発

第5回

裕太たちのクラスは校外学習でラフティングをすることに。現地でアカネは、裕太に対して巧妙に質問を浴びせ、その回答から彼がグリッドマンであると確信。怪獣を呼び出して暴れさせる。裕太はジャンクがないため変身できず、ピンチに陥るが、六花と内海の尽力でジャンクショップと連絡を取ることに成功。マックスたちが運んできたジャンクで変身し、怪獣と、同時に現れたアンチを倒す。

アカネは校外学習には乗り気ではない。アレクシスは、不本意なイベントが開催されてしまう要因として第2回での教師殺害の失敗を挙げており、グリッドマンの活躍が結果として世界をアカネの意図から離れたものにしていっていることがうかがえる。

アカネが捨てたアンチのマフラーは、第6回で世界のゴミのたまり場を漂うことに。アカネに見限られ、最終的に「人が要らなくなったモノが集まるお店」であるジャンクショップの側に付くことになるという、アンチの未来を暗示しているようにも見える。

SIDE:RIKKA

裕太が変身できないという危機的状況を打開しようと奮闘する中で、裕太や内海との信頼関係を深めていく。
怪獣出現の際に避難のバスに乗らず、裕太や内海と行動をともにしたことで、
戦いが終わったあと、なみこ、はっすに彼らとの関係を突っ込まれる羽目に。

ディレクターズ・トーク
金子祥之（第5回演出）

水着回で、もちろんサービスショットも多かったのですが、校外学習という非日常の中でのアカネと六花の微妙な距離感というのも、実は見どころだったりします。ロッカールームでのふたりのやりとりも、ニヤニヤしてしまう日焼け止め塗りの裏に、遠慮のない関係のようでもあり、どことなくぎこちない関係にも見えるような、女子高生同士のリアルな距離感がうかがえるよう仕上げています。入学当初は仲の良かったふたりが、それぞれ他のクラスメイトと過ごすようになって、いつの間にか別々のグループになり距離感が生まれ、行動をともにしなくなっていた。そして、アカネは自分のグループのメンバーが来ていないので、六花と裕太しか話す相手がいないんです。華やかな水着姿での開放的で快活なエピソードかと思いきや、クラスで憧れられている存在のアカネにとっては、つまらないイベントだということ。そこがどことなく今の女子高生像を捉えていることに注目すると、さらに楽しめると思います。

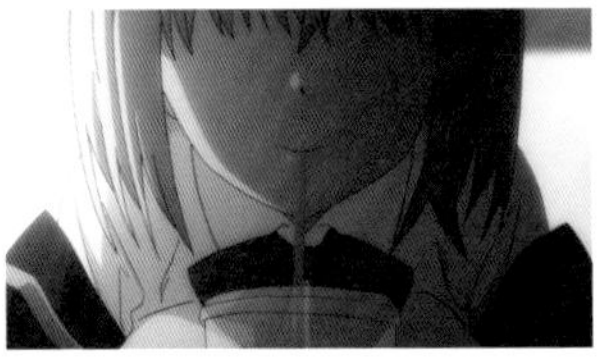

SIDE：AKANE

怪獣少女によって裕太にアカネの真実が伝えられるが、本人はそのことを知る由もなく、情報を集めるため内海とデート。

「ヒーローではなく怪獣が主役」という自身の特撮観を語る。

しかし、内海とは意見が合わず、情報も聞き出せず、ストローを噛むことに。

接・触 ——第6回

裕太はある日、怪獣を自称する少女に遭遇。彼女はアカネこそがこの世界を作り、人々の記憶を改変するなどしている神であり、気に障った者を排除するために怪獣を創造しているという衝撃的な真実を伝える。同じ頃、六花はアンチと再会。食事を与え、体を洗うなど優しく接する。一方アカネは、グリッドマンのことを聞き出すため内海に接触。しかし、情報を得ることはできなかった。

怪獣少女の説明の際に、イメージ映像が古めのゲームのようになるのがユニーク。街が作られていくシーンは、都市建設型のシミュレーションゲームを思わせる。ちなみに都市建設ゲームの元祖と言われる作品には、怪獣の襲来という災害イベントが存在する。

アカネと内海が読んでいた「宇宙船」は、実在するSF・特撮雑誌。表紙は架空で、アンドロメロス（『アンドロメロス』）、ハンターナイトツルギ（『ウルトラマンメビウス』）、テクターギア・ゼロ（『大怪獣バトル ウルトラ銀河伝説 THE MOVIE』）が描かれている。

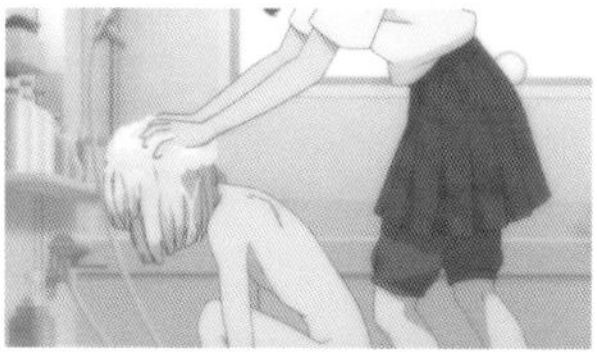

SIDE:RIKKA

アンチに何か感じるものがあったのか、自宅に上げてまで甲斐甲斐しく世話を焼く。

また、最終回でアカネに渡すことになる定期入れを購入。

ボイスドラマ第6.6回では学校の課題などについて話し合っており、六花と内海がしっかりしているのに対し、裕太はどこか心許ない。

ディレクターズ・トーク

宮島善博（第6回演出）

アカネが裕太たちに敵だとバレてしまう回なので、冒頭のアンチへの対応から始まり内海への尋問まで、彼女が少し怖く見えるようにしました。内海と本屋で会話するシーンは「最強女子」を装ってきたアカネが思わず素の部分を見せてしまったような感じがして、とても好きです。怪獣少女の世界観説明ムービーに出てくるローポリなアカネも、とても可愛いですね。

六花は、裕太に続いてアンチも拾ってしまいます。困っている（？）人を放っておけないんでしょうね、きっと。お風呂のシーンで最初に六花が頬を赤らめていますが、さすがに子供であっても裸の男を見るのは恥ずかしいみたいです。自分が振った話なのに答えを聞かずにアンチの話を遮ってしまうところが、天然っぽくていいですね。

SIDE：AKANE

世界の神としての顔をあらわにし、裕太を自分の側に勧誘。

彼との会食の場として、あえて怪獣で消した生徒の家を選んだ。

裕太に対しては余裕綽々だったが、アンチが自分の関知しないところで怪獣を生み出していたと知ると、これまでにない苛立ちを見せる。

策・略

——第7回

怪獣少女の話を周囲に信じてもらえず、悩む裕太。アカネは本性を現し、自分の側に来るよう裕太を誘うが拒まれる。そこに怪獣が現れ、身に覚えのないアカネは驚愕。怪獣を生み出したのはアンチだった。戦いの中で世界の秘密があらわになり、六花たちも裕太の話を信じることに。一方、アカネは、アンチを「処分」するというアレクシスの提案を受け入れるが、アンチは生き延びる。

アカネと裕太が訪れた中華料理屋でテレビに映っていたのは『ウルトラマン超闘士激伝 新章』の闘士ウルトラマンヒカリ。必殺技のグランナイトビームブレードを放っている。声を当てているのは、サムライ・キャリバー役の高橋良輔氏。

今回、アカネの棚のカットに登場するのは「UFOに由来する怪獣」。ロボフォー（『ウルトラマン80』）、シルバーブルーメ（『ウルトラマンレオ』）、ロベルガー（『ウルトラマンメビウス』）、アブドラールス（『ウルトラマン80』）、ノーバ（『ウルトラマンレオ』）の姿が確認できる。

SIDE:RIKKA

この頃から、アカネを意識した言動が多くなる。
ボイスドラマ第7.7回では、なみこ、はっすに勝手にリュックを開けられる羽目に。中身はCDプレイヤー、焼き鳥の缶詰、球技大会のハチマキ、コンビニの割り箸、手帳、そして内海に押しつけられた特撮雑誌「宇宙船」だった。

ディレクターズ・トーク
中園真登（第7回演出）

アカネは、裕太に対していろいろと攻める姿が印象的です。裕太の部屋で枕を触りながら脚を組み変え、裕太を仲間に引き込もうとする挑発的な態度。亡くなったクラスメイトの中華料理屋でアレクシスと一緒に夕食を食べようとするなど、裕太からしてみると気が気でない状況ですが、神様であるアカネにとっては余裕の戯れといったところでしょうか。しかし、アンチには直情的な態度を見せてしまうなど、アカネの二面性がよく表れた回だと思います。

六花の見どころは、アカネのことで物思いにふけりながら、部屋の中でくつろぐ姿ではないでしょうか。カーディガンを脱いだ姿や、全話を通して唯一出てくる部屋の中など、六花のプライベートな部分が見えるのはポイントだと思います。また、アカネが神様であることに疑念を抱いていた六花が、コンピューターワールドを見たことにより「アカネが神様かもしれない」と思い始める様子も注目ポイントです。

SIDE：AKANE

これまでの怪獣はすべて新作であり、リメイク怪獣を用いるのはこれが初めて。
自信ありげに振る舞うが、前回、味方側で想定外の事態が起きたことや、連敗から来る焦りがあったようで、
戦いが始まってからの態度には全く余裕が見られない。

対・立

第8回

アカネは強力な怪獣を制作し、数日後に迫った学園祭を襲わせると裕太たちに宣言する。彼女への対応を巡り、説得派の六花と応戦派の内海が決定的に対立。六花は単独で説得を試みるも、自分がアカネの友達として怪獣から生み出された存在だと聞かされて落ち込んでしまう。裕太はそんな六花を必死で元気づけ、策を練って戦うことで学校を死守。戦いを通じて、六花と内海も和解する。

棚に配置された主な怪獣と登場シリーズ

下段にギャラクトロン（『ウルトラマンオーブ』）、ビルガモ（『帰ってきたウルトラマン』）、カオスクレバーゴン（『ウルトラマンコスモス』）、クレージーゴン（『ウルトラセブン』）、デアボリック（『劇場版ウルトラマンオーブ　絆の力、おかりします！』）、上段にキングジョーブラック（『ウルトラギャラクシー　大怪獣バトル』）、メカバルタン（『アンドロメロス』）、ゴブニュ（『ウルトラマンティガ』）、バイオス（『ウルトラマングレート』）、インペライザー（『ウルトラマンメビウス』）。

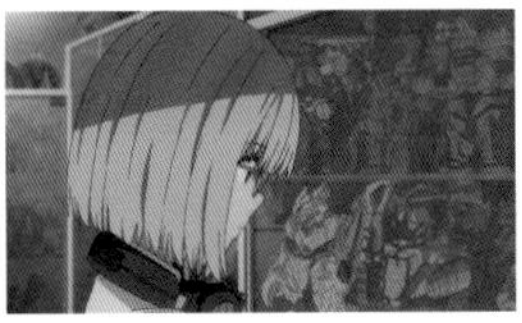

今回のアカネの棚は、彼女が投入する怪獣がメカ系ということで「メカ系の怪獣」。今回に限ったことではないが、非常に幅広い年代の怪獣が飾られている。ノーマルのキングジョー（『ウルトラセブン』）ではなく、あえてブラックをチョイスしているあたりがマニアック。

SIDE:RIKKA

序盤から見られた内海とのスタンスの違いが決定的になり、
さらにアカネに真実を聞かされて衝撃を受けるが、内海との和解などによって元気を取り戻していく。
ボイスドラマ第8.8回では、学園祭を舞台にママと親子ゲンカを繰り広げる。

ディレクターズ・トーク
高嶋宏之（第8回演出）

アカネについては、怪獣を作っている敵だということが露見しているので、第3回ほど悩まなかったですね。裕太たちに宣戦布告をするシーンと、バスでの六花とのシーンは特に気合いを入れました。宣戦布告するときの表情は飄々としているようで、腹の底に何を抱えているのかわからない、不敵に見えるようにしています。バスでのアカネは、六花への独占欲が滲み出てはいるものの、上品な画面になればいいなと思って作業していました。

六花は展開が盛りだくさんだったので、間の取り方やシーンごとの表情づけ、芝居づけのバランスに苦心しました。言い出したらキリがないのですが、細々とした表情づけの積み重ねを地道にやっています。特に、バスでのアカネとの会話の場面は繊細な画面になるようにこだわりました。アカネもですが、とにかく動かないので、目の芝居に注力しています。細やかな芝居や表情のニュアンス、撮影に至るまで、自分としてもかなり満足感があるシーンになったと思います。

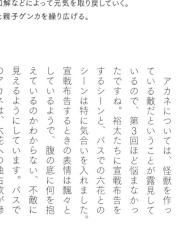

SIDE：AKANE

真っ向勝負での勝利を諦め、精神攻撃を選択。

しかし、作戦がうまくいっているときも表情は冴えない。怪獣が敗北したあとに自殺を思わせる飛び降りをするが、無傷で不自然に着地。

自分に都合良く作られた世界では、自らを傷つけることもできないということか。

夢・想

第9回

敗北続きで自信を失いつつあったアカネは、相手を眠らせて夢の世界に封じ込める怪獣を創造。裕太、六花、内海に、居心地がいい世界で自分と親密になる夢を見せていた。しかし、グリッドマンの介入もあって、3人は都合が良すぎる上に本来いるべき友達がいない状況に違和感を抱き、夢からの目覚めを選ぶ。これを契機に怪獣も敗北。3人に相次いで拒絶されたアカネは絶望の淵に沈む。

アカネの足下の箱はバランダーV（『ファイヤーマン』）と『帰ってきたウルトラマン』の登場組織MATのメカセット。アカネと内海が訪れた店の名前「せぶんだらけ」は、某店名の「マン」（初代ウルトラマンの略称）を「セブン」（ウルトラセブンの略称）に替えるというパロディ。

冒頭でアカネが持っている人形はロボット長官（『ウルトラセブン』）とマウンテンガリバー5号（『ウルトラマンダイナ』）、内海がアカネのもとに置いていったフィギュアはバクゴン（『ウルトラマンティガ』）で、いずれも「夢にまつわるエピソードに登場した怪獣」。

SIDE:RIKKA

アカネに理想の世界を提供されるが、目覚める道を選択。

夢の世界でのやりとりでは、アカネの側が六花を強く求めており、両者の関係が第4回の頃から大きく変化していることが見てとれる。

なお、夢の世界の出来事のうち、一部は実際にあったことらしい（P.178）。

ディレクターズ・トーク
金子祥之（第9回演出）

負け続けたアカネがついに最終手段として、夢の世界に誘い込む怪獣を使ってグリッドマン同盟を懐柔しようとします。アカネが可愛らしい笑顔を多く見せるエピソードですが、その裏で追い込まれている現実のアカネをチラつかせ、うまくいかない彼女にグッと感情移入させるように作りました。傍から見たら人生がうまくいっているように見える人の、本人にしかわからない苦悩と惨めさのギャップというのは、以前から描きたかったので、第9回は特に力が入りましたね。アカネと六花の入学当初の出会いや、家に招いた思い出なども描写され、「アカネを許容するのは六花じゃなけりゃ！」という思いを焼きつけるようにしています。そして、現実のアカネを目覚めさせるために、夢の中のアカネを置いてバスから去るシーンからラストシーンまでの間、実は六花の表情は隠され続けています。バスから降りてきた六花の顔を停留所案内表示板で隠すというアニメーターさんの粋な設計にも注目すると、鳥肌が立ちますよ。

SIDE：AKANE

抜け殻のようになり、辛く当たられてなお自分を気遣うアンチを突き放し、最後には裕太を刺してしまう。

また、アカネの心そのものとされる怪獣は、世界の維持管理を司る怪獣を殺害。

理想郷として作り出したはずの世界を、自ら破壊していく。

崩・壊

第10回

気力を失ったアカネは、アレクシスに焚きつけられてようやく怪獣を作るが、完成度が低く、すぐに倒される。しかし怪獣の死体から、アカネの心そのものとも言える新怪獣が出現。無軌道な動きでグリッドマンを翻弄し、追い詰める。窮地を救ったのはアンチで、いつか自らグリッドマンを倒すために、彼を守って怪獣を打倒。ところが、裕太は変身を解いた直後、アカネにカッターで刺されてしまう。

アレクシスが「中の人」と呼ぶ新怪獣の動きが読みづらいのは、アカネの心が余人には理解し難いことの表れだろう。アンチはアカネの心から生まれた存在であり、かつ自らも心を持ったがゆえに彼女を理解することができ、その理解によって「中の人」を破った。

アカネの部屋は電脳的なエリアに移動しており、窓から見える風景が変化している。家は表面的にはもとの場所に残っているが、玄関の扉を開けるとその向こうには電脳世界が広がっていて、アカネと話すために訪れた裕太たちを驚愕させた。

SIDE:RIKKA

この回は、内海抜きで裕太と会話する場面が多め。

アカネについて「神様の世界から逃げてきたのかも」と推測するなど、非常に鋭い洞察を見せている。

何気ない裕太とのやりとりには、物語序盤に比べるとある種の親密さが感じられる。

ディレクターズ・トーク
雨宮 哲（監督）

ラスト3話は三部作になっていて、この話数はその導入部、全体のまとめに入っていく一本という位置づけですね。実は日数が一番進んでいる話で、第10回だけで2週間以上が経過している設定です。平穏な日常がだんだん不穏になっていく様を描いています。最後に取り返しのつかないことが起きてしまうのが、一番大きな要素ですね。怪獣のナナシBはアカネが意図していない存在なんですが、それゆえに一番強いものになってしまった感じです。

ここから第11回のラストまでは、アカネと六花の距離がシリーズを通じて一番離れた状態になります。でも、六花はアカネを理解できているので、彼女について鋭いことを言います。距離を詰めようとするのではなく、距離があることをわかった上でアカネのことを考えるというのが六花の姿勢です。全体的にいろいろ詰め込んでいるのですが、コンテ・演出の佐竹（秀幸）さんが上手いバランスで全体をまとめてくれました。

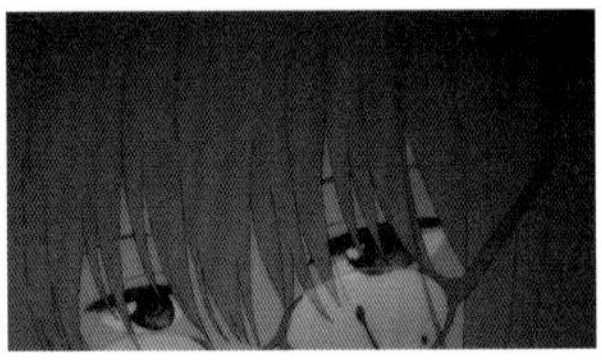

SIDE：AKANE

怪獣作りを放棄し、ひとり佇んでいたところで六花と対峙。初めて生の感情をぶつける。
六花が示す友情を受け止められず、終始視線を合わせずにいたが、
必死の説得に心を動かされたようにも見えたところでアレクシスが介入。彼女を怪獣に変えてしまう。

決・戦

第11回

アレクシスは再生怪獣軍団で街を破壊。刺された裕太に替わってアンチが応戦する。一方、裕太はグリッドマン本人として覚醒。実は記憶を失ってからの裕太の人格は、彼に入り込んだグリッドマンのものだった。アンチとグリッドマンの共闘で怪獣軍団は壊滅。六花はアカネを探し出し、心を閉ざした彼女を救おうと必死に語りかけるが、アレクシスがアカネを怪獣に変えてしまう。

六花がアカネを探してたどり着いた桜ガ丘は、ふたりの語らいの場だったバスの終点。過去のエピソードでは、六花はいつも先にバスを降りていた。終着駅への到達は、アカネの心に届こうとする六花の決意を象徴しているようにも見える。

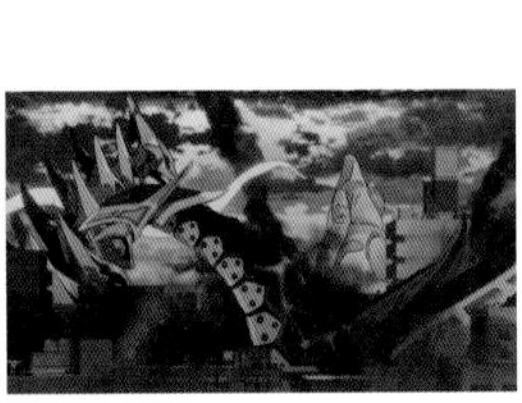

再生怪獣軍団は、目など、もともと光っていた箇所が光を失っているのが特徴。出現順序の問題もあるが、アカネが不調のときに作られた怪獣が簡単に倒されているのに対し、熱意や工夫を込めて作られた怪獣はアンチを苦戦させている。

SIDE:RIKKA

友達として手を差し伸べることが自らの役目と思い定めてアカネと対峙。

アカネ同様、彼女もここで初めて、生々しく本音を吐き出した。

ボイスドラマ第11.11回では、裕太の病室で内海と思い出を語り合い、リュックに入っていた焼き鳥の缶詰を一緒に食べている。

ディレクターズ・トーク
中園真登（第11回演出）

アカネの注目すべきポイントは、水門の上で叫び、感情を爆発させるシーンだと思います。己の手を血で汚し、裸足で街から逃げるように水門にたどり着いたアカネにとって、グリッドマンが生きていたことは何よりも屈辱的なことでした。そこに寄り添おうとする六花に対し、アカネは思わず「六花には関係ないじゃん」と叫ぶ。自分の世界が制御しきれなくなったアカネはその瞬間、神様としてではなくひとりの少女としての感情を発露したように思えます。

六花は、アカネと対話をしようとする姿が印象的です。裕太がアカネに刺され、街も崩壊して友人たちが避難を余儀なくされている状況で、六花はアカネを止めなくてはという決意をもって行動します。そして、水門の上でアカネに友達として言葉を投げかける様は、全話を通して六花の成長が一番表れたシーンになっていると思います。たとえ仲のいい友達でも、言葉にしなければ思いは伝わらない。そんな六花の表情に注目です。

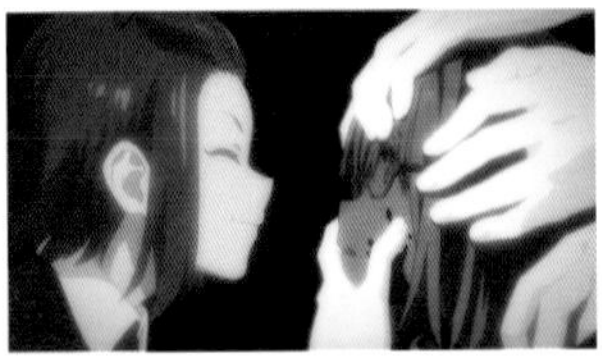

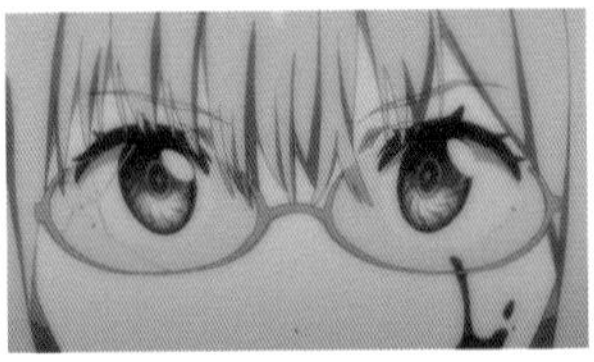

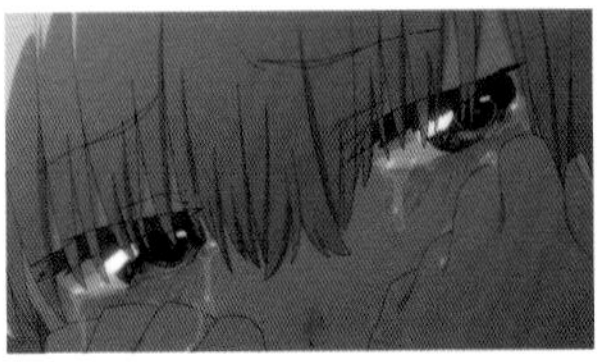

SIDE：AKANE

自分が捨てたアンチに救われ、さらに六花たちの励ましを受けて、壊れていた心を蘇らせ、自分がいるべき世界に戻る決意を固める。さまざまな経験を通じて、この世界の住人を「心を持った、命ある存在」と認めるようになっており、最後は自身の行為を悔いていた。

覚醒

第12回

アンチは必死の戦いの末にアカネを救い出すが、直後にアレクシスに敗北。アカネを取り込み、この世界から去ろうとするアレクシスの前に、本来の姿と力を取り戻したグリッドマンが立ちはだかる。不死身を誇るアレクシスだったが、取り込んでいたアカネがグリッドマンの修復光線と六花たちの説得により心を蘇らせたことで敗北。アカネは六花との友情を胸に、自分の本来の世界へと戻っていく。

アレクシスは六花を「レプリコンポイド」と呼ぶ。『電光超人グリッドマン』に「コンポイド」というコンピューターワールドに暮らす人型電子生命体が登場しており、それを模して作られた存在、という意味合いか。アレクシス曰く「アカネ君の怪獣から生まれた贋造物、偽りの人間」。

アカネは引っ越しのように荷造りをして去っていく。わざわざ荷造りをしたのは、この世界からきっちり自分の存在を消すという彼女なりの決意表明だろうか。歪んだ心の象徴とも言える、ひび割れたメガネは外され、段ボールの上に置かれている。

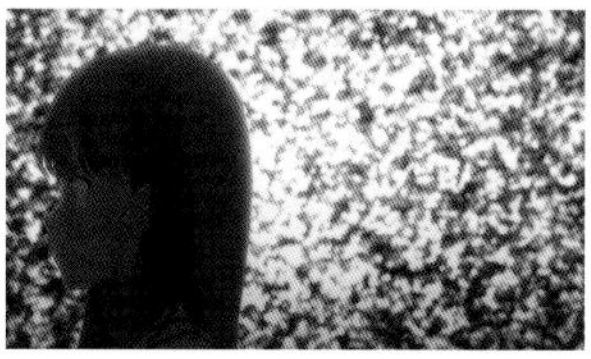

SIDE:RIKKA

第6回で購入していたプレゼントの定期入れを渡し、本来の世界に帰るアカネを最大の理解者として優しく見送る。グリッドマンがこの世界を去る際には、裕太が六花に想いを寄せていたことをグリッドマンにバラされ困惑していた。

ディレクターズ・トーク
宮島善博（第12回演出）

アカネが怪獣になってしまいますが、アカネだと思えば怪獣も可愛く見えるのではないでしょうか（？）。ごめんなさいをする回なので、アカネは終始暗い顔をしています。一方の六花は、アカネを救う覚悟ができているので迷いのない顔をしています。冒頭のアレクシスとの会話のときに、全然怖気づかずに話しているのがカッコいいですね。

ラストのアカネと六花の会話のシーンでは、ふたりが手を繋いでいて、六花だけがさらに強く手を握りますが、そのあとのアカネがすごくいい表情をしていると思います。このシーンはどちらが手を握り返すか、それともどちらも握り返さないか、すごく迷いました。どうして六花が力を込めたのかはあえて言わずに、皆さんのご想像にお任せします。

アカネ＆六花原画集

本編より、アカネ、六花の登場シーンの原画をピックアップ。ふたりとも場面ごとに実に豊かな表情を見せていることがわかる。

Aパート、教室に担任が入ってくる直前、周囲と話しているアカネ。

Aパート、ソファで目を覚ました裕太に声をかける六花。

Aパート、スペシャルドッグを裕太の机に置いて話しかけるアカネ。

Aパート、コンビニの前で裕太と話し、自分の名前を伝える六花。

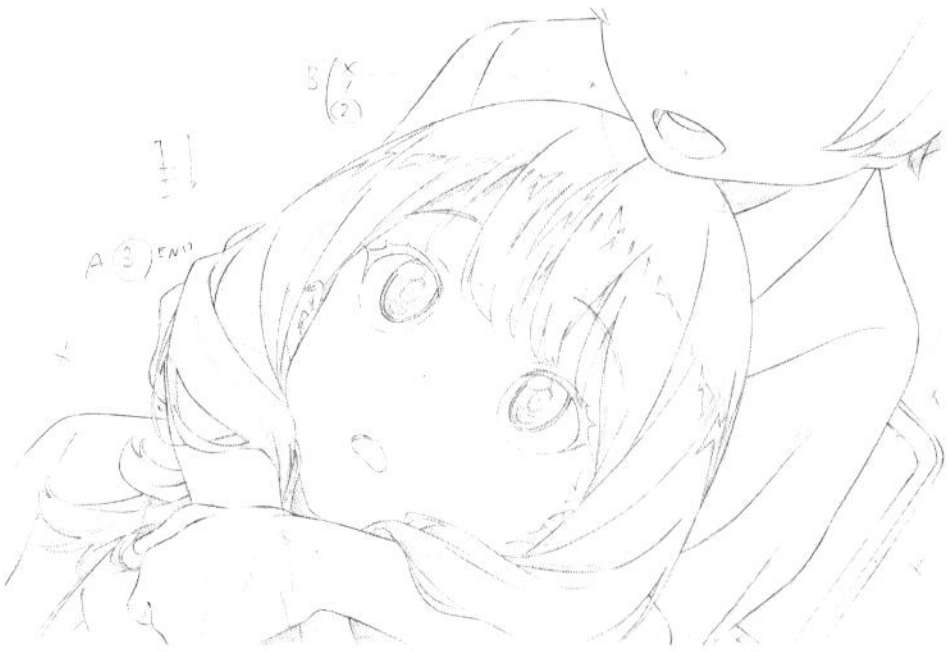

Aパート、教室でなみこによりかかりながら、抱きつかれる六花。

第2回 修・復

Aパート、街の管理怪獣を初めて認識して驚く六花。

Aパート、昼休みに渡り廊下で裕太と話すアカネ。

Aパート、怪獣を作った目的をアレクシスに話すアカネ。

Aパート、消えた問川たちの調査を終えたあと、しゃがみ込んで話す六花。

第3回 敗・北

Aパート、教室からアンチの戦いぶりを見るアカネ。

Aパート、通学中にサムライ・キャリバーに抱えられる六花。

Bパート、裕太の家に向かうことを決意して走り出す六花。

Aパート、アンチの頭上に乗って高笑いするアカネ。

第4回　疑・心

Bパート、六花からのメッセージを確認したアカネ。

Aパート、ショップのカウンターで棚の物を取ろうとする六花。

第5回　挑・発

Aパート、裕太に話しかけるアカネ。

Bパート、裕太たちと合流する六花。

Aパート、着替え中、なみこに声をかけられて振り返った六花。

Aパート、六花に日焼け止めを差し出すアカネ。

第6回 接・触

Aパート、風呂場でアンチを洗う六花。

Aパート、本屋で内海に話しかけるアカネ。

Bパート、裕太について内海を問い詰めるアカネ。

Aパート、洗いながらアンチに話しかける六花。

第7回 策・略

Aパート、アンチの顔面を蹴るアカネ。

Aパート、アカネが神様だという裕太の話を信じずに聞いている六花。

Aパート、裕太の家にあがり込むアカネ。

Aパート、ジャンクショップで裕太や新世紀中学生と話す六花。

第8回 対・立

Bパート、右と同じ場面の全身。

Bパート、バスで六花に抱きつくアカネ。

Bパート、上と同じ場面で抱きつかれる六花。

第9回 夢・想

Aパート、自宅に六花を招き、アレクシスを紹介するアカネ。

Aパート、保健室で六花に話しかけるアカネ。

Aパート、本屋で内海と会話するアカネ。

第10回 崩・壊

Bパート、ジャンクショップに現れ、カッターナイフで裕太を刺すアカネ。

Bパート、雨の中座り込み、壊れていく街を見るアカネ。

第11回 決・戦

Bパート、水門の上で六花と話すアカネ。

Aパート、六花ママに救急車を呼ぶように言う六花。

第12回 覚醒

Aパート、アンチによって怪獣の内部から引き上げられるアカネ。

Aパート、アレクシスの言葉に怒って振り向く六花。

Bパート、この世界を去る直前、六花に微笑むアカネ。

Bパート、アカネの部屋でアカネに話しかける六花。

アカネの屋敷

アカネは、2階建ての一戸建て住宅で暮らしている。かなりの広さで部屋数も多そうだが、劇中にはほぼひとつの部屋しか登場しない。自室のパソコンにはアレクシス・ケリヴが宿っている。

立派な邸宅で、門構えも豪華。アカネは2階の一室を自分の部屋にしている。

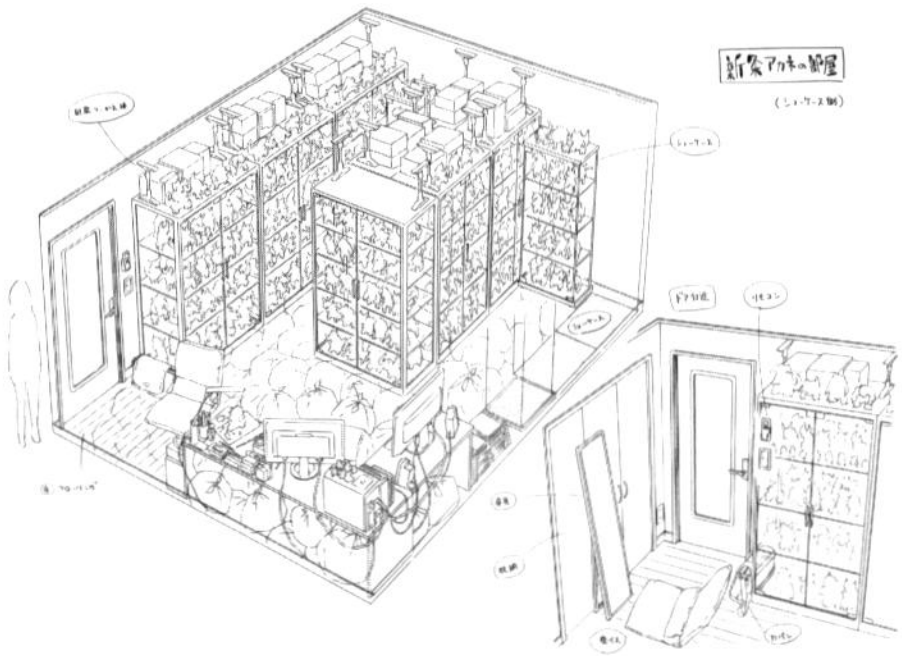

アカネの部屋（ショーケース側）

机の周辺もゴミ袋が一杯で、いわゆる「汚部屋」状態になっている。

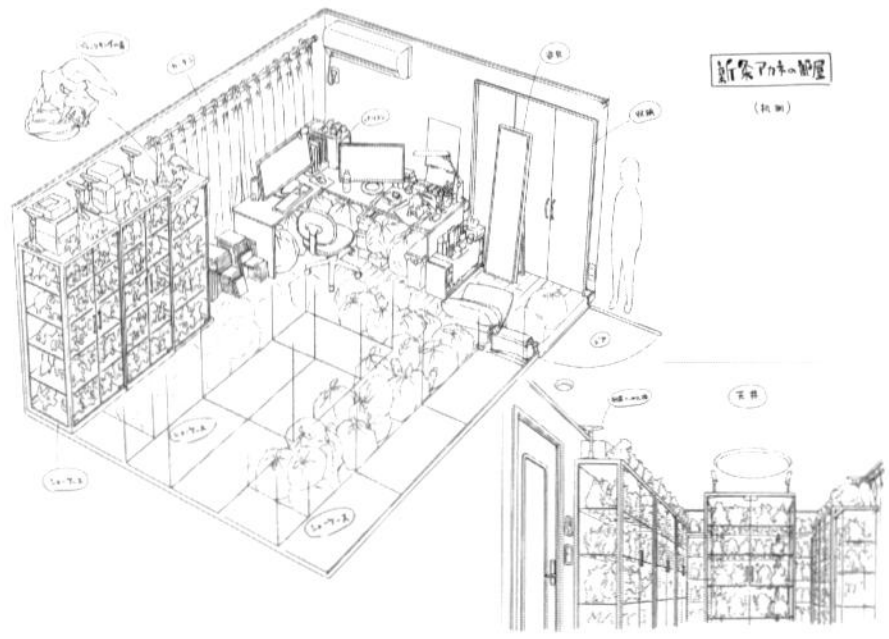

アカネの部屋（机側）

怪獣フィギュアのショーケースがたくさん置かれ、通路部分はゴミ袋で埋まっている。

アカネの部屋の前

奥のドアがアカネの部屋の入り口。ドアからゴミ袋があふれ出てしまうことも。

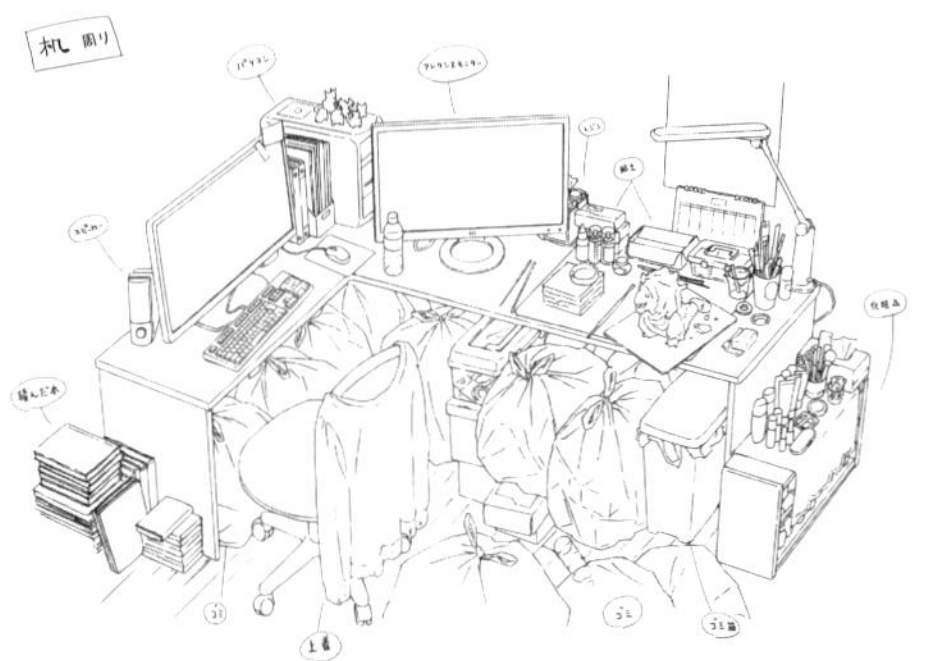

アカネの部屋（机周り）

左のモニターがアカネ用で、第3回では掲示板らしきサイトを見ていた。右はアレクシス用。

アカネと六花の自宅の位置関係

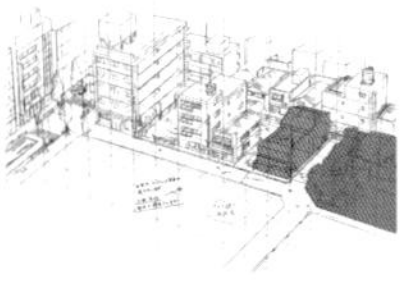

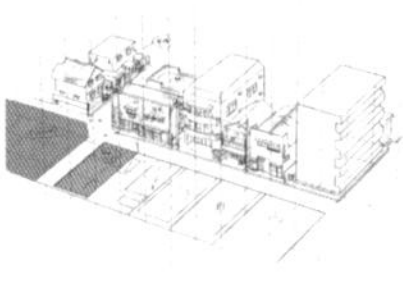

俯瞰で位置関係を示した設定。六花の家が建つ区画には、クリーニング屋とビル2棟、それに駐車場がある。

六花は第10回で初めてアカネ邸を訪問。このときは内部が電脳空間と化していた。

アカネの屋敷と六花の家は通りを挟んで隣接している。これはジャンクショップの向かい側の様子。両家屋の位置が矢印で示されている。

六花の家

敷地の通りに面したエリアに店舗が、裏手に木造の自宅が建っている。店舗と自宅は直結しており、外に出ることなく行き来することが可能。自宅の玄関はアカネ邸に面した側にある。

第7回に登場した六花の自室。ピンク系の小物が多い。椅子の上に、本編では使われていない緑色のオーバーヘッド型ヘッドホンが確認できる。

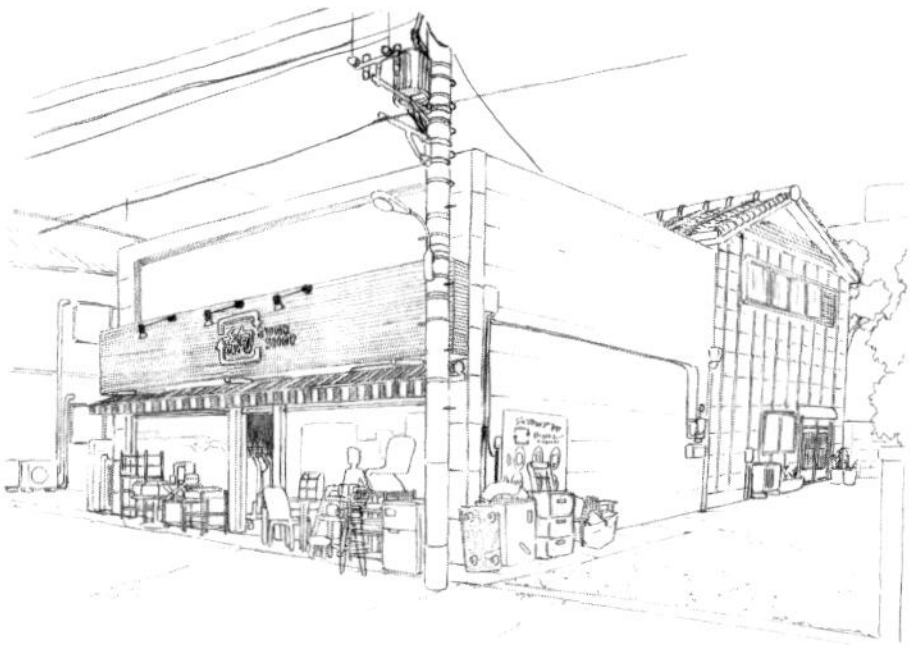

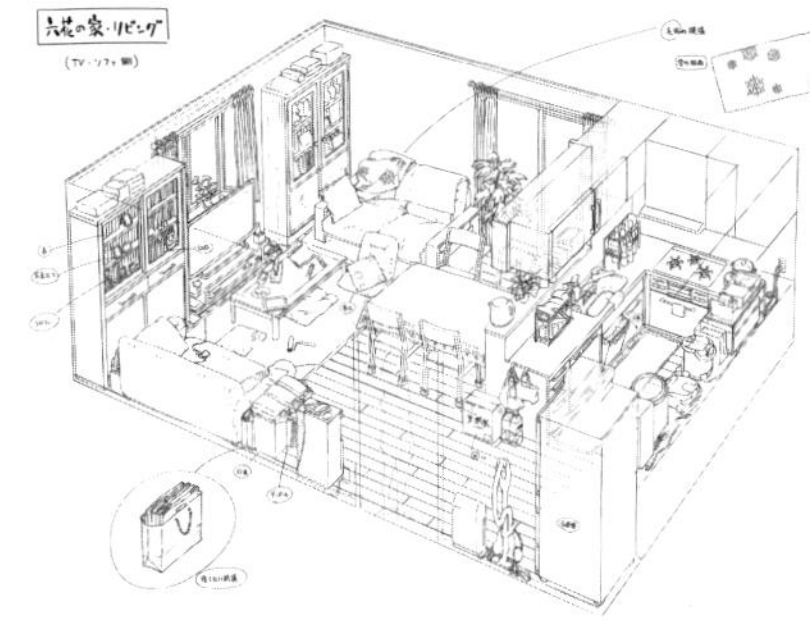

リビング（テレビ・ソファ側）

リビングを逆側から見た設定。生活感がありつつ、よく整理されていることがわかる。

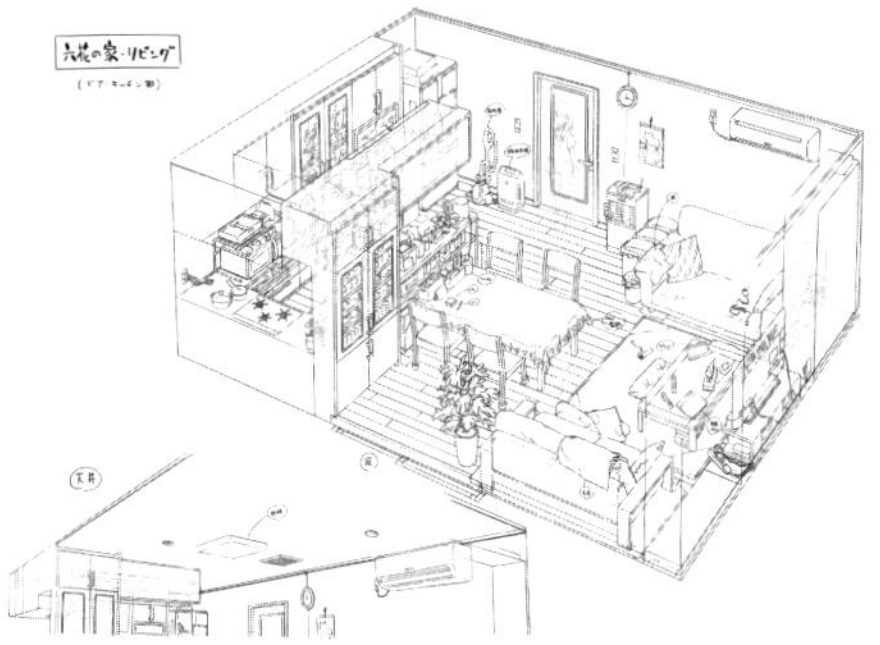

リビング（ドア・キッチン側）

第1回で裕太がソファに寝かされていた。第6回では同じソファで六花がくつろいでいる。

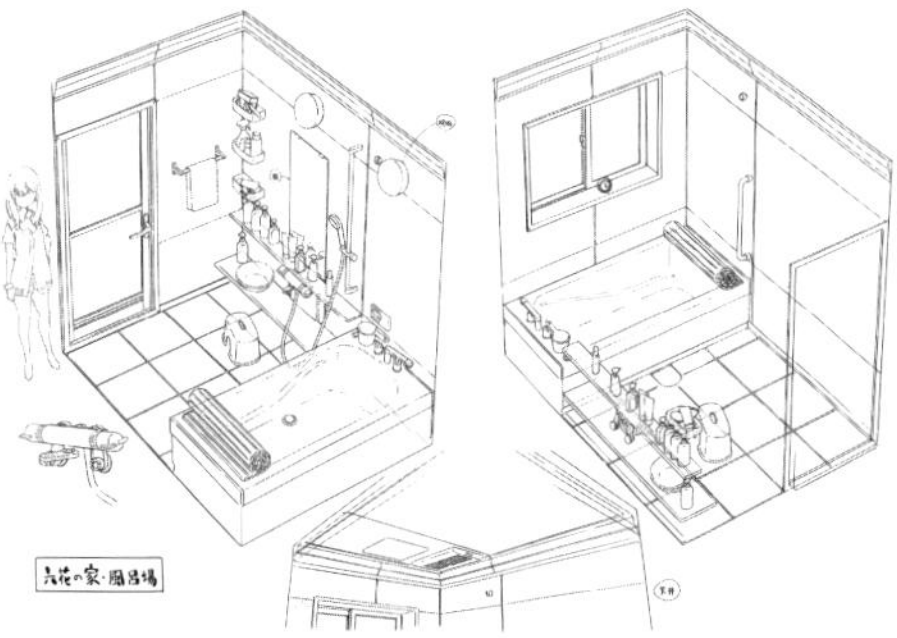

風呂場

六花がアンチを洗う場面で登場。リビング同様よく整理され、綺麗に使われている。

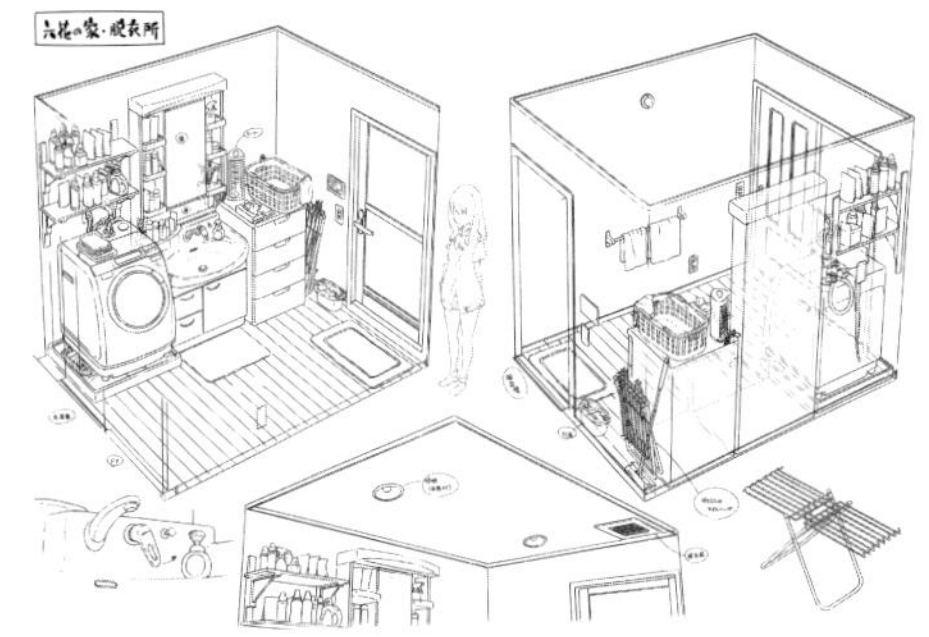

脱衣所

記憶喪失になった裕太が顔を洗った場所。第6回でアンチもこの場所を使っている。

JUNK SHOP 絢

六花ママが経営するリサイクルショップ。店のジャンクにグリッドマンが宿ったことで、裕太たちの本拠地的な場所になった。

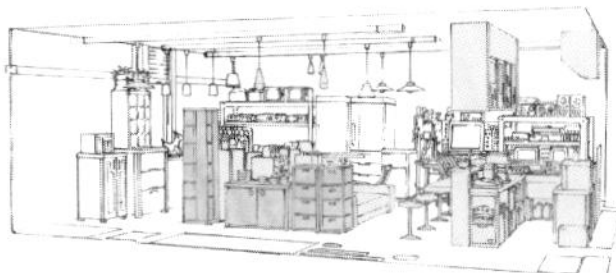

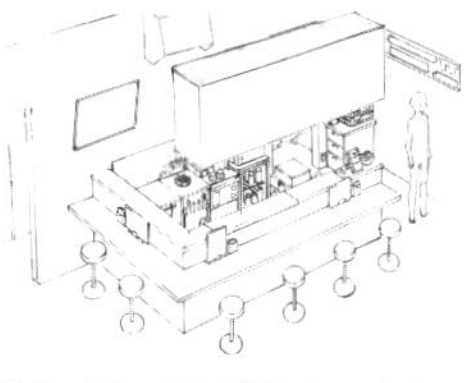

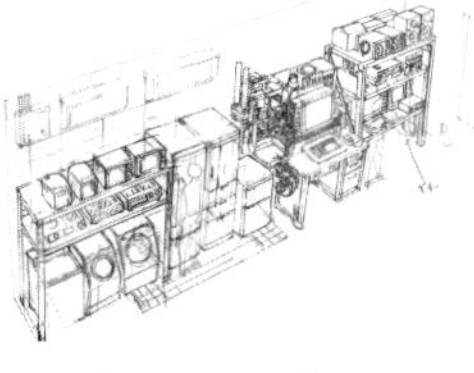

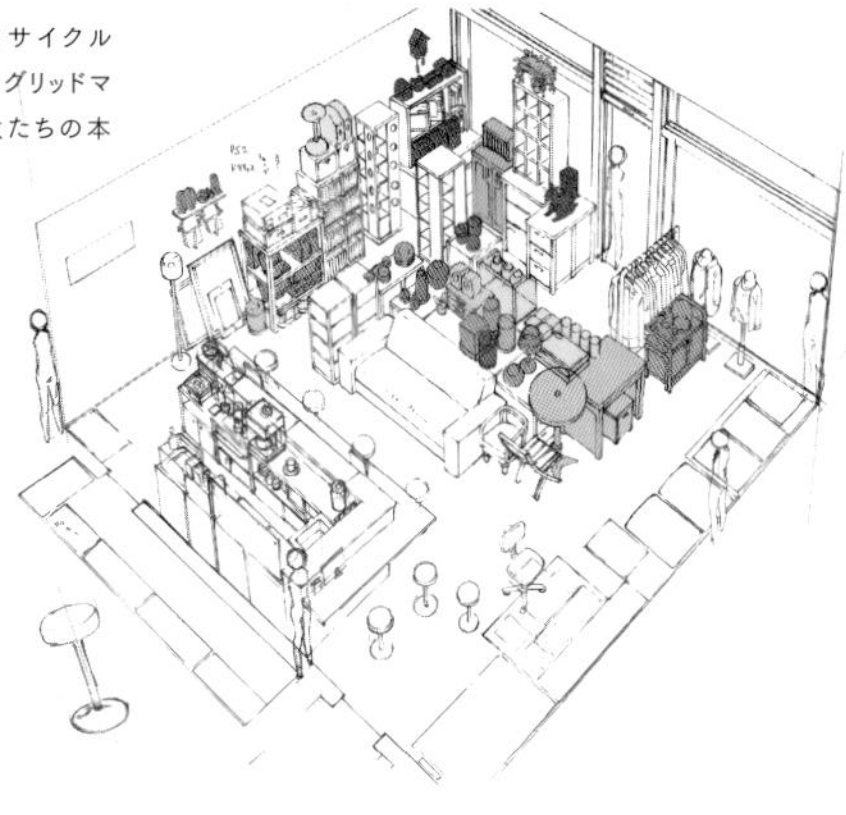

非常に幅広い品物を扱う。また、店内のカウンター部分ではカフェを営業している。カウンターは中盤以降、新世紀中学生のたまり場と化した。

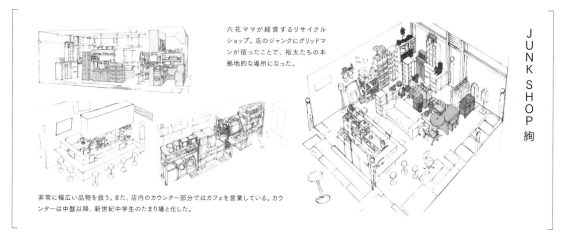

劇中の怪獣

怪獣は、アカネの心から生まれたアカネの分身とも言える存在。その能力や完成度には、アカネの精神状態が反映されている。

グールギラス
気炎万丈怪獣。火球を吐き出す能力を持つ。問川たちの抹殺を目的に作られた。以後の怪獣と異なり、グリッドマンとの戦いは想定されていない。形状の問題で首が脆弱。

霧の怪獣
ツツジ台には、霧によって街を維持管理する怪獣が配置されていた。アレクシス曰く「管理怪獣」、グリッドマン曰く「毒煙怪獣」。

アンチ
臥薪嘗胆怪獣。初の、対グリッドマンに特化した怪獣で、高い知能と俊敏さを兼ね備える。相手の能力をコピーすることも可能で、潜在能力は非常に高い。

ゴングリー
朝雲暮雨怪獣。おそらくグリッドマン戦も想定しているが、主目的はターゲットの暗殺。グリッドマンに邪魔されずに暗殺を遂行するため、強力なステルス機能が与えられている。

デバダダン
因果応報怪獣。グールギラスを破った技であるグリッドビームに対抗するため、ビームを吸収して撃ち返すという能力が与えられている。制作の主目的は担任の排除。

ゴーヤベック
多事多難怪獣。文字通り山のように大きく、質量でグリッドマンを圧倒しようとした。アカネは怪獣ごとに設計方針を変え、多様なコンセプトを試みている。

ナナシA
＊＊＊＊怪獣。自信も創作意欲も失った状態で作られたため完成度が低く、おもちゃのような外見で動きもぎこちない。これがアカネが作った最後の怪獣になった。

バジャック
有象無象怪獣。自信作だったメカグールギラスが負けたため、正攻法を諦めて精神攻撃に特化している。人に夢を見せ続ける。夢の世界でダメージを与えない限り実体化しない。

メカグールギラス
捲土重来怪獣。グリッドマンを正面から打ち破るべく、グールギラスをベースに、大火力と高防御を追求して作られた。首の部分はドリルに変形する。

アカネ制作ではない怪獣

ナナシB
＊＊＊＊怪獣。倒されたナナシAから現れた「中の人」。怪獣に込められていたアカネの情念が実体化した存在で、恐ろしく素早い上に動きが読めない。

巨大アレクシス・ケリヴ
アカネを取り込んで巨大化したアレクシス。不死の存在で、いかなるダメージも一瞬で回復するが、核としていたアカネが心を蘇らせたことで敗北する。

怪獣少女アノシラス（2代目）
アカネがツツジ台を生み出す前からコンピューターワールドにいた人間型怪獣。裕太に世界の真実を伝えた。最終回には先代も登場。

ヂリバー
幽愁暗恨怪獣。アンチがグリッドマン打倒の執念から生み出した。高高度を飛行し、操り人形のようにUFOを操作して相手を攻撃する。

ゼッガー
自縄自縛怪獣。アレクシスがアカネ本人に怪獣実体化の能力を使って生み出した。頭部を開くとデスマスクのような顔があり、その奥にアカネが囚われている。

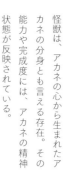

165
SPECIAL INTERVIEW

SSSS.GRIDMAN

スペシャルインタビュー

新条アカネ役 上田麗奈 × 宝多六花役 宮本侑芽

シンクロするように演じられた ふたりのヒロインについて

GRIDMAN

Special Cast Interview 01

ナチュラルな六花と取り繕ったアカネ

――今日はおふたりとも同じ形で色違いのイヤリングをしていますが、それぞれアカネと六花の瞳と同じ色なんですね。

宮本　麗ちゃんがプレゼントしてくれたんです。

上田　侑芽ちゃんへのプレゼントを探していたときに、偶然、六花の目みたいな色のイヤリングを見つけて……。

宮本　赤と青で。もう、センスがずば抜けている。

上田　いやいや（笑）。それで、もしやと思って探したら、同じものでアカネ色もあったので、今日の撮影にちょうどいいし、これは買わなきゃって。

宮本　宝物になりました。

――では改めて、まず、アカネと六花は途中でキャラクターデザインが入れ替わっていますが、役が決まったときには今のデザインでしたか？

宮本　決まったときは、もう今のデザインでした。オーディションはテープとスタジオの二段階だったんですけど、テープオーディションのときはまだ今と逆でした。その後、スタジオオーディションに行ったら全然違う女の子の絵を渡されて、「あれ、違う子も受けたっけ？」と（笑）。そのときも、デザインの細かいところは完成版とは違っていたと思います。

上田　うん。でも、今のデザインに近くはなっていました。アカネはテープのときは髪が長くて、ちょっとグラマラスで大人っぽい、「マドンナ」っていう言葉がピッタリなデザインでした。

宮本　敵っぽさもありましたよね。

上田　あったね。でも、スタジオに行ったらより可愛らしく、細身の絵になっていたので、テープのときより細い感じの声でやってみたんです。それが良かったみたいで、「テープのときより可愛さに振ったお芝居になっていたのでマッチした」と、あとでスタッフさんから伺いました。

宮本　私は逆でした。テープのときはもっと可愛らしいお芝居にしていたんですが、スタジオでは普通でナチュラルな、どこにでもいるような子にしなきゃと思いながら演じました。

――性格が同じでも、外見が違うと演技は大きく変わるものですか？

宮本　変わりますね。

上田　太っているか痩せているかだけでも、声の響き方が違いますからね。

――六花の、ナチュラルだけれど、アニメとしても平板にならない演技はインパクトがありました。あの演技は指示されたのではなく、自分から？

宮本　そうですね。私は子役からお仕事をしていて、（実写の）映像のお仕事を経験してから声のお仕事を始めたので、もともと映像寄りのナチュラルなお芝居だったんです。その中でも、六花は特に「自分に近い」と思ったので、自分が普段しゃべっている感じでお芝居をしたら、オーディションに受かって。第1回のアフレコで、麗ちゃんを含め周りの皆さんが「すごくナチュラルでいいね」って褒めてくださって、そのときに「これがナチュラルな芝居なんだ」と気づきました。第2回以降は、自分でもちょっと意識していましたね。

上田　六花と裕太は、最初から誰に何を言われることもなく今の六花と裕太で、スタッフさんも「そのままいってください」という感じでした。このふたりに合わせて、みんなの――このアニメは二次元感が強いほうがいいキャラクターと、リアルめなほうがハマるキャラクターとに分かれると思うんですけど、そこのバランスが取れていったと思います。

――アカネは二次元側と捉えていましたが、ご自身としてはどうでしょう？

上田　二次元感を強めていた部分はあります。ただ、どちらかというと「アニメ寄り」というより「取り繕っている」方向で、ナチュラルではない感じを出そうとしていました。特に、クラスにいるときなどはアカネにとって緊張する場面なので、壁を作って上っ面でしゃべっている感じを出しました。誰かと電話をするときに声が若干上がっちゃうみたいなイメージで、素直ではない声の出し方を意識して……なじめない違和感をセリフに残せたらと思っていたんですけど、難しかったですね。

アカネに入れ込んでブースで孤立することに

――終盤に明かされる事実が多い作品ですが、アカネの秘密や世界観については、最初にどの程度知らされていたのでしょうか？

上田　役どころによって、人それぞれですね。侑芽ちゃんは、もう全然……。

宮本　オーディションでいただいた原稿とキャラクターデザインのみで、展開は全然知らなかったです。気になって雨宮監督に聞いてみたら「ご想像にお任せします」って流されちゃって（笑）。でも、六花と同じようにだんだんとアカネのことを知っていけたことが、リアルな演技に繋がったと思います。

上田　多分、一番深く知らされていたのは、アレクシス・ケリヴ役の稲田徹さんだと思います。私もある程度は知らされていたんですが、アカネの一番根本的な部分……どんなトラウマがあって、何に困っていて、何が大事でこういうことをしているのかがわからなくて、すごく苦労しました。でも、お話が進むにつれていろいろわかってきて、「すごく寂しい人なんだ」と台本から感じられるたびに、自分と似ていると思う部分が増えていきました。考え方や行動がすごく似ているんです。だから、後半はどんどんアカネと同じ気持ちになってしまって、視野が狭くなって、ブースの中で私だけが孤立して重い空気を放っているという状態でした。最終回が終わったあと、ようやくみんなで笑って餃子を食べられるようになった感じです（笑）。

宮本　最終回が終わってみんなで打ち上げをしたときの麗ちゃんの第一声が「苦しかったぁ……」でしたもんね。アフレコ中は本当に「何もできなくてごめん」という気持ちでした。ブースの中の麗ちゃんは集中していて、雨宮監督とも綿密にお話ししていた印象があります。

上田　雨宮監督の仰っていたイメージがなかなか掴めなくて、監督にもそうお話ししました。

宮本　そうだったんですか!?

――言い方が難しかったということですか？　それとも演技のイメージが監督とフィットしなかった？

上田　フィットしなかったんだと思います。アカネに関して、「ここで、その感情になるのかな？」というようなことを監督がポンと仰ることがあって。それで「じゃあ、これに関してはどうですか？　これだったらどうですか？」って繋げていこうとするんですけど、なかなか捉えられなくて……。監督ならではのロジックがあるんだと思い、割り切って自分の思うお芝居をし始めてからは、多少楽に収録に臨めるようになりました。思ったようにやってみて、「やっぱり違う」と感じたら、監督は絶対に言ってくださる。なので、時間がかかって申し訳ないけど、そこで摺り合わせていこう、と。

——最後までそういう状態で？

上田　第9回のアカネは自分の感覚や感性で全部理解できて、そこからはすごく楽になりました。それが果たして雨宮監督の感覚と共通していたかは、未だにわからないんですけど（笑）。

宮本　第9回の麗ちゃんはちょっと楽そうにしていて、勝手に安心していました（笑）。

——そういった制作サイドの意図とのイメージのズレは、他にもありましたか？

上田　第7回の、アカネがベッドで裕太に「こっちにおいでよ」って言うシーンで、音響監督の亀山（俊樹）さんが「ここは色っぽくやってください」と仰って。「色っぽくですか!?」と、私も監督も驚きました（笑）。でも、面白いかもしれないと思ってやってみたらハマッたというか、男性がグッとくるシーンになったかなと思います。私ひとりの解釈だったら絶対そうはしなかったけど、「男性の目線ってこうも違うんだなぁ」と思いました。

宮本　あのシーンのアカネは「手を組もう」って言いながら実際は脚を組んでいて、「言動と行動がちぐはぐなアカネ」を表しているらしいですよ。

上田　へえーっ。でも、逆にエッチですよね、それ。

役を分析して作るタイプか憑依させるタイプか

——物語の結末を知らないまま演じたとのことですが、結末がわかっていたほうが演じやすいものですか？

宮本　例えば、原作がある作品の場合、原作を読み込む人とあえて読まない人に分かれると思うんですけど、私は全部読んでからやるタイプだったんです。でも今回、1話ずつ台本を渡されてやっていったときに、お芝居をうまく持っていきやすいことに気づきました。

上田　私は……もし裕太を演じるのであれば、先の展開は絶対に知りたくなかったと思うけど、アカネとしては知りたかったですね。本心が後半にどんどん吐露されるので、その軸があると、前半の取り繕い方とかが全然違っていたと思います。

ずっと抱えていた気持ちが爆発して
「関係なくないよ」って言ったときに、
何だか六花も楽になれた感じがして……
（宮本）

——声優のタイプの違いということで言うと、役を客観的、理論的に作るタイプと、感覚的に憑依させるタイプがあるのかなと思うのですが……上田さんはブースの中で孤立するくらい入り込んでいたということは、憑依型なのでしょうか？

宮本　麗ちゃんは憑依型だと、いろいろな方が仰っていますね。

上田　言われるよねぇ。自分では全然わからないんですけど、確かに考えな

いほうがうまくいくことが多くて。もちろん、基盤としてのロジックは必ず作るんですけど、その上で、現場で「これに変えてみて」とドンって背中を押されたときのテイクのほうが良かったりすることが多いんです。多分、感覚で構築して発信することのほうが得意なんですよね。意識はしていないですし、それを憑依型と呼ぶのかは、ちょっとわからないけど……。

宮本　アカネ役に入り込んでシュンとしている麗ちゃんを見たあとに、違う作品で普通に明るくしている麗ちゃんを見て、「あ、上田麗奈さんって、こういう一面もあるんだ」と思ったくらいなので、役によって別人に見えるくらい入り込んでいると思います。

「大好きな六花が
私以外の人と仲良くしている姿」を
見せられるのが嫌で、
苦しくてたまらないんです
（上田）

――宮本さんはどちらでしょう？

宮本　自分としては憑依型になりたいんですけど、映像を見たときに、キャラがどういう姿勢でいて、どういう発声をするかとかいろいろ考えてしまうので、憑依型ではないのだろうなって思います。麗ちゃんは、そういう部分を自然にできている感じがあって……。

上田　確かに姿勢とかは無意識に感じていて、あとで言われてから「ああ、そういえばそう思ってやっていた」って気づくことが多いかも。侑芽ちゃんは（斉藤）壮馬さんと似ているかもしれない。頭が良くて、客観的で、自分以外のことも見えているから細かいことまで気づける。

宮本　ええー、全然……。でも、壮馬さんのお芝居のスタンスは尊敬しています。以前、細かい部分にまで目を配る姿を目の当たりにして「すごい！」と思ったことがあったので、意識して見習うようにはしています。

上田　六花と侑芽ちゃんは似ているから、六花だけを見ていると憑依型に見えるんだけど、他の作品での侑芽ちゃんを見ると、すごく頭がいいんだなと思います。

六花に対する独占欲が強かったアカネ

――終盤はふたりが絡む場面も多いですが、お互いに演技についての相談などはしましたか？

宮本　最終回の最後の掛け合いのときだけは、少し話しましたよね。もう1回やろうか、とか。

上田　そう。粘っちゃって。

宮本　私もやり直したくて。でも、ふたりで話したのはそのときくらいですよね。

上田　そうだね。侑芽ちゃんとは全然……。やっぱり、アカネとして六花が好きすぎるからこそ、近くにいてはいけないという気持ちがありました。スタジオで侑芽ちゃんの隣に裕太（役の広瀬裕也氏）が見えるんですけど、六花を裕太に取られたような気持ちに

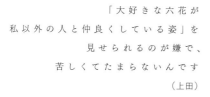

なって、「なんだ、コイツ」って嫉妬心みたいなものを持ったりして（笑）。

宮本 やっぱり憑依型ですよね。

――劇中のアカネは、六花を巡って裕太に嫉妬しているんでしょうか？

上田 アカネは、他人とお互いに思い合える関係をリアルで築けなかったから、この世界でだけでも築きたいという思いが根本にあります。それもあって「大好きな六花が私以外の人と仲良くしている姿」を見せられるのが嫌で、苦しくてたまらないんです。だから、六花と親しくしているように見える裕太には苛立っていたんじゃないかと思います。それだけでなく、六花に対しても「他の人と楽しく会話できるじゃん、みんなと仲良くしているじゃん、私だけじゃないじゃん」みたいな感情になって、優しくしてくれたのに皮肉っぽいことを言ってしまったり。

――独占欲が強いというか……。

上田 アカネって赤ちゃんなんです。ずっと枯渇していて、「お腹が空いた！ なんでくれないの!?」って自分の感情をストレートに爆発させてしまう。

――上田さんは怪獣の声も担当していますが、アカネの分身ということで、同じスタンスで演じていたんですか？

上田 怪獣の声はアカネの感情の表現ではあるんですけど、ディレクションで「あとから加工して怪獣の声にするので、抑揚をつけないで、発声練習みたいにやってください」とも言われていて、最初はそういう風にやっていました。でも、話が進むにつれて、抑揚をつけずに機械的に演じることができなくなって、すごく感情的な音になってしまって……それもうまく加工していただいて、怪獣の声になりました。

――終盤の怪獣の声は悲愴で痛々しくて、聞いていて辛くなるくらいでした。

上田 怪獣として言う言葉はスタッフさんが決めていて、最初は「死ね」とか「殺す」とか、攻撃的ではあっても冷静な部分が残っているセリフが多かったんですけど、後半は「行かないで」とか、泣いているだけ、笑っているだけとか、すごく感情的な内容になっていって。それが演技の変化に繋がったんだと思います。

宮本 怪獣の声は、毎回、収録の最後に録っていたんですけど、六花として後ろで聞いていて、「ああ、ごめん」という気持ちでした。回を重ねるごとに麗ちゃんがヒートアップしていくのもわかりましたし、辛かったです。

上田 六花が謝ることなんか何もないんだけどね。そこが、六花のいいとこだよね。

第11回での言い合いが優しい別れに繋がっている

――話を聞いていて、アカネとシンクロするのは精神的に大変そうですね。

上田 大変です。自分に似ているから、自分の嫌なところをめちゃくちゃ見せつけられて、さらにそれを表に出すのが私の役目なので、自分が吐き出したものを見られているような感覚、見られたくないものを見られている恥ずかしさみたいなものもあって、苦しかったですね。

――特に共感度が高かったセリフは？

上田 どのセリフもそうなんですけど、第9回以降は特に……「そんなのどうだってよくない？」とか、ついポロっと出ちゃう「行かないで」という気持ちとか……。

宮本 「夢でも叶わないの？」とか。

上田 そうそう。夢に逃げるくらい臆病な性格だからこそ、それでも叶わないと知って裏切られたような気持ちになっちゃう。アカネの思考回路がそのセリフにすごく表れていて、わかるなあって。

宮本 あそこは私も好きです。それから、第11回のシーンも大好き。

上田 「関係ないじゃん」「どこにでも行けばいいじゃん」みたいなことをアンチにも六花にも言っちゃって、でも、みんなが離れていくのが本当は辛い。そこで六花に「関係なくないよ」って言われてほっとする自分もいるんだけど、強がりなのかプライドなのか、やっぱり六花の側には行けないっていう……あの感情の揺れもわかる気がします。

宮本 あのシーンで、やっと六花が声を荒らげてアカネに言葉をぶつけるじゃないですか。それまでずっと、どうしてあげればいいかわからなかったけど、ずっと抱えていた気持ちが爆発して「関係なくないよ」って言ったときに、何だか六花も楽になれた感じがして……。あそこで一度ガッと言ったから、最終回の優しい六花に持っていけたと思います。

上田 本当に、あのセリフがあったからアレクシスに取り込まれる前に踏みとどまれたし、最後にちゃんとふたりで話せたと思います。別れの場面は一番緊張しました。アカネが初めて「反省しなきゃ」という気持ちになったシーンで、そうなれたのは強く踏み込んできてくれた相手が六花で、アカネのことを思ってくれているっていうのが響いたからじゃないかな。

宮本 うんうん。

上田 アカネは本当に私そのものだっていう気持ちだったけど、六花と侑芽ちゃんもそうなんじゃないかなって思っていました。

宮本 本当にそうですよ。私自身も麗ちゃんが好きだから、いろいろ重なる部分があって、余計に感情移入しちゃいました。

10年に1回、出会えるかどうかの作品

――アカネと六花は対照的に描かれることも多かったですけど、似ている部分はあると思いますか？

上田 面倒臭い女同士（笑）。

宮本 間違いないですね（笑）。

上田 面倒臭さの種類は全然違うけど……。

宮本 ふたりとも一筋縄ではいかない感じですもんね。

――最後に、この作品は自分にとってどういう存在になりましたか？

宮本 キャストの皆さんも好きだし、スタッフの皆さんも好きだし、ストーリーも好きだし、本当に全部が大好きで……「グリッドマン」っていう文字を見るだけでも元気が出るくらいの作品になりました。元気の源です。

上田 ファンとしても、声優としても、たくさんの作品を見てきましたけど、関わった全員がこんなに同じ方向を向いている作品って、10年に1回出会えれば幸せなほうなんじゃないかなって思うんです。熱量を込めて、エネルギーを使って、みんなでひとつの作品を作る楽しさみたいなものを、こんなにも教えてもらえたのは初めてかもしれません。これほど自分に似ている役っていうのも、なかなか出会えるものではないですし、自分の汚いところまで全部さらけ出すような経験はすごく苦しかったけど、同じくらい楽しかったです。私に改めてこの仕事や、作品を作る楽しさを教えてくれた存在です。見せびらかすように『グリッドマン』グッズを使っていますからね（笑）。

宮本 私もあの定期入れを使っています！ バスでかざすたびにいろいろ思い出して、今でもこみ上げてくるものがあります。

上田麗奈(うえだ・れいな)

81プロデュース所属。2012年にデビューし、2015年には第9回声優アワードで新人女優賞を受賞。

主な出演作品は『ハナヤマタ』(関谷なる)、『ハーモニー』(御冷ミァハ)、『ロード・エルメロイII世の事件簿 -魔眼蒐集列車 Grace note-』(グレイ)など。

宮本侑芽(みやもと・ゆめ)

劇団ひまわり所属。幼少時に子役でデビューし、声優だけでなく女優としても活躍している。

主なアニメの出演作は『アイカツスターズ!』(香澄真昼)、『すのはら荘の管理人さん』(風見ゆり)など。

GRIDMAN
Special Cast Interview 02

新条アカネ役 上田麗奈 × アレクシス・ケリヴ役 稲田徹

利用する者とされる者 "敵コンビ"の関係性を探る

胡散臭いアレクシスを疑わないアカネ

――宮本さんとの対談で「アカネはクラスでは上っ面で話すイメージだった」と言っていましたが、アレクシスが相手のときはどうでしたか？

上田 素に近い感じで話していると思っていました。アレクシスが全部褒めて、受け止めてくれるから……。

稲田 全肯定しますからね（笑）。

上田 だからアレクシスの前では自信が持てるというか、自分はいてもいい存在なんだと思える瞬間が結構あったと思うんです。その分、思いっきり感情を出せていたのかなと。

――アカネは、アレクシスに下心があるかもしれないという疑問は持たなかったのでしょうか？

上田 全然。舞い上がっていました。

稲田 「いい子だねぇ～」。

上田 （笑）。

稲田 大人であれば絶対に疑ってしまうような胡散臭い感じは、意識して作っていました。軽薄でいい加減なおじさんという方向で。現実にもいるじゃないですか、結構偉いポジションで「いやあ、いいじゃないの」みたいなことを言うんだけど、本性は見せず、腹の底ではそう思っていない人って。

――あの飄々とした語り口は、スタッフからのオーダーですか？

稲田 漠然と「カッコいい悪役」みたいなことだけを言われていました。でも、悪い奴っていうのは本性を隠すために外面は良くするだろうし、本当に強い人は相手を威圧したりせず、余裕のある態度を取ると思っているので、飄々とした感じは最初から出そうと思っていました。台本も「何々だねぇ」みたいな口調だったので、その字面に乗っかってやってみようと思ったら、ああなったという感じですね。

アカネは最後までアレクシスを憎んでいない

――あの胡散臭い感じを疑わないのは、やはりアカネが子供っぽいから？

上田 それもありますが、アカネはアレクシスに会うまで褒められることがあまりなかったはずで、初めて会った自分を肯定してくれる人を、全面的に信じたいっていう気持ちがあったんだと思います。

稲田 そうだよなぁ。需要と供給が一致したというか。

上田 だから第7回でアンチが怪獣を作ったときは、アカネとしては嫉妬しまくりでカチンと来ていました。「アレクシスを取られた！」みたいな。

――アカネがアレクシスに疑念を持ち始めたのは、どのあたりなんでしょう？

上田 ……私は、アレクシスから心が離れたことってないと思っているんです。最後、吸収されちゃったときも、アレクシスから逃げなきゃという気持ちはそこまで強くなくて。

――でも、アンチが刺されていますよね？

上田 あそこも、アンチへの思いはあったけれど、「アレクシス、許さない」みたいな感覚はなかったです。

稲田 アレクシスの行動に悪意がないから、悪と受け止められないというのもあるかもしれないですね。アレクシスはすごく長く生きている設定なので、善悪だとか、感情というものを超越していると思うんです。だからあのときも、ただアンチが邪魔だからどかしただけ、という感覚。アレクシスに「死ねーい」みたいな意識があったら、アカネも「やめてー」とか思ったのかもしれません。

上田 「何でそんなことするの？」っていう気持ちはあったけど……アレクシスが悪い人だとは思えなかったなぁ。

稲田 視聴者はアレクシスを憎んでいたでしょうけど、利用されている当のアカネを演じた麗奈ちゃんがこう思っているというのは面白いですね。

上田 周りの友達から「あの男やめなよー」って言われるけど、「だって好きなんだもん！」みたいな感じというか。

稲田 何でも言うこと聞いてくれるからね。作った怪獣を褒めてくれるし、動かしてくれるし。

――下心がある悪い彼氏みたいな。

稲田 実際、「イメージとしては、年上の彼氏です」って言われていました。

上田 お金や権力を持っている大人の恋人と話しているみたいな感じですよね。でも、たとえ下心があったとしても、一緒にいた時間は全然悪い思い出じゃないし、ひとりでいるよりは良かったんだと思うし。5年後、10年後に思い返したら、「私、間違っていたな」って思うかもしれないですけど、それでも嫌いにはならないと思います。「ああいう人だったな」と。

稲田 過去の男みたいなね（笑）。

――アレクシスはアカネに対して、全く何の感情もなかったのでしょうか？

稲田 長く生きてきた中で、いわゆる情とかは全くなくなっていて、物事をめちゃめちゃ俯瞰して見ているんだと思います。アカネも、あの世界をゲーム感覚で作っていた部分があると思うけど、アレクシスはすべてをゲームとして捉えている感じですね。「アカネというキャラクターに怪獣という武器を与えて、何をするか観察するゲームをしている」という感覚だったと思います。アカネに思い入れがあったとしても、「自分のお気に入りのキャラクターができた。でも、うまく動かなくなったら、また作り替えればいいや」という程度。最終回の「次のアカネくんを探すよ」というセリフにそれが滲み出ていると思います。

――ある意味、超越しきっていると。

稲田 そうです。ただ、最終回のBパートに関しては、それまで積み重ねてきたアレクシス像を置いておいて、自分が特撮を見たり演じたりしてきた上で考えた「あるべき特撮の敵」を演じました。その敵が正義に敗れるカタルシスがたまらないと思うんです。

現場の雑談から演出を閃く柔軟性のある制作陣

——アドリブが多い現場だったそうですが、稲田さんはどうでしたか？

稲田　雨宮監督やTRIGGERの方が思い描いたアレクシスのイメージに、僕の味つけを足させてもらった部分はいくつかあります。例えば、第2回でアカネにモニターを蹴られて「アイタタタ」って言うのはアドリブです。「モニターだから痛くないです」って言われていたんですけど、アレクシスにはユーモアのセンスがあるだろうと思って、冗談めかして無感情で言ってみたら、音響監督の亀山さんのイメージとも合っていたみたいで。

——あのセリフからアレクシスのキャラが伝わってきました。

稲田　あと、アカネが部屋で水着になったときに「ワオ」って言ったのも、台本にないです。「ワオ」って、おじさんっぽいじゃないですか（笑）。序盤のアレクシスは、ある意味で無責任なポジションだったから、そういうチョイ足しはやりやすかったですね。

——そういう意味では、アカネはやりづらいポジションですよね。

上田　そうですね。アドリブはなかったと思います。

稲田　言葉を足したりはしていないけど、言い回しで自分から抑揚を出している部分は感じたけどね。

上田　そうですね。侑芽ちゃんとの対談（P.166〜）でお話した通り、監督が思うアカネ像がわからなくて探り探り作っていたので、とにかく振り幅を大きくやってみようと心がけていました。

——監督は本書のインタビュー（P.176〜）で、自分のアカネ像が唯一ではないし、上田さんのアカネ像はイメージと違っていたけど面白かったからいいと思ったと仰っていました。

稲田　この作品は、自分たちとは違うエッセンスを受け入れたり、新しいアイデアを足したりできる柔軟性が作り手にあったから、よりキャラが広がったと思います。自分が関わった作品を思い返しても、そういう作品は得てして評価が高いんですよ。アイデアを認めてくれると、やっているほうもうれしいしね。

上田　そうですね。

稲田　それでいて、芯の部分は絶対にブレない。物語の芯は絶対に外さずに、キャラクターの面白さや振れ幅への提案は認めていただけるという、すごくいい現場でした。

——特にそういう柔軟性を感じた場面はありますか？

稲田　第7回で、アレクシスが中華料理屋に来るじゃないですか。あの収録のとき、ガヤで「広瀬（裕也）の犬がどうこう」って話したんですよ。そうしたら音響さんが犬ネタから連想して、アレクシスが店に入るときに犬が吠える音を追加したらしいんです。動物には人間にない感覚があるから、アレクシスの異物感に気づいているっていう小ネタで。

上田　面白ーい！

稲田　現場での雑談から、そういうことを閃いて足せるような柔軟性を持ったスタッフが、TRIGGERには多いと思います。

二次元だから許されるアレクシスへの憧れ

——稲田さんは、アカネと六花だと、どちらがタイプですか？

稲田　俺は完全にアカネ派ですよ。

上田　わあー。

稲田　六花は学生らしさがあるけど、アカネみたいな人って大人でも結構いるじゃないですか。ぽやーんとしていて、隙がありそうで。ああいう、ぽやーんとしたタイプが僕は好きです。悪い男に騙されやすいタイプですね。アレクシスも付け入りやすい（笑）。六花のほうは、なかなか一筋縄ではいかないと思うんだけど。

——異性としてのアレクシスはいかがですか？ 外見は置いておいて。

上田　中身は好きですね。

稲田　大人の男性が好きなの？

上田　そうですね。年下派か年上派かっていうと、年上派です。

稲田　夢のある回答だな（笑）。

上田　それに、悪い人のほうがセクシーじゃないですか。ちょっと遊ばれたい気もするし、わがままを言っても余裕があるから、何でもやってくれそうだし。もてあそばれたいですね（笑）。

稲田　危険な発言だなぁ（笑）。

——アレクシスは意外と女性に人気があるらしいですね。

稲田　甘やかされたい、褒められたい、肯定されたいっていう人が、いかに世に多いかということですよ。

上田　だって現実にいないですもん、そんな人。それこそ、本当に危険なところに飛び込めば、そういう関係と出会えるかもしれないけど、現実では飛び込めないですし。二次元だからこそ、アレクシスみたいなキャラクターに憧れちゃうところはあると思います。

稲田　その「二次元だけ」っていう歯止め、絶対に持っていなきゃだめよ。外面だけはいい男って、いっぱいいるからね（笑）。

特撮とアニメの息遣いの違い

——稲田さんは特撮出演も多数ですが、特撮とアニメで違う部分はありますか？

稲田　僕らは基本、キャラに寄せて芝居をする立場なので、スーツアクターさんが動いている映像に寄せるのか、アニメの絵に乗っかるのかという違いがあるだけで、特撮かアニメかでスイッチの切り替えはないですね。

——寄せる対象の映像が、二次元なのか三次元なのかでしかないと。

稲田　そうですね。ただ、特撮だとスーツアクターさんの呼吸がリアルに伝わってくるから、より演じやすいかもしれないです。アニメの口パクも、もちろんセリフに合う尺を用意してくれるんですけど、やっぱり絵の尺ではあるので、人間の呼吸に合わせるのとは違いますね。僕は特撮から演じ始めたせいか特撮のほうがやりやすいんですけど、アニメをずっとやってきた人が特撮を初めてやると、逆に戸惑うこともあるみたいです。

——上田さんは特撮作品の経験は？

上田　ないですけど、いつか出たいです。お母さんも弟も変身ヒーローが好きで一緒に見ていて、小さい頃から憧れていたので出られたら感激です。

稲田　この作品は特撮関係者も見ているから、いずれあるかもしれないよ。

上田　ぜひ、太字で書いてください。**特撮に出たいです！**って。

稲田 徹（いなだ・てつ）

青二プロダクション所属。アニメ、特撮のいずれにも多数のレギュラー出演作品がある。アニメの主な出演作品は『キルラキル』（蟇郡苛）、『宇宙パトロールルル子』（オーバージャスティス本部長）など。

GRIDMAN

Special Cast Interview 03

宝多六花役
宮本侑芽
×
六花ママ役
新谷真弓

どこか似ている母と娘 自然で温かい掛け合いの秘密

リアルで張り詰めたお芝居を突き詰めすぎないさじ加減

――新谷さんはオーディションを受けて参加したのですよね？

新谷　そうです。アンチと怪獣少女（アノシラス）とはっすをやってみたんですけど、事務所は怪獣少女だけ送ったみたいです。雨宮監督からは「受かる気ないでしょ」って言われました（笑）。

――それはなぜ……？

新谷　セリフと一緒に普段の声で自己ＰＲを入れるというお題があって、それですね。普段思っていることを伝えようと思って、「雨宮監督、頑張ってますか？ いつも応援してまーす」みたいなのを入れたら、ふざけていると思われたみたいで。正直な気持ちだったんですけど（笑）。

宮本　私は自己ＰＲというお題を振られたことがあまりないので、緊張して就職面談みたいになってしまいました。でも、他の方もそういうお堅い雰囲気だったと思うので、その中に新谷さんワールドが入ると……。

新谷　雨宮監督は「昭和のラジオかと思った」って言っていた（笑）。「ドライバーの皆さーん今日もはりきって参りましょう！」的な。

宮本　聴きたい！（笑）

――（笑）。収録時の最初の印象は？

宮本　新谷さんを知ったのがＴＲＩＧＧＥＲさんの『キルラキル』で、演じられていたキャラクターのイメージが強烈だったので「どういうお母さんが来るんだろう？」と緊張していたんです。でも、アフレコが始まってからは、「あ、六花のママだ」って安心して演じていました。

新谷　私は、どういう感じのお芝居なのかを事前にあまり考えずにスタジオに行ってみたら、ものすごくリアルで緊張感のあるお芝居で「え、こんなに超リアルで生々しい感じなんだ」とビックリして……あれって事前に何か言われていたの？

宮本　いえ、全然。多分、オーディションの段階で、そもそも私の六花と広瀬君の裕太の自然な感じが似ていて、それを現場に持っていったらあのようなナチュラルなふたりになったんです。それで、その掛け合いを聞いた皆さんがいろいろ合わせてくださって、あの空間ができた、みたいな。

新谷　そうなんだ。見ているだけでも緊張を強いられるくらいで、「何これ、この現場、こわ！」みたいな印象でした（笑）。そこにどう絡もうかと思ったときに、自分の役が数少ない大人のキャラだったこともあって、場がシーンとなっているときにちょっと和ませる感じで静寂を破る立場になろうかなと。

――和ませるというのはアドリブで？

新谷　アドリブ含む演技全体ですね。みんなお芝居が上手だから、ポンと何かを投げれば、面白いこととか自分の中のものを返してくれると思ったので、そういうのを引き出す側に回ろうと。ダメって言われたら、そのとき直せばいいやと思いつつ。

――手綱を緩めるというか、緊張感が高まりすぎないようにコントロールする、というような意図もあったんでしょうか？

新谷　めちゃくちゃリアルで上手なのはわかった上で、もう少しブレというか、リアルの枠を飛び越える部分があってもいいんじゃないかな、とは思っていました。リアルな芝居って、突き詰めすぎると内省的で息苦しくなることもあるし。それに、ちょっとはわかりやすく、アニメ的にデフォルメする部分もあったほうが、見る側もとっつきやすかったりしないかな～？とかね（笑）。

宮本　新谷さんをはじめとする周りの皆さんが、アニメ的な部分とのバランスを考えつつ、私たちには「ナチュラルなお芝居でいい」って言ってくださったから、この作品が成り立ったのだと思います。

新谷　年長の役者たちは、わりとそれを意識していたんじゃないかな。普段よりはだいぶリアルなお芝居をしているけど、ちょっとハメを外したり、サービスしちゃおうみたいな瞬間を意図的に作っていたと思います。その分、グリッドマン同盟の3人とアカネが引き立ったかなと。

お母さんに憧れて六花もアドリブの道へ

――アドリブは、六花が相手のことが多かったですか？

新谷　そうですね。六花はちょっと構いたくなるというか、生真面目で優等生っぽいんだけど、結構隙もあって。チョイチョイって突っつきたくなる感じの女の子だと思ったので、「ツンとしている六花から何かを引き出したい」と思ってやっていました。侑芽ちゃんが絶対に役から外れずに返してくれるっていう確信があったからこそ、できたことですね。刺激したことで、いい返しが引き出せたらうれしいですし、実際、いいレスポンスが返ってきました。

宮本　今回、人生で初めてアドリブをやりました。新谷さんが面白いことを言ってくださったときに、体にぐるぐる紐を巻かれてガーッて引っ張られるような勢いを感じて、この勢いに乗らずして六花は成り立たないと思ったんです。

新谷　初めてだったんだね。

宮本　お母さんに憧れて、挑戦したくなったんです。

新谷　憧れちゃダメ！ こっち来ても獣道だよ、荒野しかないよ（笑）。

宮本　（笑）。でも、最初はビクついていたのに、だんだん「六花ならこう言うかも」ってムズムズするようになって、自分からも入れるようになりました。

――新谷さんは、どの作品でも積極的

にアドリブを入れているのですか？

新谷　自分のキャラの顔が画面に残っていたら、入れてもいいのかなって思ってしまうところがあって（笑）。「ここはアドリブいらないな」っていうのがわかりきっていたり、本当にシリアスな場面以外なら……でもシリアスなところでも、そのテンションに合っていれば入れてもいいと思うんです。例えば、キャラが息を吐いているみたいな画だったら、台本になくても息を吐く声を入れるみたいなことは、わりとどの声優さんもやられるんですけど、その延長線上で、何か言いそうな顔があったら、その顔に合った何かを入れてもいいんじゃないかな、と。

宮本　新谷さんの何がすごいって、ひと言ひと言のアドリブでお母さんがどんどん魅力的に見えていくんです。生身の人間らしくなって、「お母さん」が確立されていく。それを間近で見ていたから、私もああなりたいって思っちゃって。

新谷　君の人生が心配だよー（笑）。

ママの血を継ぐ六花が聴ける
ボイスドラマ第11.11回

——六花とママの絡みは、ボイスドラマが印象的です。ママは本編よりも「母親感」や「おばちゃん感」みたいなものが増していた印象がありました。

新谷　ジャンクショップに来るキャラクターはみんな天然でマイペースで、変な言い方ですけど「ボケ」しかいないみたいな感じなので、鋭く切り込む人、かき回す側に回ろうとしていました。そういうことはちょっと図々しくてお節介な人のほうがやりやすいから、ママの役がうまくそういう方向に振れたのかなと思います。ただ、振り返って言葉にするとそうなんですけど、やっているときは役者としての感覚でしかなくて、「こういう球を投げてみよう」「こう来たから、こう投げ返そう」ってしているうちに自然とああなった感じですね。

宮本　さっきも言ったように、私はアドリブをしたことがなかったので、ボイスドラマで新谷さんと絡む台本をいただいたときに「これは大変だ」って思いました。「何とかしてついていかなきゃ」っていう、試練みたいな。

新谷　迷惑だった？（笑）

宮本　いやいやいや（笑）、自分が崩れるのが怖くて。

新谷　役じゃなくなっちゃうとね。

宮本　そうです。それが怖いと思いつつ、頑張ろうって思ってやり始めたら、新谷さんが力強いだけじゃなくて、めちゃくちゃ優しく引っ張ってくれるんですよ。その結果、あの「どこにでもいる家族感」が出たんだと思います。私ひとりだったら、宝多家は作れませんでした。

新谷　でも、病室で内海としゃべる回（第11.11回）の六花、あそこはママの血を継いでるなーっていう感じが……。

宮本　そうなんですよー！　本編からずっと、六花をどこかお母さんに似せたくて、新谷さんのいいところを拝借しようと思っていたんです。あそこで自然に新谷さんのテンポ感を滲ませることができていて。完成してから聴いて、「六花ママにちょっと寄れたかな」って思って、うれしくなりました。

新谷　普通は逆だよね。どう考えてもヒロインとそのお母さんがいたら、お母さんがヒロインに寄せろよっていう（笑）。

宮本　でも、普通の家族はそうじゃないですか。私は、声優界にママができたくらいの気持ちでした。

新谷　ほんと？　うれしい。侑芽ちゃんが私に引っ張ってもらったって思う以上に、私も侑芽ちゃんにすごくペースを合わせてもらったり、違う意味で引っ張ってもらったり、突っ込んでもらったと思っています。この若さで硬軟使い分けできているのがすごいですよ。上手な娘で良かった。思う存分、甘えられました（笑）。

——呼吸は後半にいくにつれて、だんだん合っていった感じですか？

新谷　そうですね。でも、第4.4回では、すでにやりやすかったです。

宮本　私もです。第4.4回は本当に心地良くて、普通にママとしゃべっている感じというか、台本を読んでいるのに台本じゃないような感覚で、初めての体験でした。

新谷　台本の良さもあるけどね。掛け合いが自然だし、ひと言ひと言が短くてすごく会話がしやすい、いいホンなんですよ。ホンの通りに言ってないけど（笑）。

——アドリブを入れる余地があるという意味でも、いい台本という。

新谷　そうそう（笑）。言葉選びも素敵だし、そこからさらに何かを盛り込んだり、こっちが遊ぶ余地もある、懐の広いホンです。

いい意味で世代を感じながら
現場を作れた作品

——ふたりの会話で印象深い場面は？

新谷　第3回で六花がヘコんでいる朝に、「朝ごはんできてるよ」って怒るでもなく過剰に心配するでもなく、普通に言うっていうのが、すごく親子っぽくて好きです。

宮本　私も今、そこが頭に浮かびました。六花は落ち込んでいるから、「うん」だけだったんですけど、台本を見たときにプレッシャーを感じたんですよね。その「うん」だけで六花の心情をどうやって説明しよう、と。でも、本番で掛け合いをしたときに、六花の気持ちを察して優しくしてくれるママを感じて、掛け合いとして成立する「うん」が自然に出てきたんです。

新谷　あと、ボイスドラマでは文化祭（第8.8回）が一番、印象深いです。

宮本　六花とママのケンカですよね！　ケンカの演技って、どこからヒートアップして、どのくらいのボリュームで持っていくかという調整が難しいんですけど、掛け合いをしていたら自然に勢いがついて、新谷さんとヒートアップのレベルが合致した気がして、すごく気持ち良かったです。

——最後に、新谷さんにとって本作はどういう作品になりましたか？

新谷　お母さん役のレギュラーって初めてだったんですけど、ヒロインの母親という大事な役を任せていただいたという意味でも、年長者としてみんなを助けたり、逆に若い人から教わったり圧倒されたりしながら、世代を超えて現場を作れたという意味でも、すごくいい経験ができたと思います。「年を重ねて、こういうお芝居ができるようになったな」と自分に対して発見もありました。「若いっていいな」とも思いましたけど（笑）。いい意味で、世代というものを感じられた作品でしたね。

新谷真弓（しんたに・まゆみ）

ケンユウオフィス所属。劇団「ナイロン100℃」で女優として活躍。声優としての主な出演作は、『キルラキル』（蛇崩乃音）、『宇宙パトロールルル子』（ミドリ）、映画『この世界の片隅に』（北條サン）など。

GRIDMAN

Special
Creator
Interview
01

監督 雨宮 哲 × キャラクターデザイン 坂本 勝

アカネと六花――作品を代表する
ふたりの少女の誕生秘話

雨宮 哲（あめみや・あきら）
TRIGGER所属のアニメーター、演出家。TRIGGER設立以前にはガイナックス所属。
監督作品は『ニンジャスレイヤー フロムアニメイション』。また、『キルラキル』で副監督、『宇宙パトロールルル子』で第2監督を務めている。

坂本 勝（さかもと・まさる）
TRIGGER所属のアニメーター。
主な参加作品は『リトルウィッチアカデミア』、『キルラキル』、『ニンジャスレイヤー フロムアニメイション』、『宇宙パトロールルル子』、『プロメア』など。本作では作画監督も務める。

最強の女子高生と男子と距離がある女の子

――アカネと六花は、どういうコンセプトから生まれたのでしょうか？

雨宮　アカネは敵であり、表面的には「最強の女子高生」というのが最初から一貫して決めていた要素です。ダブルヒロインのように言われることもありますが、僕としては、彼女はあくまでも敵の位置づけ。六花は主役からちょっと離れた感じのヒロイン像にしようと考えていました。

坂本　六花は「男子と距離がある女の子」みたいなイメージでしたよね。

雨宮　ヒロインの家にジャンクがあるという設定は最初からあって、ジャンクをきっかけに、主人公との距離がなりゆき的に近くなるという展開をやりたかったんです。なので、向こうからは歩み寄ってこないようなタイプの子にしました。

――初期から今のような性格でしたか？

雨宮　アカネはもうちょっとハキハキしたタイプでした。仕切り屋というか、委員長みたいな雰囲気でしたが、「クラスで一番人気がある女子は委員長じゃない気がする」という話になって、今のような性格に変わりました。それから、初期は六花とアカネの関係性みたいなものは何もなかったと思います。

――キャラクターデザインの実作業に入ったのは、制作のどのあたりですか？

坂本　脚本作業の段階で、デザイン案は少しずつ出し始めていました。

――キャラクターの設定をすべて知った上で描き始めたのですか？

坂本　企画会議に最初から参加していたので、そこで話されていた設定は把握していました。

雨宮　それをどう絵として表現するかが一番のチャレンジだったと思います。

坂本　あえて意識的に設定と絵を切り離した部分もありましたね。

雨宮　設定と関係なく、絵として単体で可愛くないといけないですからね。あえて細かい部分の設定はあまり伝えていなかった気がします。最初は、キャラのパーソナルの細かい部分を整理した履歴書みたいなものを作ろうとしていたんですよ。でも、途中まで作ってやめました。例えば、「マヨネーズが好き」という設定を作ったとして、Tシャツにマヨネーズとか、「M」とか描かれたキャラクターが出てきたら嫌だなと(笑)。アニメ業界ってそういう記号化をしてしまうところがあって、それはよくないと思ったので。

キャラの「勝ちポイント」を生み出す難しさ

――アカネと六花のどちらを先に描き始めましたか？

坂本　ヒロインである六花です。

――デザインは難航したのでしょうか？

雨宮　デザインが進んでいったときに「絵に強度が足りない」という話になって、そこで少し悩みました。

――「強度」というのは？

雨宮　そのキャラだけの良さ、勝ちポイントみたいなものです。そこがふわっとしていて曖昧でした。

坂本　僕は普段、人のデザインに合わせて描くのが仕事で、自分でデザインをするのは初めてだったので「デザインを起こす」ということ自体がよくわからなかったんです。自分の引き出しから何かを出して提案しなければならないのですが、引き出しの数があまり多くないので大変でした。いろいろ描いてみて、雨宮さんにありかなしかを判断してもらっていたので、結局は雨宮さんの好きな形になったと思います。僕がデザインしたというよりは、雨宮さんが好みで選んだ要素が残っていった感じですね。

雨宮　すみません(笑)。

坂本　でも、そういう提案役くらいのポジションで良かったと思います。僕の絵には強い個性があるわけではないので、スタッフ同士で探り合いながら作っていけたのは強みでした。

雨宮　グループワークの楽しさがあったよね。あと、コヤマ(シゲト)さんから「デザインに自分の好きなものを入れるといい」というアドバイスをもらったことも、現在のデザインになるきっかけでした。

——アカネと六花のデザインは途中で入れ替わったそうですね。

坂本　入れ替わったというか、いろいろなデザイン案が出て、その中から段々とふたつに絞られていって、最後にアカネ案だったものが六花の、六花案だったものがアカネのベースデザインに選ばれたという感じです。

——案はかなり大量に描いたんですか？

雨宮　TRIGGERのアニメとしては、少なく済んだほうです。

坂本　僕としては、すごく練った気がしますけど……。

雨宮　他の作品に比べれば、全然スムーズでした。

体型や癖に込められた意味

——高校生を描写するために、現代の高校生をずいぶん研究したそうですが、具体的にデザインに反映した点は？

雨宮　六花の靴下とかかな。

坂本　短い靴下ですね。

雨宮　ダサいなと思いつつ。でも、ここ数年、ダサく見えるほうがいいというのがあって。リュックもそうですね。アカネは、現実から持ってきたものはあまりなかったと思います。パーカーは僕らが好きだから入れました。

坂本　男性が好きな女の子の服装の話をしていたら、「制服の上にパーカーを着ているのが可愛い」という話になっ

いずれも、アカネとして描かれているデザイン案。現在の六花に近いデザインが多いことがわかる。部屋ではメガネをかけるという設定は初期からあったようだ。

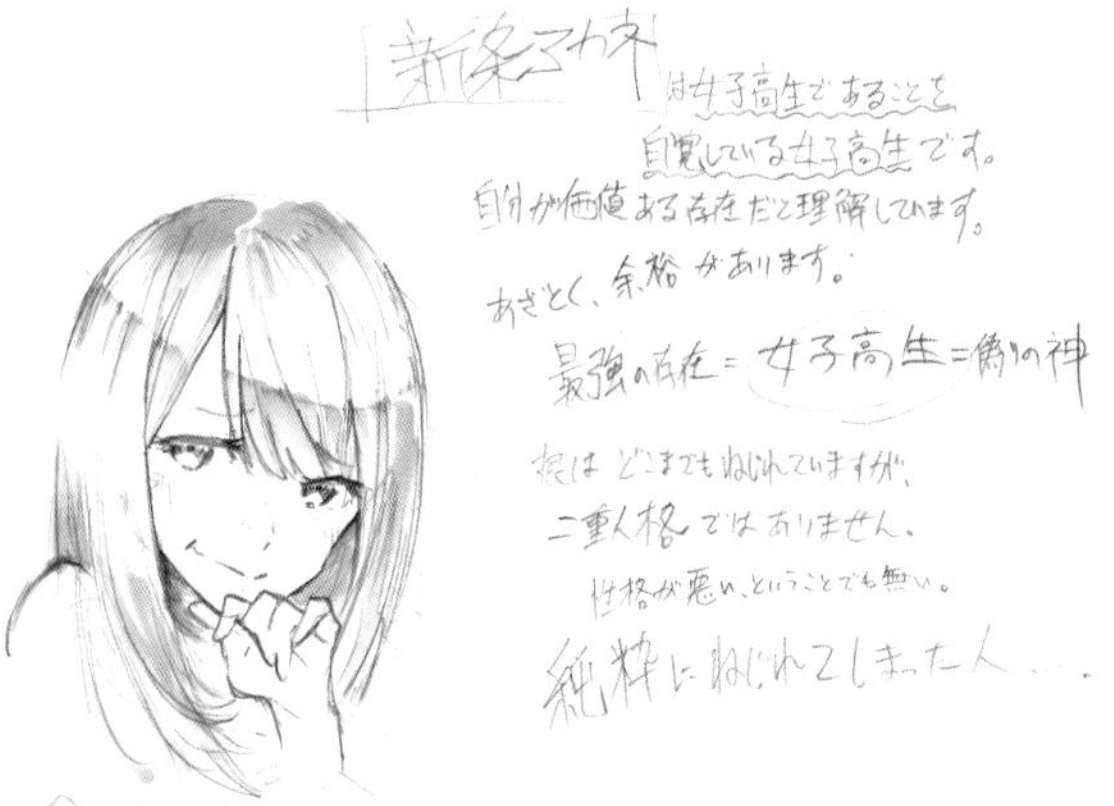

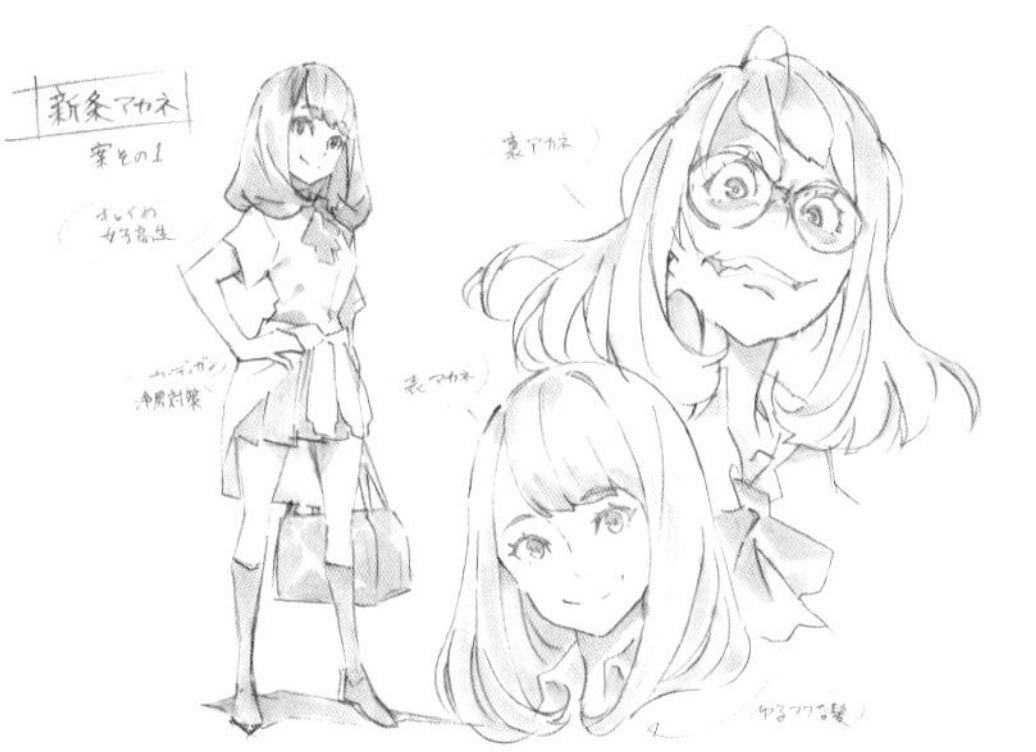

て。アカネは「最強の女子高生」という指定だったので、「自分で女の子を好きにカスタマイズできるとしたら、どんな女の子にしたいか」を話し合って描いていきました。

——六花がリアル寄り、アカネが二次元寄り、というイメージでしょうか?

坂本 それはありますね。六花はアカネに比べて、リアルにいそうな女子高生の記号を入れています。

——六花の脚の太さは監督のこだわりですか?

雨宮 そう言われると僕が脚フェチみたい(笑)。こだわりではありますが、太い脚が好きとかではなくて、アカネちゃんが完璧なのに対して、普通の女の子である六花にはウィークポイントがあるはずという発想で弱点として入れたんです。マイナスポイントではあるけど、男性にはプラスにも働くし。とはいえ、「脚の太さを売りにしよう」とまでは考えていなかったです。

坂本 脚が太いのが好きな人が意外と多くて、びっくりしたくらいです。

——アカネはストローを噛むなど、癖が多いキャラクターですよね。

雨宮 あれは単純に幼児性の表現です。「大人になったらしないこと」を考えて、アカネにやらせようと思ったんです。いろいろ考えたのですが、あまり良いものが思いつかなくて、ストローだけが採用となりました。お菓子の「コアラのマーチ」を食べるときに、いちいち絵柄を見るっていうのもあったんですけど(笑)。

——(笑)。

雨宮 子供は食べる前に絵柄をちゃんと確認するんですけど、大人になると見ないで食べちゃうんですよ。でも、これは使えないな、と。本当はもっといろいろやりたかったんですけどね。

——脚の演技も生々しいですよね。部屋でタイツを脱いであぐらをかく場面などが、生っぽくて印象的です。

雨宮 六花もそうですけど、スタッフに脚フェチがいるとかじゃないですよ(笑)。あぐらは男っぽさを狙った部分です。怪獣が趣味というところから、アカネは少し男っぽいイメージで描いています。

——癖とはまた違いますが、六花のアイテムの青いイヤホンも印象的でした。

坂本 あれは六花のカラーを青色に振った結果ですね。デザインで迷ったとき、六花に関しては小物とかに青を使うようにしていました。六花というキャラクター全体が青のイメージです。

——第9回の夢の世界でアカネが同じイヤホンの色違いをしているのは、六花に近づきたい気持ちを表現しているのでしょうか?

雨宮 逆です。六花がアカネに憧れて、あとから同じイヤホンを使うようになったんです。

——あの第9回のエピソードは、過去に実際にあったことなんですか?

雨宮 全部ではないですけど、本当にあったことが断片的に少し入っている、というイメージで作っています。

普通はやらない仕草は意識的に避ける

——坂本さんは作画監督として、アカネと六花を描く際に特に意識したことはありますか?

坂本 とにかく可愛く描く、くらいしか考えていなかったです。

雨宮 頭の形とかは?

坂本 ああ、そういう細かいところではいろいろあります。例えば、髪の毛をさらさらするような感じにするなど。

雨宮 他の人が描くと、さらさらにならなかった?

坂本 結構ごわっとしたり、ジャギジャギしたりするんです。ストンと落としてほしいのに、変な丸みがついたり。そういう部分はよく直していました。あとは、六花は吊り目なので、あまりキツそうに見えないようにとか。でも、自分としてはアカネのほうが難しかったです。描いても描いてもよくわからない。

——特にどのあたりが?

坂本 目ですね。ちょっとでも描き間違えると、すごく怖い感じになっちゃうんです。

雨宮 アカネはわかりやすい表情をしないからね。

坂本 他の人は結構、瞳の上に白目を入れてくるんですけど、目を見開いた感じになって怖くなっちゃうんですよ。

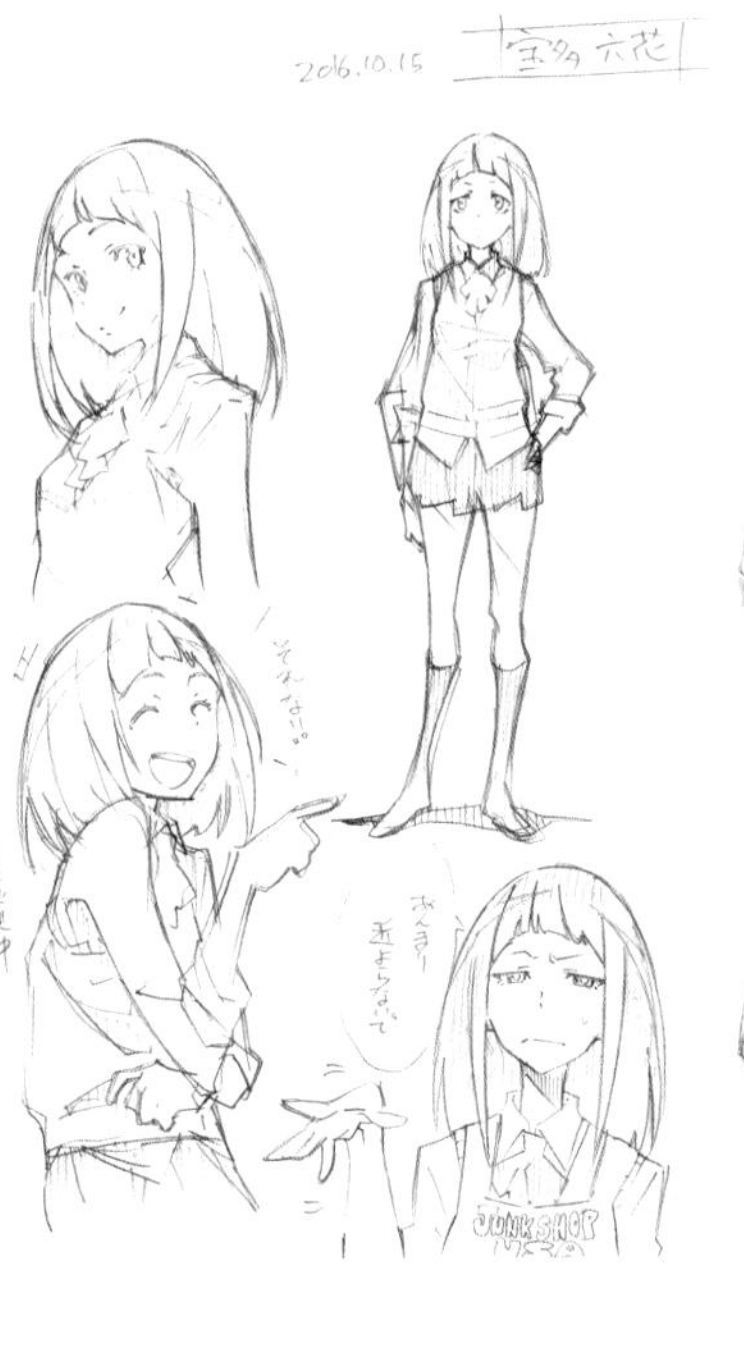

六花のデザイン案の数々。一部にはアカネや裕太、内海の初期案も描かれている。瞳の描き方も、現在の形に固まるまでにさまざまなパターンが模索された。

ダブルヒロインのように言われることもありますが、
僕としては、アカネはあくまで敵の位置づけ
六花は、主役からちょっと離れた感じのヒロインにしようと考えていました
（雨宮 哲）

それで、できるだけ白目を上の瞼とくっつけて怖さをなくすようにしていたんです。怖い表情もたまに出る分には面白いんですけど、コントロールする側としては、美少女感を保つことを重視していました。

――監督からの指示で印象に残っているものはありますか？

坂本　デコは出すな、ですね。

雨宮　坂本君の作監としての仕事に関しては、とにかく六花とアカネを優先して描いてほしい、と言っていました。他のキャラクターは後回しにして。

坂本　ふたり以外のキャラクターも描きたかったんですけど、なかなか描けなかったです。

雨宮　アレクシスとか、1回も描いてもらっていないですね。

――他にも何かデザインや作画でこだわった点はありますか？

雨宮　立っている絵を描くとき、突っ立っているようなポーズにしない、とかですね。六花が設定画で爪を見ているんですけど、普通はただ立っているときにもああいう仕草を何かしらしているはずで、「気をつけ」みたいに突っ立っている人っていないですよね。そういう至極当たり前のことをアニメできちんと表現しようとはしています。

坂本　意識が低いポーズはさせたくないと思っていました。例えば、驚いたときの表現として、アニメやマンガでよく見る〝肘を曲げてバンザイしたようなポーズ〟とかって普通はやらないよね、と。

雨宮　現実にありそうな仕草に寄せるというよりも、なさそうなものを潰していくという感覚でしたね。

――キャストの演技がナチュラルな方向性だったのと同じベクトルでしょうか？

雨宮　あの演技は声優さん側から出てきたもので、僕たちが狙ったものではないです。アニメでリアルに生っぽくやろうと思ったら、ただ現実の会話のようにやってもうまくいかなくて、アニメとしての枠からはみ出した瞬間に合わなくなってしまうんです。なので、僕らはむしろあの方向性をアニメの枠の中に収まるように調整していました。

アカネに相応しい存在として作られた六花

――設定面について伺いたいのですが、この世界を創造した段階で、アカネにとって六花は特別な存在だったという捉え方でいいのでしょうか？

雨宮　そうですね。お気に入りのキャラというか、自分に一番相応しい存在として作ったのが六花です。

――ただ、第4回の段階では、あまり六花に関心を持っていないわけですよね。グリッドマンの関係者っぽいから近づいた感じで……。

雨宮　作ったあとにいろいろあって興味を失って、そのために第4回の段階では心が離れていた、という設定です。

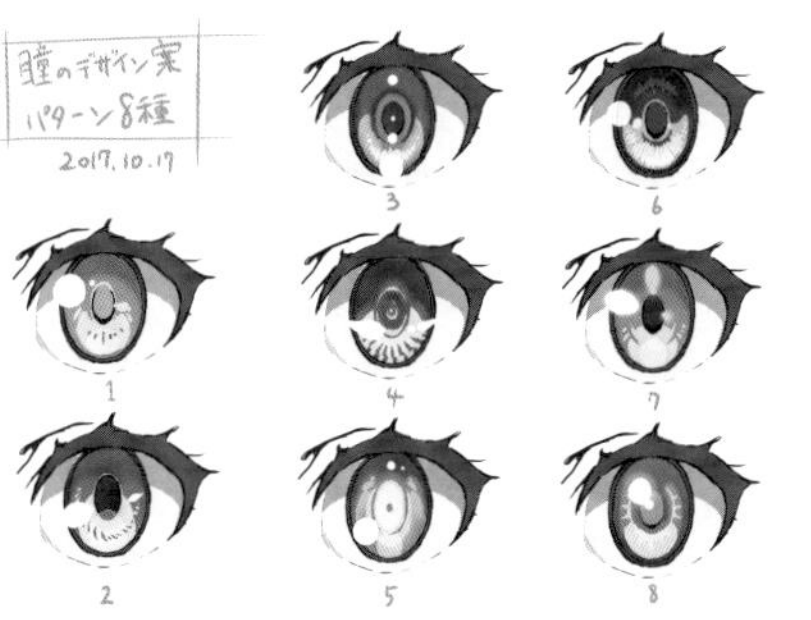

でも、再び近づいたら興味が戻ってきた。第8回で「やっぱり六花はいいよ」という言い方をしているのは、そういう趣旨です。

坂本　「別の友達もいるし、まあいいか」みたいな感じになっていたんだけど、改めて近づいてみると、やっぱり「あいつ、ちょっと違うな」と思ったということですね。

――赤い瞳は怪獣側の象徴で、六花の瞳には赤い差し色が入っていますが、あれは六花が怪獣寄りというか、アカネ寄りに設定されたことの象徴だったりしますか？

坂本　ガッカリされるかもしれませんが、特に意味は込めていませんでした。ヒロイン的なキャラには全員差し色を入れたいと思っていて、青に映える綺麗な色合いを考えた結果です。

――アカネとボラーの差し色が黄色系。こちらも「世界の外側から来た存在」の象徴である金色に近い色ということで設定と合致するので、狙ったのかと思っていました。

坂本　偶然です。

雨宮　偶然でそうなったっていうのは、ドラマチックでいいと思うけどね。

坂本　見た人がそう思ったのなら、その解釈でいいのかなと思います。

雨宮　そういう風にいろいろ解釈してくれる人がいるのはうれしいですし、そもそもキャラクターのことは、一から百まで僕らが決めるものでもないと思っているんです。こちらである程度まで設定しますけど、世に出て転がり始めたら、もう僕らの手を離れている気がします。そのあとでお客さんが何かキャラ付けをしたなら、その人にとってはそれが正解でいいと思うんですよ。

坂本　SNSでユーザーさんが絵をたくさん描いてくれているのを見ると、こちらとしても「このキャラにはこういう一面があるのかも」と気づかされることもありますしね。

雨宮　アンソロジーとかも、僕らが「なるほどなあ」と思うことがたくさんあるんですよ。見た方がキャラクターを肉付けしてくれるのはありがたいです。

――制作中にも、他のスタッフが描いたもので、キャラクターの想定していなかった面が出てきたということはありましたか？

雨宮　まさにエンディングがそうで、僕はあの映像がどういう場面なのか、いまだによくわからない（笑）。

――わからないままOKを出したのは、エンディングを担当した中村（真由美）さんに任せてみようと思ったからですか？

雨宮　こちらがまったく予想していないことをやってきたので……。例えば、最後のシーンは本編のあとのイメージだと思うんですけど、脚本が全部上がっている状態でそのあとの話を描くって「結構なこと」なんですよ。そういう結構なことをやってきたとすれば、作り手の中では、この映像で正しいんだろうなと。僕が知っている六花だけが六花じゃないんで、僕にはわからなくても、これはこれでありなんだろうと判断しました。

――そういう予想外のものを見るのは、監督として楽しいものですか？

雨宮　ズレていなければ楽しいです。絵でも役者さんの演技でも、明らかにズレていれば直します。でも、自分の予想していなかった方向でいいものが出てきたときはうれしいですね。

アニメや特撮のお約束に寄せすぎない

――アカネの怪獣の名前、「グールギラス」や「デバダダン」などはアカネがつけているんですか？

雨宮　アカネが名付けている設定です。

――劇中ではアンチ以外、名前を呼びませんよね？

雨宮　アカネが「行け、デバダダン！」みたいに言うとアニメっぽくなるので、アニメに寄りすぎないように意識した部分ですね。アニメのルールに当てはめすぎないほうが、視聴者が見やすくなるだろうと思って。そのために固有名詞を1個でも減らしたかったんです。とはいえ、グリッドマン側の固有名詞は削れないので、怪獣側を減らしました。

坂本　ターゲットを特撮好きな人やアニメ寄りの人に振るなら、怪獣名を言うのも全然アリだったかもしれないですけどね。

基本的な形が決まったあとも、さまざまな調整が加えられたことがうかがえる画稿。書き込みの量が、細部に至るまで意を注がれたデザインであることを物語っている。

アカネの目はちょっとでも描き間違えると、
すごく怖い感じになっちゃうんです
怖い表情もたまに出る分には面白いんですけど、
美少女感を保つことを重視していました
（坂本 勝）

雨宮　もうちょっと幅広い層に見てもらいたかったので、アニメや特撮のお約束的な要素を入れすぎないことを意識しました。裕太は当たり前のようにアクセプターを装着していますけど、そもそも変身アイテムを出すか出さないかについても結構話し合ったんです。

——ジャンクだけで変身すると？

雨宮　いや、ジャンクすらありませんでした。特撮版の『電光超人グリッドマン』（以下、「特撮版」）の通りにすると、特撮版のファンはみんなうれしいですけど、それ以外の人のハードルになってしまうかなと。特撮版のファンだけに寄るのは避けたかったんです。

——他に、アニメ的、特撮的という部分で議論した部分はありますか？

雨宮　結構あります。例えば、裕太の髪が赤いのはアニメのルールとしてアリな気がするんですけど、六花の頭にでっかいリボンが付いているのはなしだろう、とか。

——微妙なラインですね。

雨宮　そうそう。本当に微妙なところの積み重ねで、結局は生理的な感覚になっちゃうんですけど、みんなで一生懸命考えて、ピリピリしながら決めていた部分ではあります。

ズレを許容することから生まれたアカネ像

——アフレコはスムーズに進みましたか？

雨宮　そうですね。意見を求められたときは「こっちかなあ」とか言いましたけど、こうしてくれ、ああしてくれというのはほとんどなく、アフレコでは苦労していないです。

坂本　アカネについてはいろいろ言っていましたよ。

雨宮　ああ、アカネのことは言っていました。一度聞いて「こうじゃない」と思って、もう1回やってもらって、やっぱり思っていたのとは違うけど、これはこれでいい……ということが、第3回の収録くらいまではありました。僕が「こうだ」って言ってしまうと、幅を狭めてしまいますからね。結果として僕が思っていたアカネよりいいものになりました。

——上田（麗奈）さんも対談で、監督の考えるアカネ像と自分が考えるアカネ像にズレがあったと言っていました。

雨宮　本人ともそういう話はしました。役者さんも、僕の求めるものを演じたいと思ってくれるんだなと、ありがたく感じました。ですが、僕のイメージと違うことと面白いかどうかは別の話で、ちゃんと面白かったですからそれでいいんです。出力されたものが面白いことが、一番大事ですから。

——ズレの具体例を挙げてもらうことはできますか？

雨宮　第3回の前半、グリッドマンとアンチが戦う前あたりで、すごく楽しそうにしているシーンが情緒不安定な感じになっていたんです。あれは僕の

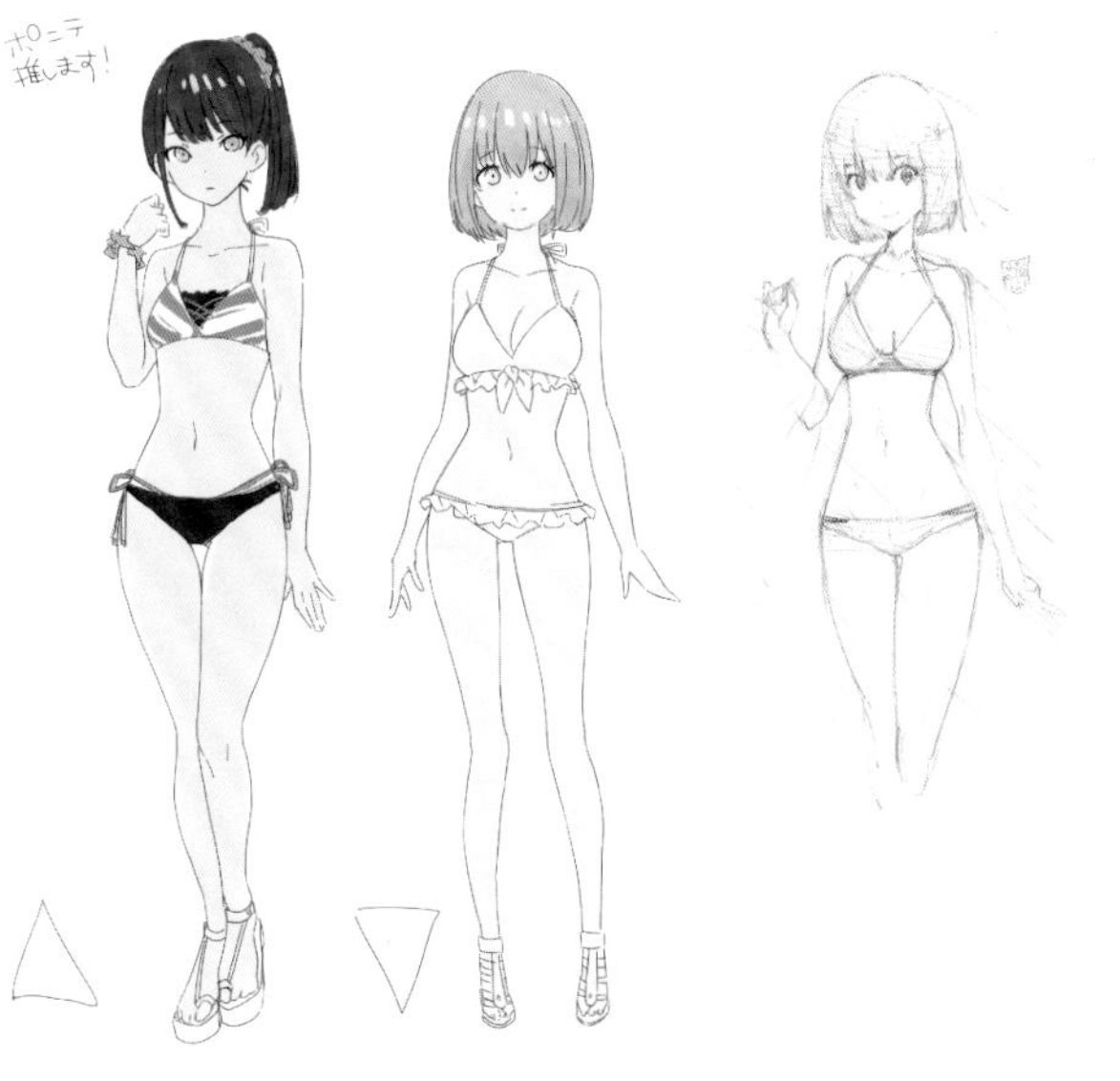

衣服関連のラフスケッチ。カラーの水着ラフは、劇中に登場したデザインにかなり近い。

イメージではなかったんですけど、あの情緒不安定さが、何を考えているのかわからない怖さに繋がっていたので良かったなと。理解できると同情してしまうじゃないですか。アカネには明確に敵であるために、理解できない存在でいてほしかったんです。これはずっと言っていることですが、アカネは敵なので愛されなくていいと僕は思っているんですよ。特撮版の武史君（編注：グリッドマンの敵である魔王カーンデジファーに見出され、怪獣の原形を作る役割を担った屈折した性格の少年）に当たるキャラではあるけれど、彼とはそこが違う。それくらい強烈じゃないと、武史君とは並べないと思うんです。役者さんに「愛されなくていいキャラをやって」と言うのも酷な話で、一番大変な役だったと思うんですけど、あの演技のお陰で作品を象徴するキャラになったと思います。

時代を先取りする『グリッドマン』

——第2回や第3回のアカネはそこだけ見ると単にサイコな感じですけど、設定がわかった上で見ると、「この人はコンピューターワールドの創造主だから、住人を命あるものとして見ていないんだろう」という風に見え方が変わります。

雨宮　そうですね。そこは狙っていたところです。

坂本　アカネがドローンで怪獣を見ている場面は「スポーツを楽しんでいる感じで描いてくれ」と言っていましたよね。

雨宮　怪獣を応援するところとかね。プレイしているのは怪獣で、自分は画面越しに見ているだけなので、ああいう罪の意識が薄い感情表現になっているんです。

——第2回で先生をターゲットにしていながら、周辺の被害が拡大するのを喜んだ上に、先生を殺すのはどっちでもいいと言うのが印象的でした。

雨宮　アカネは殺すのが目的じゃなくて、スッキリするのが目的なんです。だから自分で殺しに行かずに怪獣に爆破させている。先生を殺すことが動機で怪獣を作ったとしても、それ以上に気持ちいいことがあれば、動機自体はどうでもよくなるわけです。話が進むにつれて、目的がスッキリすることからグリッドマンを倒すことへと変わっていくわけですが。

——あの世界の人間が一種のAIであるという設定から逆算してアカネを見ると、「AIが進化したときに人はどういう倫理観を持って接するべきか」みたいな問いを突きつけられている感じもします。

坂本　それは僕も感じました。データにも、何て言うか……。

雨宮　人権みたいな。

坂本　そう。そういうものがあるべきなのかなとか、データにももしかした

第7回でアカネが裕太を部屋で待ち伏せする場面など、特定のシーンを描いたイメージボード。キャラクターデザインが固まる前から、場面ごとのイメージは具体化されていたことがわかる。

ら魂が宿っているかもしれないとか。

雨宮　ただ、普通はあの世界に入り込んでいたら、魂があるかどうかに関係なく、AIだから消していいみたいな発想にはならないとも思いますけどね。だって、電源が切れたペッパー君がうなだれているのを見ただけでも、ちょっと感じるものがあるじゃないですか。まして人間の形をした存在が生々しく倒れるのを見たら、くるものがあると思いますよ。

——考えすぎかもしれませんが、AIが話題になることが多い昨今、この作品は時代の最先端をいっているように感じます。

坂本　ちょっと先を行きすぎている感もあるかもしれませんが、特撮版が当時としては最先端というか、時代の先を行きすぎていたので、今回もそういう要素があって良かったのかなと思います。

雨宮　のちのち、こういう話が現実になってきたら面白いよね。

坂本　もしかしたら本当にAIが人格を持って、人権を持たされる時代になるかもしれませんしね。

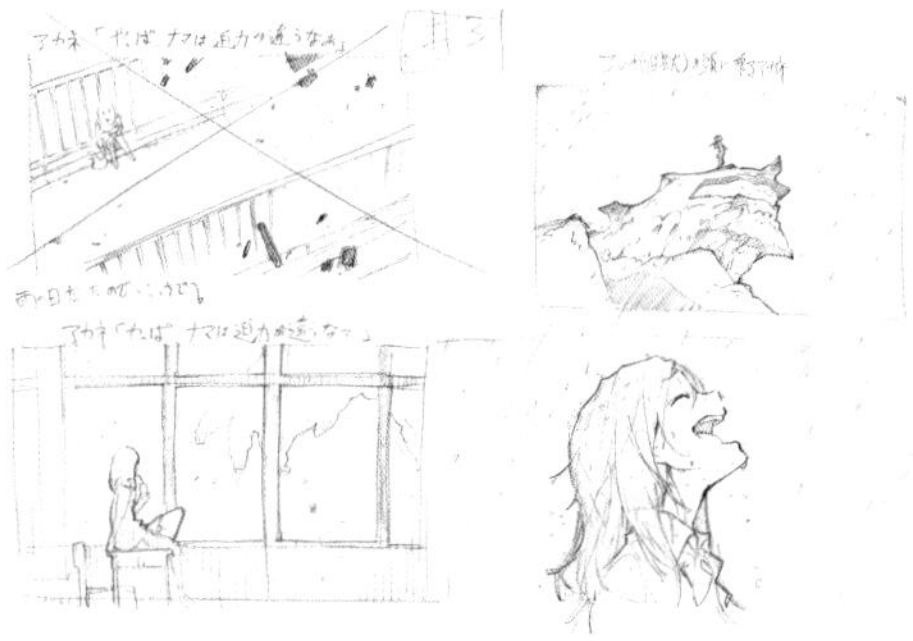

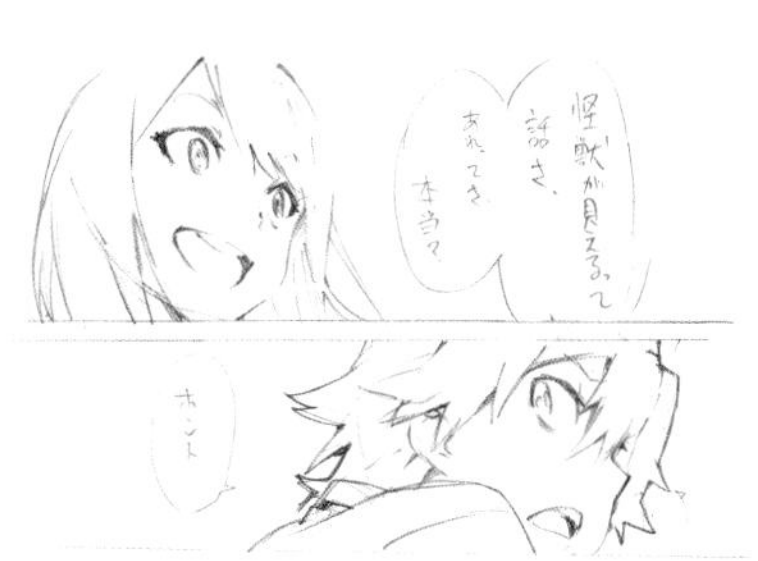

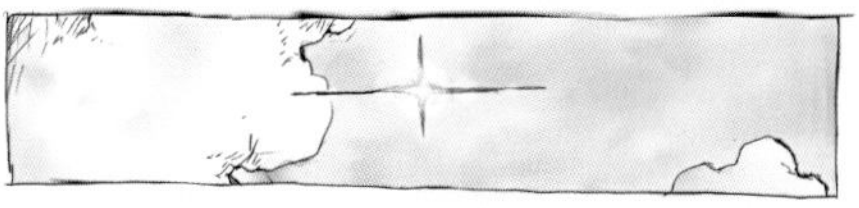

私には、願いなんて無い

生きていくことに不都合は無いし、不満があっても
自分で解決する力を、私は持っている

いつもなら寄り道もしないですぐに帰る放課後を、
なぜか、今日は一人で見回したい気分だった

放送部の発声練習が中庭に反響し、サブグラウンドでは
フットサル部のストレッチが始まった
自習室は何年か前に改装したばかりで、まだ綺麗
駐輪場近くの水道に放置された誰かのスニーカーは、
夏休み前からそのままだ

暦の上で九月が秋だといっても、実際は真夏のまま
夕方を忘れているのかもしれない、と心配になるほど青い空は、
私にひとつの星を気づかせてくれた

今、私の目には微かな光が揺れる

空に見えるその光が、流れ星に見えたとしても、私は願ったりなんてしない

私は今、私が願った世界にいるのだから

ssss.GRIDMAN

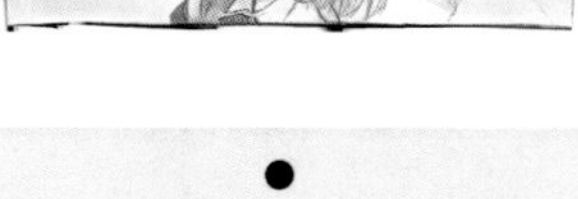

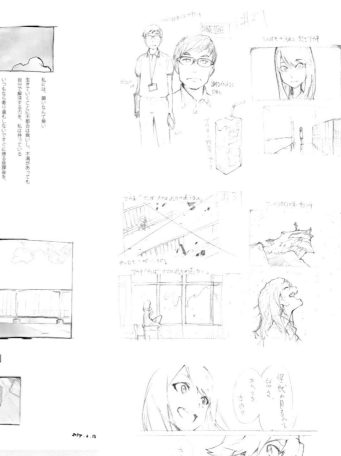

第9回の、夢の中でのふたりのやりとりをコミック形式で描いたイメージボード。展開やセリフは本編とほとんど同じで、キャラクターデザインだけが現在と真逆になっている。

SSSS.GRIDMAN

Special
Creator
Interview
02

エンディング　コンテ・演出・作画監督
中村真由美

彼女たちの親密な時間を映し出す
エンディングの意図

中村真由美（なかむら・まゆみ）

TRIGGER所属のアニメーター。
『リトルウィッチアカデミア』、『ダーリン・イン・ザ・フランキス』などに参加。本作ではサブキャラクターデザイン、一部プロップデザインも手がけた。

あったかもしれないし、あり得たかもしれない場面

――エンディングを、ほぼアカネと六花に絞った映像にした狙いは？

中村　自分の中でメインキャラクター全員を入れるとなると学園もののイメージ映像みたいになると思い、個人的に入り込めないと思ったんです。作り始める段階で本編のコンテは全部上がっていたんですけど、ラストのほうではアカネと六花がフィーチャーされるじゃないですか。その布石が第1〜3回になかったので、エンディングで種を蒔いておくのは面白いかなと。最初はイメージ映像みたいに見えるんですけど、話が進むにつれて意味合いが変わってくるものになったらいいなと考えて、ふたりに焦点を当てました。

――映像のテーマをお願いします。

中村　序盤では、アカネと六花が疎遠な感じになると聞いていたこともあって、仲がいいふたりを描こうと考えました。第9回に、ふたりが保健室で仲良く話す場面がありますよね。あの雰囲気を、保健室の場面は春のイメージですけど、さらに秋冬まで膨らませて描いている感じです。「ふたりの日常」って言うとペラい感じになってしまいますけど、「あったかもしれないし、あり得たかもしれない、アカネと六花のやりとり」みたいなイメージです。

――ご自身としては、あった場面とあり得た場面、どちらと考えていますか？

中村　公式には決めていないです。私の個人的なイメージということであれば、あった場面という意識で描いています。

――本編ではほとんど出てこない、冬服の制服が中心なのも印象的でした。

中村　最終話のあとも六花たちの生活は続いていくっていう感じを出したかったんです。本編は夏限定の話だから、その季節を越えて話が続くという意味で着せています。

――エンディングの最後にひとりで佇む六花は、アカネが去ったあとのイメージですよね。

中村　そうですね。

――雨宮監督が対談で「本編のあとを描いてくるのは結構なこと」と言っていたんですが、そういう話はしましたか？

中村　いや、全然。最初、絵コンテを渡したときに「わかんないな」って言われて、修正されるのかなと思っていたら「じゃあ、これでいこう」と。「結構なこと」とは言われなかったし、もちろん自分でも思わなかったです。この映像を提示しても、見る側は絶対にわからないはずだという謎の自信はありましたが……。

――わからない、というのは？

中村　第1〜4回くらいの段階では確実にイメージムービーとして捉えられるはずで、最終話以降に繋がっているとは絶対に見られないだろうと。じゃあ、やっちゃえ！と思って、本編後のシーンも入れたんです。

アニメと実写の境界のような世界観を表現

――全体にしっとりとしたトーンだと感じるのですが、これは緊張感がある本編との対比ですか？

中村　いえ、私の地の性格が出た結果だと思います。結構、好き勝手にディレクションさせていただけましたので。エンディングができたとき、雨宮さんが「純度が高いものになっている」って喜んでくださって、私がしっとりした映像を作ることを見越していたのかな、と思いました。雨宮さんの映像は、オープニングがそうですけど、結構カラッとしていますからね。

――ご自身のセンスが全開になっているということですね。

中村　本編から受けた印象を、私を通して出力した映像だと思います。

――背景が実写なのも印象的です。

中村　本編の最後で実写映像を使うと聞いて、実写とアニメの境界みたいな映像、どっちとも断定できない曖昧な世界観を作れたらいいなと思ったんです。

――六花が机の上に乗る場面のコンテに「スナップ写真の連続」とありますね。

中村　アカネと六花が、お互いを撮り合っているイメージですね。やっぱり

女子高生は写真好きだと思うので、ちょっと格好つけていて恥ずかしい写真を撮ってみたという、女子高生あるあるみたいなシーンをやりたかったんです。

――では、その次の、花に囲まれたアカネは六花が撮っているイメージですか？

中村　そうです。ここは六花の主観視点のイメージです。雨宮さんから「六花はアカネに憧れている部分がある」と聞いていたので、アカネを可愛く盛り盛りにしてもらっています。

――このシーンの前後にある、指のカットも魅力的です。

中村　六花の手と間違われることが多いですが、あれはアカネの手で、現実に向かっていくことの示唆です。アカネは前に進んでいき、六花はコンピューターワールドに置いていかれるということの暗喩のつもりでした。ただ、明確に伝わらなくてもいいという意識もあって、音楽と合わせたときに気持ち良く見られればそれでいいとも思っていました。

――動きが滑らかですよね。

中村　自宅で、自分で手を動かして描きました。女の子って暇になったときに爪をいじったり手遊びをしたりすることが多いので、そういう感じを入れたいとも思っていて。

――他に好きなカットはありますか？

中村　理科室のカットですね。学校でご飯とかお菓子を食べるときに、教室じゃないところに移動して、ふたりの時間を共有するという……そういう物事を共有している空間、時間が好きで。理科室っていうアンバランスな場所に行くというところも含めて、すごく気に入っています。みんなが教室でご飯を食べているときに、小声で「ちょっと理科室行こうぜ」みたいな感じになる距離感のふたりを描きたかったんです。

ふたりを受け手にしっかり送り届けられた

――アカネと六花に対する、ご自身の印象はいかがですか？

中村　最初、六花がすごく女子高生していて、感情移入できる女の子だなと思う一方で、アカネは全然わからなくて……。偶像というか、アイドル的な存在として捉えていたんですけど、お話が進むにつれて、感情に共感できる部分が増えていきましたね。アカネってちょっと愛情が面倒臭いところがあるじゃないですか。そこがすごく女の子らしいと思うんです。最終的にはふたりとも感情的に入り込みやすいという印象に変わっていきました。

――そういう入り込みはエンディングにも反映されていると思いますか？

中村　「綺麗な思い出」みたいな映像にしたかったので、自分が共感した面倒臭い感情みたいなものは、むしろ意識して出さないようにしていました。第11回の、感情をぶつけ合うふたりのや

エンディング コンテ

中村氏によるエンディングのコンテを全編掲載。映像では、背景が実写になっている。「コンテを描いてから、その絵に近いロケーションを探して撮影しました。コンテでキャラクターがいる位置にモデルさんに立ってもらって、イメージを掴んでいきました」（中村）

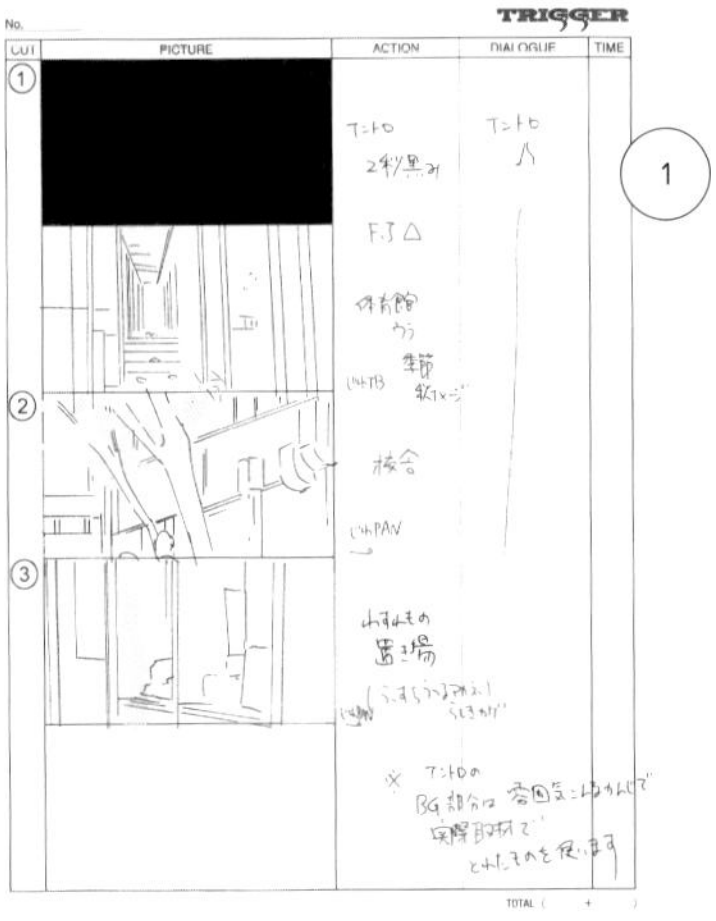

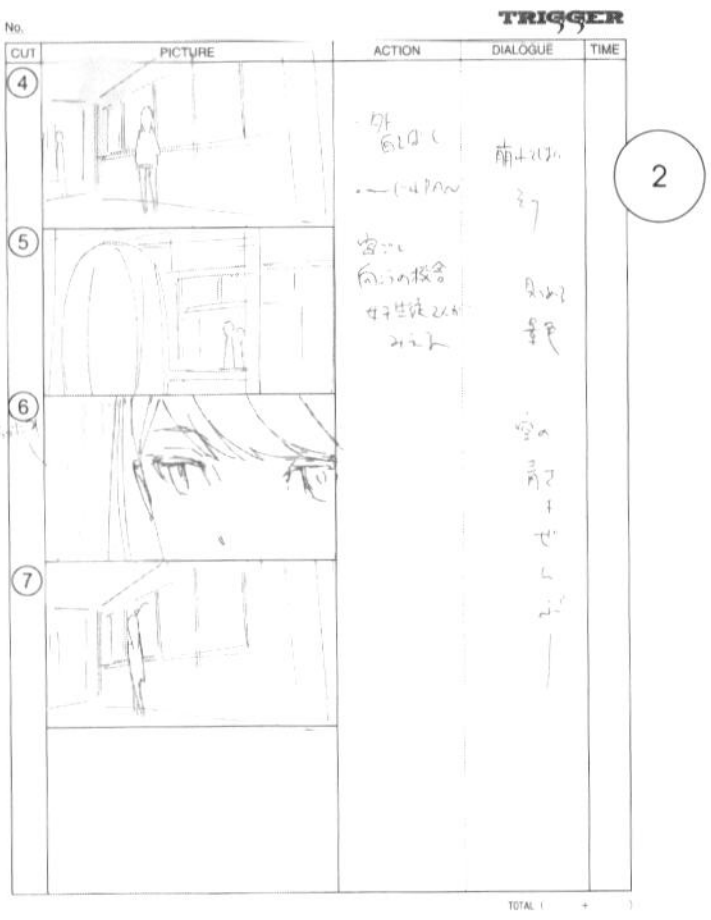

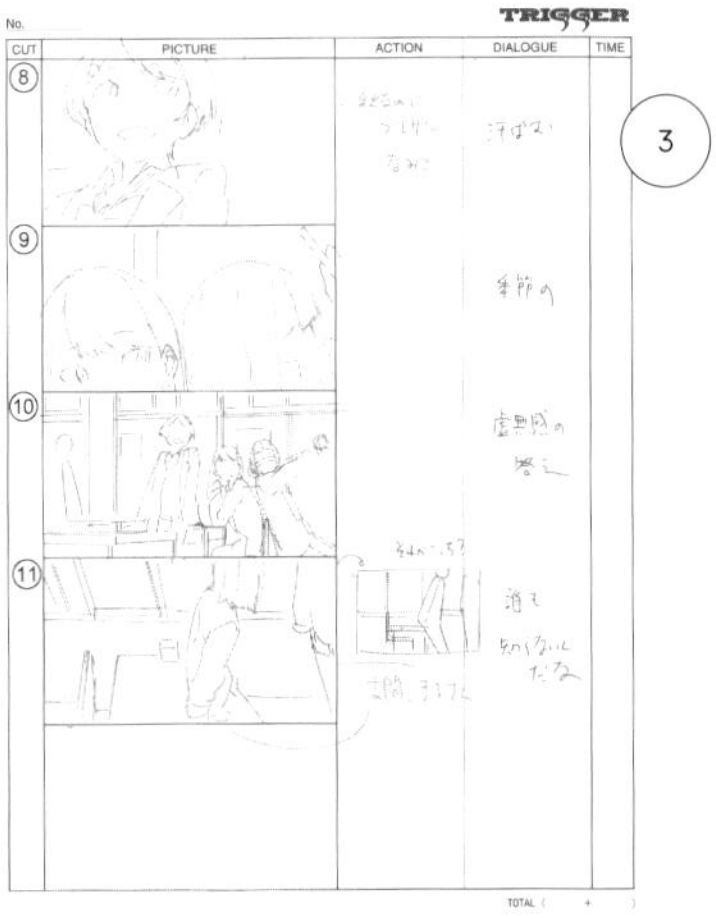

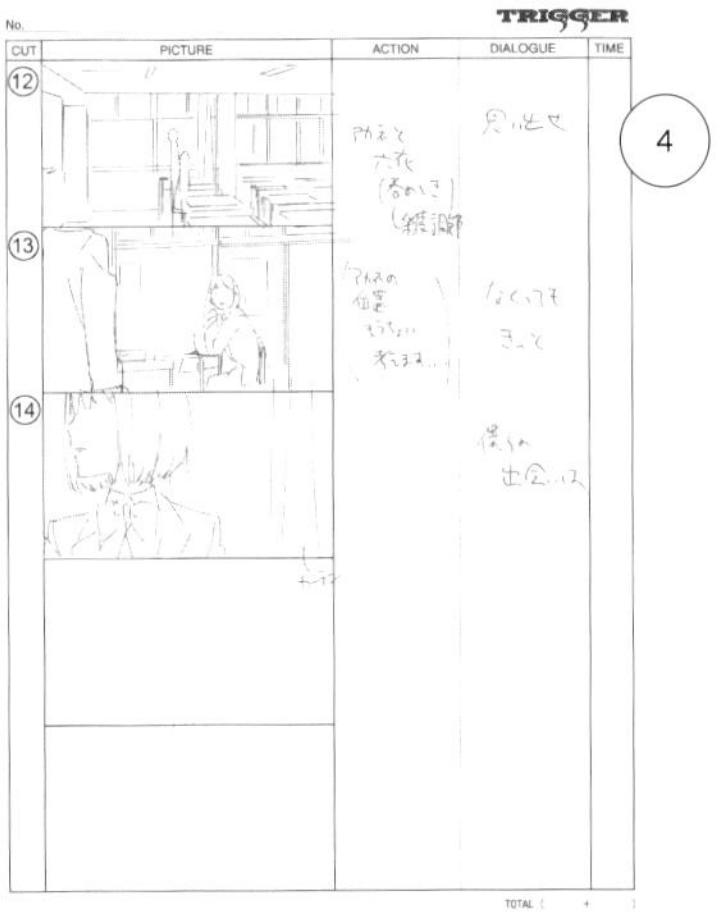

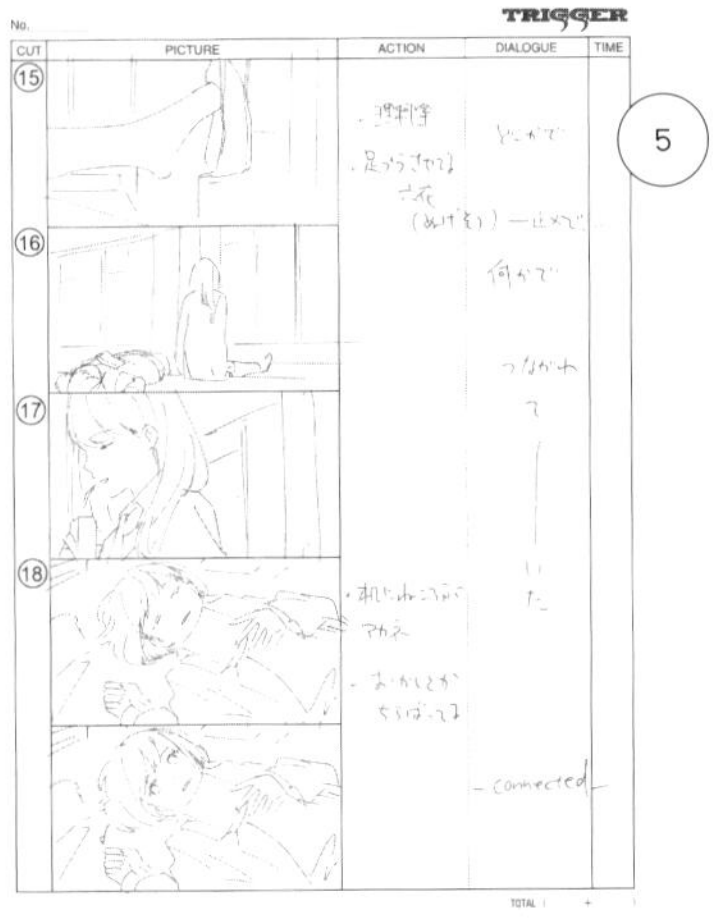

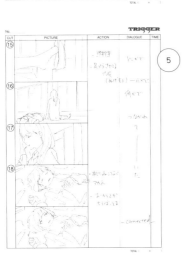

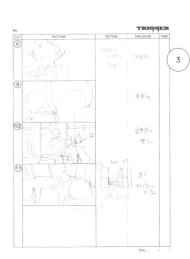

小声で「ちょっと理科室行こうぜ」
みたいな感じになる
距離感のふたりを描きたかったんです
（中村真由美）

りとりに女の子らしい一面が見えて感情移入していたんですけど、エンディングはああいう、ちょっとドロッとした部分を見せない、綺麗なものをお届けしようと。

――描くときに実際の女子高生を参考にしたりはしましたか？

中村　私自身の女子高生時代を参考にしすぎていると思います(笑)。例えば、エンディングに出てくる紙パックのミルクティーを飲んでいたのって、多分、私たちの世代が最後だと思うんですけど、そういう部分にすごく反映していると思います。

――今、放送も終わって、ふたりに対してどういう印象をお持ちですか？

中村　スタートからずっとふたりを見ているので思い入れがあって、この子たちは一体どんな風になっていくんだろう、みたいに思っていたんですけど……雨宮さんも言っていたことですけど、キャラクターは、作り終えたあとは受け手側のものになっていくので、その過程を見守って、しっかり送り届けられたなという印象ですね。自分たちの手を離れて、大きくなったと思っています。

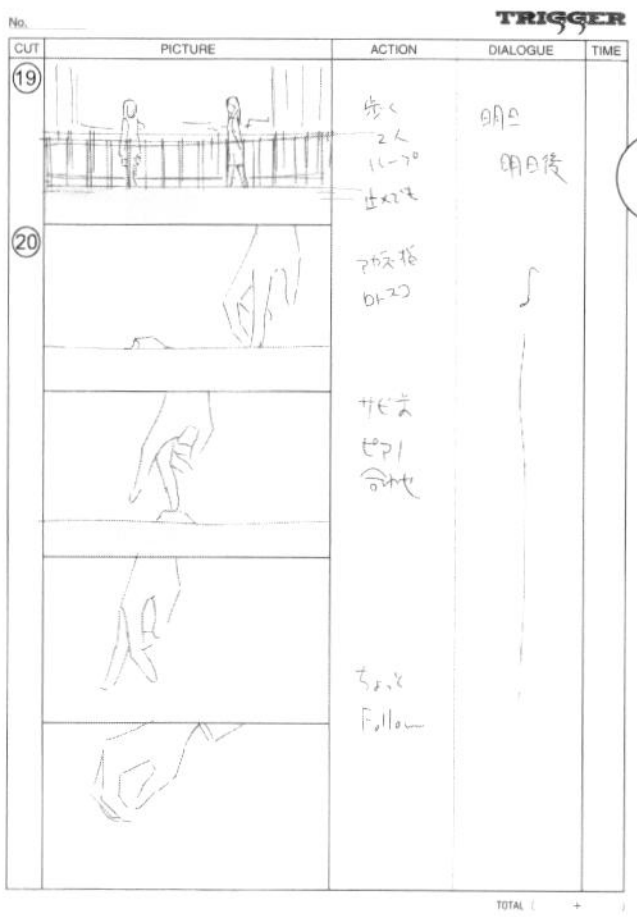

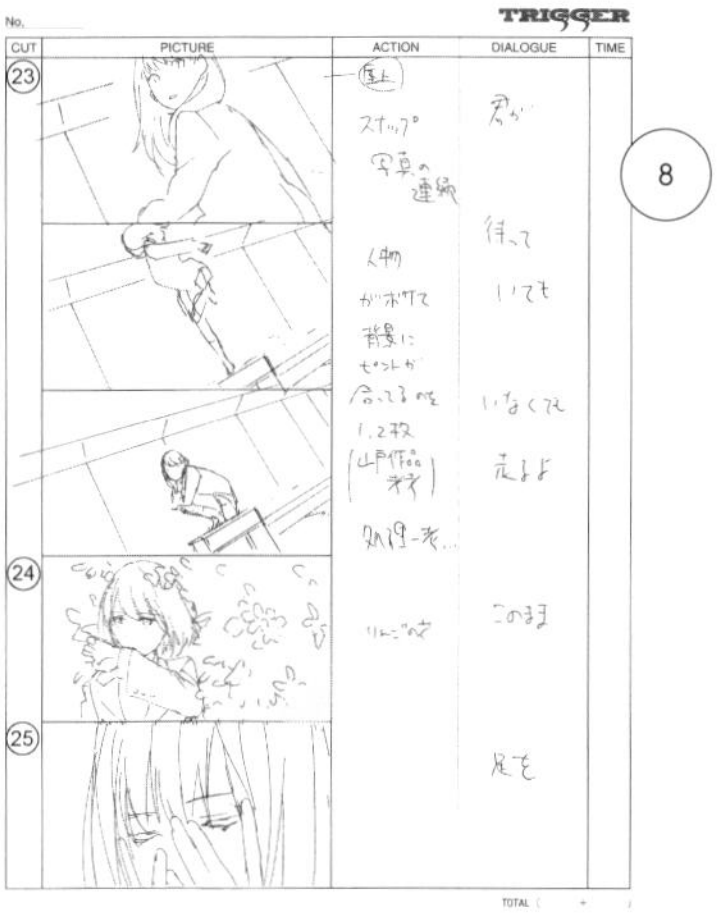

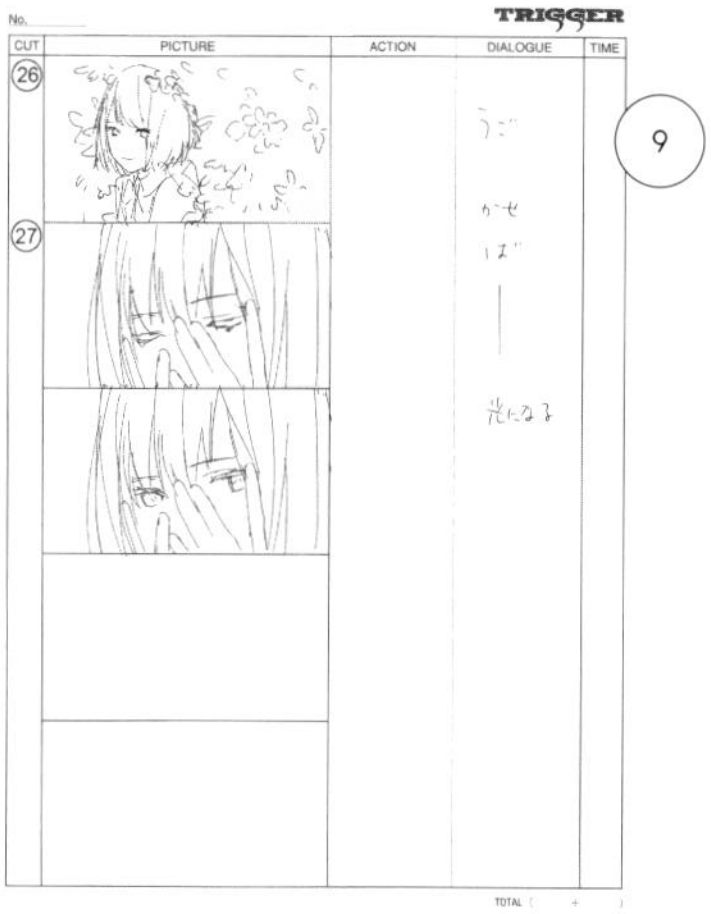

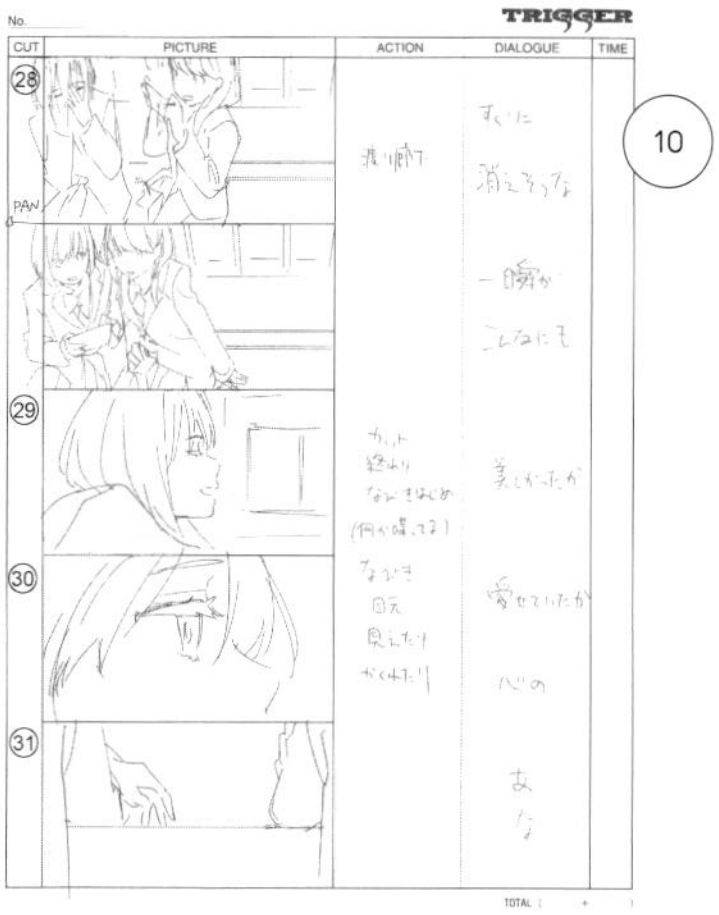

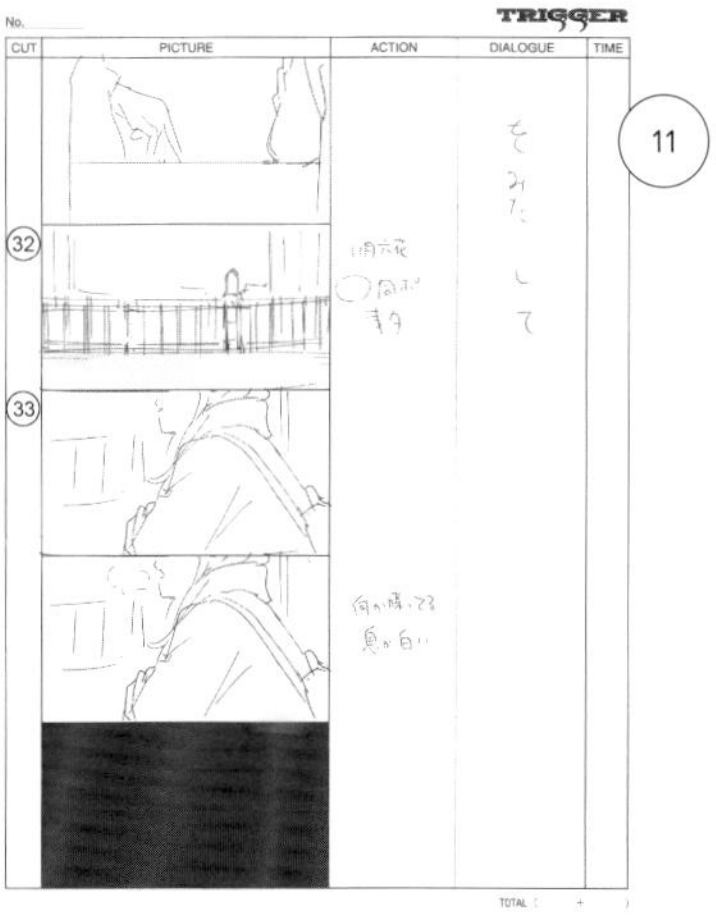

SSSS.DYNAZENON & GRIDMAN ヒロインアーカイブ
2021年10月20日 初版発行
2022年4月1日 第2刷発行

カバーイラスト　原画・特効：中村真由美
仕上げ：武田仁基
美術：権瓶岳斗

本文構成・執筆　本澤 徹

インタビュー取材・構成　宮 昌太朗

装丁　染谷洋平（BALCOLONY.）

本文デザイン　真々田 稔（rocka graphica）

撮影　村上庄吾［P.74-P.79］

ヘアメイク　上田忍（S☆mode）
小田切なお

協力［順不同］　麻生智義（円谷プロダクション）
小西洋平（円谷プロダクション）
濵口倫己（円谷プロダクション）
渋谷浩康（円谷プロダクション）
雨宮 哲（TRIGGER）
坂本 勝（TRIGGER）
志太駿介（TRIGGER）
中川真緒（TRIGGER）
立川政吉（TRIGGER）
宇佐義大（TRIGGER）
長谷川圭一
中村真由美（TRIGGER）
安野文左衣（ビットグルーヴプロモーション）
エイベックス・ピクチャーズ
劇団ひまわり
アーツビジョン
青二プロダクション

編集　串田 誠
石川知佳

監修　円谷プロダクション
TRIGGER

発行人　野内雅宏

編集人　串田 誠

発行所　株式会社一迅社
〒160-0022
東京都新宿区新宿3-1-13
京王新宿追分ビル5F
03-5312-7439（編集部）
03-5312-7421（販売部）
発売元：株式会社講談社（講談社・一迅社）

印刷・製本　大日本印刷株式会社

再録パート　SSSS.GRIDMAN ヒロインアーカイブ アカネ & 六花（BOOK A）

構成・執筆　本澤 徹

装丁・本文デザイン　染谷洋平（BALCOLONY.）
真々田 稔（rocka graphica）

撮影　村上庄吾［P.166-P.171］

ヘアメイク　北原由梨（エミュー）
福島加奈子

協力［順不同］　渋谷浩康（円谷プロダクション）
渡部祐樹（円谷プロダクション）
麻生智義（円谷プロダクション）
三橋龍太（円谷プロダクション）
雨宮 哲（TRIGGER）
坂本 勝（TRIGGER）
竹内雅人（TRIGGER）
立川政吉（TRIGGER）
瀬田光穂（TRIGGER）
舛本和也（TRIGGER）
宇佐義大（TRIGGER）
安野文左衣（ビットプロモーション）
81プロデュース
劇団ひまわり
青二プロダクション
ケンユウオフィス

PRINTED IN JAPAN
ISBN978-4-7580-1740-4